ヒトラー
——虚像の独裁者

芝 健介
Kensuke Shiba

Eurus
Notus
Boreas
Zephyrus

岩波新書
1895

はじめに

「もし戦争とユダヤ人迫害がなかったとしたら、ヒトラーは最も偉大な指導者のひとりだったと思いますか？」

一九三九年九月一日、ドイツ軍がポーランドに攻め込んで第二次世界大戦が勃発した。その火付け役がナチ体制の独裁者ヒトラーだったことは、二〇世紀の世界史を理解する上で重要な鍵となる歴史的事実のひとつである。そして、大戦中にアウシュヴィッツをはじめとした数々の絶滅収容所で数百万人のヨーロッパ・ユダヤ人を大量ガス殺した責任の過半が彼に帰せられてきたのも、周知の事実であろう。

敗戦からすでに七五年以上が経過した現在のドイツにおいては、冒頭の反事実的問いに対して訝《いぶか》しい感じを抱きながらも否定的に答える人が圧倒的に多い。もっとも、長らく折にふれてなされてきた国民に対するアンケート調査では、敗戦直後は半数に近い人びとから、またその後も高齢者世代を中心に二〜三割の市民から、肯定的な答えが返ってきていた。戦後ドイツでは、ヒトラーに対して肯定的反応と否定的反応が反復されてきたのが実情である。ものごとには良い面と悪い面が必ずあり、ヒトラーにも悪い面だけでなく良い面もあったというバランス感覚で答えているのかもしれない。ドイツ人だけでなく、日本を含め世界の市民の間でも根強くこうした傾向が続いてきたのは、以下に紹介するヒトラーの演説で誇張された、ドイツ経済のV字回復神話が無関係ではない。

ポーランド侵攻約四カ月前の三九年四月二八日、その八日前に五〇歳の誕生日を迎えていたヒトラーは、ナチ国会議員だけで議場が埋め尽くされたドイツ国会において次のように所信を表明していた。

「私はドイツの混乱状態を収拾し、秩序を回復して、わが国民経済のあらゆる分野で著しく生産を高めた。……われわれ全てがかくも心に憂えていた七〇〇〇万人の失業者を残らず再び有用な生産に組み入れることに、私は成功した。……私はドイツ国民を政治的に統一しただけでなく、再軍備も成し遂げた。……〔第一次世界大戦で〕わが国から奪われた地域を取り戻し、われわれから引き離されて甚《はなは》だみじめだった数百万人のドイツ人を故郷に帰還させた。……私はこれらすべてを、血を流すことなく、したがって戦争の苦痛をわが国民にも他国民にも味わわせることなく成し遂げようと努力した。二一年前〔の第一次大戦敗戦時〕には、わが国民の間で無名の労働者・兵士であったこの私が、これらを自分自身の力でやってのけたのだ」

演説の中の「七〇〇〇万人」というのは実は誇大な数字であるが、国民の高失業状態を除去したとしている点が何より目をひく。これに劣らず、一九三八年三月のオーストリア併合〔＝ドイツ民族統一〕や同年九月のチェコからのズデーテン地域の割譲〔＝ドイツ人帰還〕など、第一次世界大戦敗戦後に連合国から「おしつけられた」ヴェルサイユ条約に対する修正を、戦争を回避しつつ無血の方法で成功させたことを、自分の功績の総決算にしている点にも注目したい。

この演説がなされた一九三九年前後の歴史的コンテキストにさらに注意を払って見てみるならば、ヒトラーは三三年の政権掌握以降の業績を列挙してアピールしながら、一方で三八年一一月の「水晶の夜」に見られたユダヤ人に対する全国的・組織的な排除や、演説直前(三九年三月)に強行されたチェコ解体によるドイツ「生存圏」の膨張闘争といった、ナチズムの本質にかかわる都合の悪い部分(犯罪的政策)にはひとことも言及していない。六年前のドイツの経済的社会的惨状に照らして、一九三九年にこの演説を聴いた人びとは、かつての反ナチの者でさえも、ヒトラーが、尋常でない業績を達成したと認めざるをえなかった。ナチ体制がどれほど大きな危険と結びついた方策を選択していたかを理解できた人間もまずいなかった。ヒトラーの主張が嘘やまやかしだと暴露しうるだけの情報・証拠をもっている人間もほとんどいなかったというのが、当時の実情であった。

だが、戦後長らくなされてきた世論調査の結果からも、上記「業績」がヒトラーと分かちがたくポジティヴに結びつけられて想起されてきたことが読み取れる。これは注意すべき現象であるだろう。「悪い」面だけでなく「良い」面もあったという「ヒトラー神話」から、ドイツの人びとは現在もまだ完全には解放されていない。

高齢者ないし古い世代がこうしたドイツ経済のV字回復というヒトラー神話に大なり小なり影響さ

れ続けてきたのに対し、若い世代の中には、ヒトラーが紛れもなくドイツの歴史の中で重要なポジションを占めており、彼について知ることは大切だと考えるまじめな若者がかなりいるのも確かである。他方でヒトラーなんか知らないし、知ったことではない、自分にとってまるで関係ない、遠い昔のことに拘泥《こうでい》したくないとする若年世代も、一定程度つねに存在するのが実情である。だが次の歴史的一例を思い起こすならば、私たちは世代を超えて、ヒトラー像ないしヒトラー神話を再考しなければならないところにきているのではないか。

潜伏先でつづり続けた日記が奇跡的に遺されたケースは、アンネ・フランクに限られなかったことが存外知られていない。ポーランド生まれのユダヤ系少年(一九二二生まれ)のヤジ・フェリクス・ウルマンは、一九四三年から日記をつけ始め、同年一一月隠れ家を秘密警察に急襲され、絶滅収容所へ送られる直前、青酸カリを服毒、わずか一一歳の生涯を自ら閉じた。彼は、四三年九月のヒトラーの演説に関する、貴重な感想をつづった日録を遺していた。九月一一日の項から引用したい。

ヒトラーが演説しました。新聞掲載された内容が引かれています。これまでさんざん無数の協定・誓約・条約を破ってきたこの人間が、今度は同盟国の背信を非難しているのです。おっと失礼。僕は人間という言葉をヒトラーに使いましたが、かれは人間の姿をした悪魔《サタン》の化身です。条約を破っては戦争を遂行し、民間人の女性や子供たちを傷つけないと確約しながら、今日ヨーロッパ中に何千という巨大な〔墓〕穴を掘り、ゲスターポ〔秘密国家警察〕による何百万という犠牲者たちの遺骸を埋めさせています。この組織を設けたのもヒトラーで、それは平和を好む住民たちにテロをおこない特定階層の最も大切な価値ある人びとを抹殺するためでした。だからこそ、最も近しい古い同盟相手からもついに見捨てられ、これまで自国民や他国民の血を夥《おびただ》しく流した罪の報いを受けるべく、その血の海にじわじわと苦しまされ始めているのです。

一一歳の少年の文章とは思えない、知的で洞察に満ちた書きっぷりである。四三年九月八日連合軍に降伏したイタリア（一〇月には対独宣戦）による「裏切り」をなじった九月一〇日のヒトラーの演説を素材に彼が必死で伝えようとしていたのは、ヒトラーに対する人間観察ばかりではない。国際諸条約を踏みにじり、無辜《むこ》の民間人を他民族のみならず自国民まで大量虐殺してやまない、この戦争の犯罪性について告発していた。驚くべきことに、ヒトラーの犯罪は（「人道に対する罪」という言葉こそ使ってはいないものの）天罰覿面《てきめん》に裁かれるということまで、少年ウルマンは最期に訴えていたのだ。

幸いにもこの一節を読むことができる今日の私たちには、神話や過大評価に踊らされぬよう、できるだけ正確な事実にもとづくヒトラー像を分有することが、あらためて要請されているのではないだろうか。ささやかな拙著であるが、歴史的な、等身大のヒトラー像の再構成を及ばずながらめざしたい。

ナチ・ドイツ国家の大管区
（1940年5月）

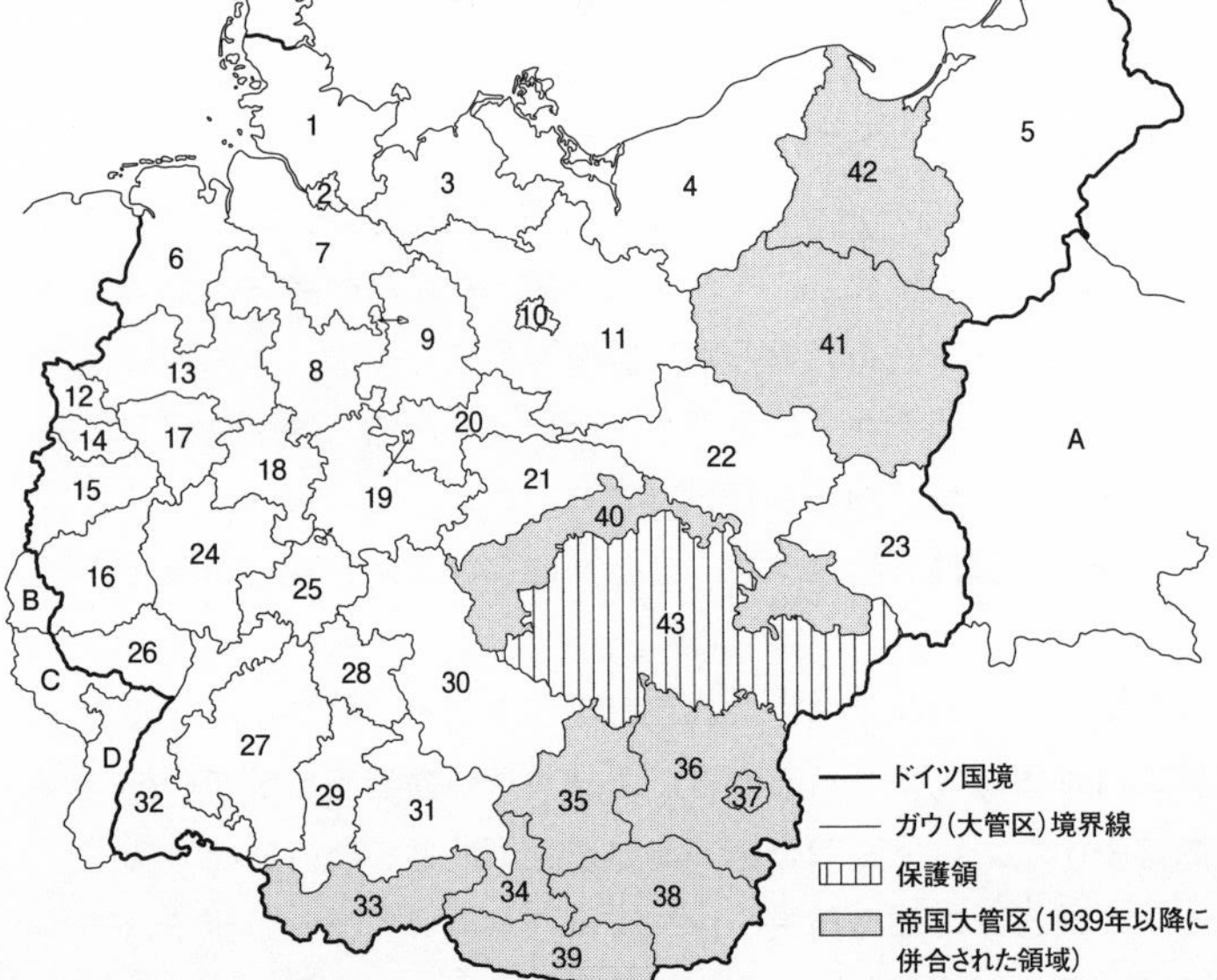

1. シュレースヴィヒ＝ホルシュタイン
2. ハンブルク
3. メクレンブルク
4. ポメルン
5. 東プロイセン
6. ヴェーザー＝エムス
7. 東ハノーファー
8. 南ハノーファー＝ブラウンシュヴァイク
9. マクデブルク＝アンハルト
10. ベルリン
11. マルク・ブランデンブルク
12. エッセン
13. 北ヴェストファーレン
14. デュッセルドルフ
15. ケルン＝アーヘン
16. コーブレンツ＝トリーア
17. 南ヴェストファーレン
18. クアヘッセン
19. テューリンゲン
20. ハレ＝メルゼブルク
21. ザクセン
22. ニーダーシュレージエン
23. オーバーシュレージエン
24. ヘッセン＝ナッサウ
25. マインフランケン
26. ザールプファルツ
27. ヴュルテンベルク＝ホーエンツォレルン
28. フランケン
29. シュヴァーベン
30. バイエリッシェ・オストマルク
31. ミュンヒェン＝オーバーバイエルン
32. バーデン
33. ティロル＝フォアアールベルク
34. ザルツブルク
35. オーバードナウ
36. ニーダードナウ
37. ウィーン
38. シュタイアマルク
39. ケルンテン
40. ズデーテンラント
41. ヴァルテラント
42. ダンツィヒ＝西プロイセン
43. ベーメン＝メーレン（ボヘミア＝モラヴィア）保護領

A. ポーランド総督府
B. ルクセンブルク
C. ロートリンゲン（ロレーヌ）
D. エルザス（アルザス）

目次

はじめに

第1章 兵士ヒトラー——勲章と沈黙と …… 1
一 少年アードルフ／二 ウィーンへ／三 第一次世界大戦

第2章 弁士から党総統へ——カリスマの源泉とテロル …… 31
一 停戦と革命／二 カリスマ弁士の誕生／三 総統の党《フューラー・パルタイ》／四 ミュンヒェン一揆

第3章 国民的政治家への道——『わが闘争』と党の躍進 …… 87
一 『わが闘争』／二 ナチ党の躍進／三 首相へ

第4章 総統兼首相として——一党独裁のなかの多頭制 …… 139
一 一党独裁の完成と対ユダヤ人政策／二 政敵の粛清——「長いナイフ

の夜」／三　再軍備と戦争への布石
第5章　「天才的将帥」から地下要塞へ――第二次世界大戦とホロコースト　……203
一　史上最高の将帥《グレーファッツ》／二　絶滅収容所の開設／三　独ソ戦の帰結／四　敗戦の足音
第6章　ヒトラー像の変遷をめぐって――生き続ける「ヒトラー」……285
一　戦後の混乱とニュルンベルク国際軍事裁判／二　脱魔術化の過程／三　ヒトラー研究・ホロコースト研究の本格化／四　二〇〇〇年代――新たなるまなざし
おわりに　355
あとがき　361
参考文献／図版・地図出典一覧

第1章

兵士ヒトラー

—勲章と沈黙と—

伝令兵の仲間とヒトラー(前列左端．1915年，北仏フルヌ・アン・ウェップの連隊本部)

一　少年アードルフ

ヒトラー・ファミリー

アードルフ・ヒトラーは一八八九年四月二〇日、当時のオーストリア＝ハンガリー帝国、ブラウナウで誕生した。父アロイス・ヒトラーはオーストリア税官吏、母クラーラ・ヒトラー（旧姓ペルツル）は、父アロイスにとっては三人目の妻であった。ヒトラーは生粋のドイツ人だったと誤解されていることが少なくないが、一九三二年にドイツの大統領選挙に打って出る際どうしても必要だということからドイツ国籍を取得したのであり、彼はオーストリア生まれのオーストリア人である。また、オーストリアはカトリックの国であり、ヒトラーが生まれた当時、ドイツ帝国では福音派（ルター派のプロテスタント）が圧倒的だったが、カトリックの家庭に生まれたヒトラーは、「ドイツ人」になった後もカトリック教徒のままであった。

ちなみに、ヒトラーと同年生まれの人物に俳優チャールズ・チャプリンや哲学者ルートヴィヒ・ヴィトゲンシュタイン、マルティーン・ハイデガーがいるのは知られている。さらには、文人ジャン・コクトーや歴史家アーノルド・トインビー、文人・歴史家としてもすぐれていたインドの政治家ジャワハラール・ネルー、またウォルター・リップマンのようなジャーナリストがいる。日本では、南原繁、和辻哲郎、柳宗悦、室生犀星、岡本かの子といった学者・文人の他、軍人石原莞爾のような人びとが同年生まれである。

ヒトラー家のファミリー・ヒストリーはなかなか込み入っている。父アロイスは婚外子であり、父方の祖母マリアは、ボヘミア（現在はチェコ）の森林地帯にも近いオーストリア北部のヴァルトフィアテル地方の小農、ヨハン・シックルグルーバーの娘で、一八三七年四二歳でアロイスを生んだが、洗礼時父親の名は明かさなかった。要するに、ヒトラーの父方の祖父は誰なのかわからない。一九世紀オーストリアに限らず、豊かでない農村地域を中心にヨーロッパでも婚外子は珍しくなく、むしろ頻繁に見られたとさえいえる。

アロイス・ヒトラーは小学校卒業後、靴屋見習いとなりウィーンに出て革細工職人を目指したが、一八歳でオーストリア大蔵省の小職に就き、一八六一年に正式の下級官吏となり、一八九五年の退職までまじめに勤め上げた刻苦勉励の人だった。三度の結婚で計九人の子をもうけたが、うち五人を幼くして失った。親子ほど年齢差のあった三人目の妻クラーラ（一八六〇年生まれ）は、一八八五年、八六年と立て続けに子を産み、翌八七年にも出産したが、その第三子は数日で死亡、先に生まれた二人の幼子もジフテリアで八七年末・八八年初に相次いで亡くなり、はじめて無事に育っていった第四子がアードルフであった。アードルフには七歳上に父親と同名の異母兄アロイスJr.がいたが、父親が退職後特に「教育」にうるさくなり、すぐ手をあげるようになったことに愛想を尽かし、アードルフに物心がついた頃には出奔し、家には戻ってこなかった。五歳下の弟エートムントも一九〇〇年に六歳で死亡、きょうだいは異母姉アンゲラと妹パウラの姉妹だけで、アードルフがヒトラー家唯一の男子になっていた。母クラーラが溺愛したのもある意味で当然であり、アードルフが過保護に育ったことは否めない。

少年時代、両親との関係

小学校時代、特に最初の二年間は学業も素行もよい成績をおさめており、「頭の回転がはやく、従順で、活発な児童」との印象も与えていたが、人気作家カール・マイの冒険譚に夢中になり、腕白な面が強く出る一方、高学年では成績にばらつきも見られるようになった。一九〇〇年秋から通い始めたリンツの中等実科学校では最初の一年で勤勉さの評価に「可」がつき、数学他二科目落第で留年。その後も追試を繰り返しながら進級、やがて転校したシュタイアーの実科学校の前期課程を辛うじて修了した一九〇五年秋には、それ以上の進学の意思はなく、学業から離れてしまう(一六歳)。そんなアードルフの将来を気遣って、母親のほうは息子の気まぐれに理解がありすぎたと伝えられているが、誰よりも歯がゆい思いにじっとしていられなかったのは父親アロイスだった。権威主義的でしつけに厳しく、ユーモアに欠け、短気で怒りやすかったアロイスには、自分の少年時代から見れば遥かに恵まれた環境に生まれながら絵画と空想にうつつをぬかし、学校に適応しようとしないアードルフが理解できなかった。申し分のない官吏の道に全く関心を示さないばかりか、反感さえ示して激しく反抗する息子を打ち据えることもたびたびで、殴られたアードルフが意識を失ったことさえ一度かぎりながらあったという。父親のDVは母クラーラにも向けられたようだ。

しかし父と子の衝突には別の側面があったこともしばしば指摘される。父親の職業柄、転勤に伴う引っ越しを繰り返した点ではヒトラーの幼少時代はかなり不安定な生活が続いた。そんな中で、アロイスの最後の任地となり、家族にとってはじめて落ち着いた暮らしを享受でき、ヒトラー少年の記憶にも鮮明に残ることになった実質的故郷、心のふるさとは、オーストリア第三の都市リンツであった。

父との確執とドイツ・ナショナリズム

一九世紀後半のオーストリア＝ハンガリー帝国は一〇以上の民族を抱える複合民族国家であり、その領域も、現在のオーストリアを越え、ハンガリー、チェコ、スロヴァキア、ウクライナ、ポーランド、旧ユーゴスラヴィアにまで及んでいた。しかし、中欧全体にまたがるこの大帝国は、一九世紀末にはロシアとの対立を深め、治下のスラヴ人問題を筆頭に諸民族の統合に悩まされていた。民族構成においてドイツ人は伝統的な主導的地位を維持していたが、排他的ナショナリズムを掲げることはできなかった。皇帝フランツ・ヨーゼフ一世はむしろ多民族共生・多文化共存の方針を打ち出さざるをえず、ユダヤ人に対しても、職業・結婚・居住等の制限を撤廃。ユダヤ人やスラヴ人を中心に帝国各地から首都ウィーンはじめ都市への移動も顕著で、特にチェコ人の各産業分野への飛躍的進出は目立ち、ドイツ人の危機感は募っていた。

オーストリア・ドイツ人の優位はチェコ人に脅かされつつあるというこの危機意識が、オーストリアの「最もドイツ的」都市といわれたリンツでは特にドイツ・ナショナリストの間に共通にみられた。ヒトラーがのちに、自伝と自らの世界観開陳を兼ねて著した『わが闘争』の中で褒めちぎり、少年時代に大きく感化されたことを認めていた歴史教師ペッチュのように、こうしたオーストリア(＝ハンガリー)帝国のありかたを根底から否定する考えや、一方で、ドイツ帝国を賛美しかつ世界のドイツ民族統合を目指す「全ドイツ主義」(過激な汎ゲルマン主義)を唱道するゲオルク・フォン・シェーネラー流の考え方に、ヒトラーは魅了されていた。オーストリア(＝ハンガリー)帝国に生涯奉じた父アロイスは、こうした傾向についていけなかったし、帝国とそこに忠実に勤務した自らのアイデンティティを小馬鹿にする形で父親そのものも拒絶したアードルフに我慢ならなかったのであろう。退職後は朝から好きなワインをたしなむのを習慣としていたアロイスは、一九〇三年初め、突発性肺出血のために死亡し、父子の進路をめぐる対立もついに終わりを告げた。アードルフが父親の死を当時悲しんだ形跡はほとんど見当たらないが、それでも後年父親に感謝した点がなかったわけではない。

ヒトラーは、一九三八年に独裁的指導者として夢であったナチ・ドイツへのオーストリア併合を実現し、ある意味で「故郷に錦を飾った」。その際、リンツ時代のただ一人の親友アウグスト・クビツェクに再会し、父アロイスの行いの中でも「下品で野暮ったいシックルグルーバー」という(祖母の)苗字をヒトラーに改姓してくれたこと(アードルフが生まれる一三年前のこと)ほどに嬉しかったことはないと述べたという。ところが、一九二五年刊行の『わが闘争』第一巻の自伝的部分では、家族史にとってこの重大な出来事について一切触れていない。ヒトラーはまだ知らなかったか、あるいは知っていても都合の悪いファミリー・ヒストリーとして隠しておきたかったかのどちらかであろう。前述した一九三二年のドイツ大統領選挙直前、ヒトラーよりも二二歳若く当時まだ駆け出しだったオーストリアのジャーナリスト、ハンス・ハーベ(本名ヤノシュ・ベケッシ)が、「ヒトラーの名は実はシックルグルーバー」という特ダネ記事としてすっぱ抜き、この件は公然の事実となった。ハーベはハンガリー出身、反ナチを掲げるユダヤ系の記者で、大統領選に影響を与える狙いがあったことは明らかであった。大統領選では敗れながらも、一九三三年首相職に就いたヒトラーが敷いた政策の一環として、たちまち焚書《ふんしょ》が開始されたが、小説や戯曲も手掛けるようになったハーベの作品もやがて焚書リストに載せられるようになった。ちなみに、ハーベは、『西部戦線異状なし』で知られる作家のエーリヒ・レマルクと親交を結ぶようになり、レマルクの亡命難民ロマン『リスボンの夜』の主人公のモデルにもなったように、フランスに亡命後、第二次世界大戦が勃発するとフランス軍に志願、ドイツ軍の捕虜となった後、脱走してアメリカに亡命した。

怠惰な生活スタイル

一九〇五年秋の学業離脱から一九〇七年末の母の臨終までの二年間について『わが闘争』ではほとんど語られていないものの、親からの圧力もなく「最も幸せな、素晴らしい夢のような日々だった」と述べている。だが、深更まで起きていて、朝は遅くまで寝ているという習慣はこの二年間に出来上がった。怠惰な生活スタイル、誇大妄想狂、規律に欠け、計画的に物事が進められない性向など、のちのヒトラーに見られる特徴はこのとき「定着した」といって間違いないだろう。たとえば、後年首相となったヒトラーは閣議をしだいに開かなくなっていくのだが、青年期以来の怠惰な生活スタイルも、こうしたことに大きく影を落としていたように思われる。

母クラーラは乳ガン闘病生活のあいだにアードルフにグランドピアノまで買い与え、四カ月間ピアノ・レッスンを受けさせたが、好きな絵を描くのがヒトラーには性に合っていたようで、いちばん生産的だった。夜になれば数年前から心酔するようになったリヒャルト・ワーグナーの楽劇を聴きに劇場やオペラに繰り出し、九カ月ほど生まれの早いクビツェクと偶然知り合ったのも、リンツのオペラの場であった(一九〇五年秋)。日頃は画家か建築家になりたいと言っていたヒトラーだが、特に『リエンツィ』にはぞっこんで、上演後にはクビツェクをリンツの険しい丘の頂上まで連れて行って、「熱にうかされたような」目をしながら、耳障りなしゃがれ声で話しはじめ、いつの日か彼にゆだねられる特殊な使命(リエンツィの場合は民衆解放)のとりこになったかのように大言壮語したという。

ヒトラーは、一九〇六年春には母を説き伏せ資金を出してもらい、初めてウィーンを訪れている(一七歳)。二週間以上となった逗留中に、当地の造形芸術アカデミーで画家としての道を切り開きたいという思いを一層募らせたことであろう。

母の死とアカデミー受験失敗

一九〇七年一月に手術を受けながらも、母親の容態はしだいに深刻化していった。ほぼ助かる見込みのないことを告げた主治医エードゥアルト・ブロッホは、いつも「殻に閉じこもった」アードルフが涙を流し、その後数カ月母親を献身的に「根気よく」看病したと述べている。その年の末、母がついに帰らぬ人となったときのアードルフは、「これほど悲しみにおしつぶされた人間を見たことがない」と、今まで数限りなく臨終に立ち会ってきたはずの医師ブロッホをして言わしめるほどの打ちひしがれようだった。「人間としてのヒトラー」を印象づけるエピソードである。

アードルフは母親の容態が予断を許さぬものになっていた同年九月初旬、母に黙って入試のために「山のような絵の束を抱え」ウィーンに出立。造形芸術アカデミー受験のためだった(一八歳)。この時の画題試験は、「楽園追放」「春」「歓喜」「音楽」「ノアの洪水(箱舟)」「舞踊」の六テーマだったが、ヒトラーは最初の画題を選んで描いた。この一次試験に残ったのは受験生一一三名中八〇名で、幸いアードルフは「足切り」の三三名には入らなかった。だが、これまで描いた作品も審査の対象となった二次試験では、ヒトラーはD(「人物が描けていない」という査定)の成績となり、最終合格者の二五名には残れなかった。死を迎えつつあった母親にはこの結果を明かさなかったヒトラーだが、母の最期を看取り誠実に手を尽くしてくれたユダヤ人主治医ブロッホには、感謝の念を込め自作の絵を二点進呈している。「若い学徒時代のヒトラーは才能ある芸術家としての片鱗を見せていた」と後年ブロッホ医師は好意的に語っている。

だが、満を持して臨んだ翌年の再挑戦は、今度は一次試験からあえなく不合格の通知を受け取る結果とあいなった(一九歳)。前年の受験失敗後、不合格の理由の説明をアカデミーの学長に求めたヒトラーは、画業よりも建築家に適性があると言い渡されていたが、建築家になるための工科大学へ行こうにも、中等実科学校の中途退学によってその受験資格を欠いていた。ともかく二度のアカデミー受験不合格は友人クビツェクにも漏らさなかったほどで、アードルフの自尊心を著しく傷つけたことであろう。ちなみに、この頃すでにただならぬ肖像画をものして注目を浴びつつあった同時代人に、表現主義の画家エーゴン・シーレがいる。ヒトラーより一歳下の一八九〇年生まれのシーレは、ヒトラー受験の前年、一六歳で難関のアカデミーに一発合格していた。一八歳で最初の個展を開いたシーレは、アカデミーの教育に馴染めなかったのか翌年退学。同時にアカデミーから離脱した仲間たちと「新芸術集団」を立ち上げ、既成画壇に挑戦状を突きつけ始めていた。

二　ウィーンへ

ウィーンにおける「生涯の最も悲惨な年月」

一九〇八年二月から、ヒトラーはウィーンに生活の場を移した。その目的は『わが闘争』によれば「建築家になること」にあり、父が貧困のなかから努力して政府の役人になったように自分も意志の力で障害を乗り越えようとしたとも書かれているが、そのために全力を傾けるわけでもなく、リンツ時代と代わり映えしない、怠惰で無為の気ままな生活を繰り返した。

ドイツのミュンヒェンに現れるまでの五年間、ヒトラーは独身者用の簡易宿泊所に寝泊まりし、絵葉書を売って糊口をしのぐ一方、「二つの危険」(マルクス主義とユダヤ人)に対して目を開いた……というのが、正式に政治家になる以前の彼について多くの人が抱いているイメージであろう。『わが闘争』の記述を額面通りに受け止めたこうした理解に対して、ウィーン時代のヒトラーにむしろユダヤ人との接触が多かったという重要な裏面史を、オーストリアの代表的歴史家ブリギッテ・ハーマンが、一九九六年の著書『ヒトラーのウィーン』で明らかにしている。この研究を中心に、従来十分用いられたとはいえない史料や証言も参照しながら、もう少しヒトラーのウィーンでの行跡を細かく辿ってみよう。

ウィーンでは、リンツ時代からの親友クビツェクと一緒に下宿生活を送り始めたものの、音楽家志望ですでに音大入学を果たしていたクビツェクに対して、ヒトラーは二度目のアカデミー受験失敗発覚後、何も告げず下宿から蒸発する形で一方的に訣別し、やがて簡易宿泊所生活を始めた。ヒトラーには、父親の遺産や孤児年金があったものの、さまざまな利用制約条件(たとえば父の遺産は二四歳まで手がつけられなかった)があり、一九〇九年末に知り合った仲買商ラインホルト・ハーニッシュを通じて、週に数枚描いた絵葉書を売って(あがりはハーニッシュと折半し)、生活費に充てた。二〇歳ではじめて生計の資を自分で稼ぐようになったともいえよう。とはいえ、実質的にはとても画家とはいえない実情だったが、一九二〇年ミュンヒェンでナチ党の前身ドイツ労働者党に入党するまでは、ヒトラーは「画家」ないし「アカデミー出の画家」を名乗っていた。ところが、一九三三年一月末ドイツ首相になってから、この「ボヘミアン」時代の作品には高値がつくようになり、後年の専属写真家ハインリヒ・ホフマンの言によれば一万マルクまで跳ね上がったという(一九四四年)。これにはヒトラー自身驚き「せいぜい一五〇ないし二〇〇マルクの値打ちのものであって、人びとがそれ以上費やすのは馬鹿げている。自分は画家になるつもりはなかった。生活の資を得るためで画家になりたいと思ったわけではない」と語ったという。

ホテルを中心に絵葉書を売るだけでなく、額縁を扱う店にヒトラーの水彩画も売り捌いていたハーニッシュと、やがてヒトラーは喧嘩別れする。ハーニッシュにいわせれば、ヒトラーは朝から晩まで働くタイプではもちろんなく、朝まず新聞を読みだすとこれが長く、もう一紙読めるとなると仕事になかなか入らず、政治談議にも夢中になるタイプであった。反ユダヤ主義者のハーニッシュからすれば、後の反ユダヤ主義者ヒトラーとは全然違い、むしろ親ユダヤであったという。やがて、別の仲買人で、手広く売り捌き先をもつユダヤ人ヨーゼフ・ノイマンがハーニッシュにとっては商売敵となり、ヒトラーのほうはハーニッシュがあがりをごまかしたと訴えて裁判沙汰になり、ハーニッシュは短期拘留されることになった。しかしここで、すでに住民登録時「アカデミー出」と警察へ届け出ていたヒトラーの経歴詐称も問題化することになる。この時期、シオニズム(ユダヤ人国家建設をめざす思想・運動)についても、非シオニストのノイマンとヒトラーは論じ合ったという。

ヒトラーが描いたウィーン国立歌劇場(1912年，水彩)

　額縁商・画商のユダヤ人ヤーコブ・アルテンベルクのところには、ヒトラー自身直接出入りしていた。アルテンベルクの娘は、「ヒトラーは身だしなみのよくない外見で、おどおどした調子で話すときには地面を見つめるようにうつむき加減でした」「政治問題について父と話しているのも見かけましたが、父が精力的に彼を説き伏せていたものです」と、イギリス亡命後に証言しているが、身だしなみについて、父親のほうは、むしろ小ぎれいにしていたと正反対の証言をおこなっている。

のちにヒトラーが政権を掌握して程なく、ハーニッシュはウィーンの新聞に暴露記事を発表し始める(一九三三年)。ハーニッシュはまず、ヒトラーの過去を、ユダヤ人ときわめて親密な交流があり「反ユダヤ主義者でなかった」という形で浮かび上がらせ、「彼は街頭で物乞いして食いつないだ」「働くつもりがなかったヒトラー」「(あげると言われても)もらいたくないヒトラーの絵」等々、中傷にも近いきわどい記事を続けざまに掲載した。それに対し、ヒトラーもナチ党もできるだけ早急に手を打とうとしたが、当時抱えていた喫緊の政治問題に対処する必要から、ハーニッシュに対しては有効な手立てが講じられなかった。しかし、一九三三年にヒトラーの絵の贋作の件でオーストリア警察に逮捕されたハーニッシュは、一九三六年にも再び身柄を拘束されている。俗説ではオーストリア併合後、強制収容所に入れられて死んだか殺害されたことになっているが、併合前の三七年、警察病院において心臓病で死亡したというのが、よりたしかなようだ。

母クラーラの妹であるヨハンナ叔母は、亡くなる数カ月前の一九一〇年末に生涯貯めた金をヒトラーに贈与したといわれるが、ヨハンナの死後それを知ったヒトラーの異母姉アンゲラ(レオ・ラウバルと結婚し、その後生まれた長女もアンゲラと命名)は、リンツの裁判所にヒトラーの孤児年金を請求する訴訟をおこし、ヒトラーは過去数年間それを頼りに生活してきた孤児年金を放棄することに同意している。アンゲラは、夫に先立たれたばかりの身で自分の子供だけでなくヒトラーの妹のパウラをも養っているのだから、半々にしていた年金を全額受け取る権利があると主張したようだ。ヒトラーは自活できることを認め、後見人から受け取っていた月づき二五クローネの権利を譲らざるをえなかった。

食うや食わずでその後も安い絵葉書を描いて露命をつないだヒトラーは、「わが生涯の最も悲惨な年月」とウィーンの五年間を総括しながら、あまり多くを語らなかった。先の見えない日々によって、自分こそが特殊な使命をゆだねられている人間だという(それこそワーグナーの楽劇から触発されたような)自己意識は蝕まれつつあった。

ミュンヒェンへ出奔、その理由

一九一三年春、ヒトラーはひそかにウィーンを出奔し、ドイツのミュンヒェンへやってきた(二四歳)。そのヒトラーの居場所を、一九一四年一月、オーストリア警察はようやくつきとめた。その照会連絡に応じたヒトラーは、返答の手紙で、ウィーンでは「いつもみたされない飢えのほかに友はひとりもいませんでした。かかる極度の窮乏にもかかわらず、……私は常に自分の名前を汚すことなく過ごしてきました。知らぬこととは申せ、兵役のための出頭義務を怠ったことを除けば、良心に一点のやましいところもありません。ただこの一事に関しては責任を痛感しております。そのために軽い罰金刑を科されることに対して、異存ございません」としたためながらも、「最悪の状態から脱出しえた現在、いまあるなつかしさとともにウィーンのことを思い出さずにはいられません」と述べている。オーストリア官憲当局に対して同情を呼び起こさんと必死の彼の文章からは、ウィーンのどん底生活と和解してしまいそうになっていたことが読みとれる。

一九一三年春、ウィーンを去るときが来たとヒトラーが考えた理由は、まず二四歳の誕生日を迎えたら父親の遺産に手をつけられるようになるからであり、旅に発てる一番重要な条件が整ったからであった。さらに兵役を逃れるためでもあった。ヒトラーが生まれる直前の一八八九年四月二日に成立したオーストリア兵役法によれば、二〇歳になった男子国民は兵役資格取得確認の届け出を義務付けられていた。ヒトラーは、遅くとも一九〇九年秋には済ませておくべきその登録手続きを外していた。その年の八月にウィーンで二回目の引っ越しをしたときの住所変更は警察に届けていたが、その後行き先も告げず忽然と姿を消し、マイトリングの貧民宿泊所を経てブリギッテナウ地区の男子単身宿泊所に落ち着くまでの数カ月間、働くにも仕事がなく働く意思もなく、好天時は野宿し悪天時はカフェーを渡り歩きながら浮浪者同然の日々を送っており、一九一一年頃には兵役に就く義務が生じているはずのところを当局の網に引っ掛からず生活を続けていたのであった。

『わが闘争』では第四章の冒頭に、「一九一二年春」、最終的に決心して(ドイツの)ミュンヒェンにやってきた、としており、第五章「世界大戦」では、「ハプスブルクの国家(オーストリア)のために戦いたくはなく、むしろわが民族とそれを体現しているドイツ帝国のためならばいつでも死ぬ覚悟ができている」と述べ、オーストリアを去ってドイツに移ったのも、何より政治的な理由からだったという点を強調している。繰り返すが、ヒトラーは上記の一九一三年亡父の遺産の取得(したのちの五月二五日)までは、とにかく嫌々ながらオーストリアにとどまっていたのが実情であった。兵役逃れが発覚するのをおそれながらもとどまっていた状況は、まとまった金がなければウィーンを出て行くこともできないという、心理的にも追い詰められたものだったに違いないのであるが、そうした事情について『わが闘争』ではひとことも触れられていない。自らを一種の「政治難民」としておきたかったヒトラーにとって、ウィーンでの経済的理由が自らの去就を左右していたことはもちろん、向かった先がなぜバイエルン王国の首都ミュンヒェンだったのかということも禁句だったのだろうか。「ミュンヒェン」と題する『わが闘争』第四章では、「ミュンヒェンは輝いていた」というトーマス・マンの有名な一節とは対照的に、この都市の景観も光の描写も一切出てこないが、おそらくは劇場建築のすばらしさが、彼のあくなき関心をミュンヒェンに吸い寄せた第一要因だったのではないかという指摘も、最近ではなされている。

『わが闘争』のなかで、ミュンヒェンに移った年を実際より一年早く「一九一二年」と再三言い立てたのは、それ以後当局の追及を知る手立てもなかったこと、オーストリアでの兵役サボタージュの期間もそう長くはなく、悪意で徴兵逃れを続けたのではないということを強く印象づけたいがための、明らかに意図的な虚偽申告であり、単なる記憶違いなどではなかった。ヒトラーがミュンヒェンに移って三カ月後、オーストリアのリンツ警察がようやく彼の行方を捜し始めていた。オーストリアの兵役法によれば、兵役逃れには重罰金刑、またそれを目的とした国外逃亡には懲役刑が科されることになっていたが、ミュンヒェンでの新しい下宿先には一九一四年一月一八日ミュンヒェン刑事警察が、二日後にリンツで兵役登録せよとの命令をもって到来、ヒトラーを直ちに逮捕した。しかし、オーストリア国内でもリンツよりはるかにドイツ国境に近いザルツブルクに出頭先が変更され、そこで受けた兵隊検査の結果、虚弱で兵役には不適格と判定され、ミュンヒェンにとどまることになったのである。オーストリアへ強制送還後、懲役刑になっていたら歴史は大きく変わったかもしれないし、思わぬところでヒトラーは強運の持ち主たることを証明したといっても過言ではない。一方、官憲当局のおぼえがわるくならないようにことを運ぶヒトラーの慎重周到さも見逃せない。先に紹介したオーストリア警察への返答の手紙は、駐ミュンヒェン・オーストリア総領事の同情心をも刺激したおかげで、自身もミュンヒェン警察も、ヒトラーの誠実さを信じているという総領事の書簡が添えられて、リンツへ送られた。ザルツブルク行きも領事の進言であり、リンツ当局もそれに同意、ヒトラーは領事館の費用でザルツブルクに出頭した。

三　第一次世界大戦

戦争という希望

ミュンヒェンではウィーンよりはやや暮らし向きがよくなったであろうと推察されるが、自らの将来については、ウィーンの男子単身宿泊所で生活していたころと比較しても、何ら展望が開けたわけではなかった。ヒトラーは安い絵葉書描きの日常にまた舞い戻っていたが、兵役逃れをめぐる椿事発

1914年8月2日，第一次大戦勃発の報にわく群衆とヒトラー(オデオン広場)

生から半年も経たぬ一九一四年六月二八日、オーストリア皇位継承者フランツ・フェルディナント大公夫妻がサライェヴォで殺害される事件が起き、「七月危機」を経て、ヒトラーの人生も大きく旋回し始めることになる。オーストリア(=ハンガリー帝国)は暗殺の黒幕をセルビアとみなし、事件ひと月後に対セルビア宣戦布告。セルビアをバックアップするロシアの対オーストリア総動員令がそれに続き、八月一日オーストリアの盟友ドイツは対ロシア総動員令を発令、三日にドイツの対仏宣戦布告がおこなわれ、欧州大陸は戦渦にまきこまれた。ヒトラーがミュンヒェンの将軍廟(フェルトヘルンハレ)前に集まった大群衆の最前列近くで対露開戦のニュースに歓喜する上掲写真は有名だが、『わが闘争』では、「私は嵐のような感激に圧倒されて地

にひれ伏し、この時代に生きることを許された幸運を衷心から神に感謝した、と自らを恥じることなく言うことができる」と述べ、青年期の苛立《いらだ》たしい気持ちからの救済だったとも認めている。

八月三日にはバイエルン王国の君主ルートヴィヒ三世に緊急の直接訴願を行う挙に出て、結局従軍志願は認められた(二五歳)。ヒトラーはオーストリア籍だったため、本来ならば、本国へ帰還して志願するのが当然の手続きであった。ちなみに、これも『わが闘争』では全然触れていないが、ヒトラーが前年ウィーンを出奔したとき、ルードルフ・ホイスラーという同伴の人物がいたのであり、彼は開戦するとオーストリアに帰還してオーストリア＝ハンガリー帝国軍に入隊し、大戦を戦い抜いた。

ヒトラーの場合、外国籍はバイエルン陸軍省によって無視されたのか、なぜか問題にされなかった。当時の新聞では、八月半ばまでに志願者は一三〇万人、九月半ばには二〇〇万人に達したと報じられているが、かかる数は誇張されたものであり、八月段階で約一八万五〇〇〇人というのが実数だったと現在では判明している。軍務に就くことを、ヒトラーのように天恵(ないし天啓)と感じた若者は多かったであろうが、経済的保障や社会的認知を意味した場合も少なくなかった。ジョン・トーランドの評伝『アドルフ・ヒトラー』(原著一九七六年、邦訳一九七九年)では、ヒトラーにとって「十分な食糧と衣類と宿舎を提供してくれるわが家が見つかった」とさえ書かれている。クリスマスまでに戦争は終わって故郷に帰れるだろうという楽観が人びとの間でも支配的だったとはよく指摘されることだが、食うや食わずの者にとって軍服を着て生活を保障されたいま、唯一の不安は実戦に参加しないうちに戦争が終わってしまうのではないかということだけだった。

前線へ

一九一四年九月初旬にヒトラーは主に新兵で構成されたバイエルン（王国軍）歩兵第一六予備連隊（初代指揮官ユーリウス・リスト大佐にちなんで「リスト連隊」と呼ばれた）に配属され、ミュンヒェンに続きアウクスブルク近郊レヒフェルトで訓練を受け、一〇月二〇日西部戦線のフランドル地方に向け進発。九日後イープル付近で砲火の洗礼を浴びた。戦端が開かれたこの初日だけでバイエルン歩兵第一六予備連隊三五〇〇名のほぼ一割に当たる三四九名が戦死した。所属の第一中隊について、ヒトラーは二九日の戦闘で自分を除き、もう一名しか生存者はおらず、その後この兵士も死に、結局生き残ったのは自分ひとりだったとのちに後方に書き送っているが、最近の詳細なリスト連隊史研究によって、第一中隊の戦死者は実際には一三名（戦死率は五％ほど）だったことが判明。ヒトラーの前戦経験についての語りは、戦時中の彼の手紙を調べたヴェルナー・マーザーの『人間としてのヒトラー』（原著一九七一年、邦訳一九七九年）等を通じて、これまで鵜呑みにされてきた傾向があり、ここへきて慎重な取り扱いの必要なことが、再確認されつつある。白兵戦も交え一週間にわたる戦闘で連隊が被害甚大だったことは、よく知られている。彼を含め無傷だったのは連隊全体で二割に満たず、リスト大佐も一〇月三一日に戦死した。後任の新連隊長フィリップ・エンゲルハルト中佐が敵戦線視察中機関銃攻撃に見舞われたのをヒトラーともう一人の兵が救ったことで、翌日感状審議（戦功評価の会議）があり、その最中に連隊本部のテントに英軍砲弾が命中。本部に呼び出されながら、四人の中隊長に場所を譲るためたまたまテントを出ていたヒトラーは命拾いをしたが、エンゲルハルト中佐は重傷を負った。イープル奪取の試みが失敗に終わるとドイツ軍の攻勢は、動きの少ない塹壕戦にとってかわられる。上等兵に昇進した直後の一九一四年一一月九日に連隊司令部付きの伝令兵になったヒトラーは、以後下士官や将校になることもなく、終戦まで上等兵（兵士の下から数えて二番目のランク）にとどまった。

伝令兵ヒトラー

ヒトラーに与えられた任務は伝令だった。これは八～一〇名がひと組になり、一・五～五キロ離れた前線にいる大隊指揮官に宛て、連隊指揮官からの命令を徒歩か自転車で届けるというものだった。速度からすれば電話が一番だが、電話線切断は頻繁に起こったから、伝令兵の役割は重要だった。大隊司令部は最前線から離れており、ヒトラーは直接塹壕の最前線まで命令を届けたわけではない。だが、ヒトラーは、その後も前線の戦闘を繰り返し続け、塹壕戦のつらさも十二分に経験したかのように回想している。しかも自分が伝令兵だったことには『わが闘争』で全く触れていない。その理由としては、前線で戦っている兵士たちの間には、いわばより「後方」にいるヒトラーのような司令部付きの兵士軍人を軍隊隠語で「兵站《へいたん》トンマ」という蔑称でひそかに呼ぶ習わしがあったという背景が考えられる。これに対しては、逆の蔑称「フロント・シュヴァイン(最前線豚野郎)」も用いられており、両者は緊張・対立をはらんだ関係だった。イアン・カーショーをはじめ、第一次大戦中のヒトラーについてこれまで詳しく書いてきた歴史家のほとんどが伝令兵も危険だった点を強調しているが、最前線の兵士に比べれば、より安全だったことは打ち消しがたい。無論、上記のように戦線を飛び越えて後方司令部や、そこから命令をもって走る伝令兵の上に砲弾が落ちることもたしかにあったが、最前線兵士から見れば、伝令兵は自分たちよりは後方にいる司令部将校たちとほぼ同じポジションにいると感じていただろう。

兵士ヒトラーの功績

ナチ党は、その後党首になったヒトラーの第一次大戦における任務が特に危険だったと盛んに宣伝した。下士官として大戦中一時ヒトラーの上司だったこともあるマックス・アマン(党報道全国指導者)や、連隊司令部付き将校としてずっとヒトラーの動静を見守っていたフリッツ・ヴィーデマン(一九三五年以後ヒトラーの副官)少尉は、ヒトラーの大戦の記憶がきわめて正確で、彼が思い出を語るとき嘘をついたり誇張を交えたりするのを一度も聞いたことがないと回顧録で強調したし、伝令兵仲間もヒトラーは勇敢だったと証言している。一方で、ヒトラー同様に二等兵でリスト連隊に入隊後、数かずの戦功で少尉に昇進し中隊長まで務めたコルビニアン・ルッツは、こうしたヒトラー称揚に業を煮やし、ヒトラーの政権掌握前年の一九三二年四月、反ナチ雑誌に「なぜヒトラーは上等兵にとどまったのか。最前線のたえざる不安より、圧倒的に安全な前線背後にいることのほうを斟酌《しんしゃく》したからだ」と暴露し、ヒトラーの政権掌握後、ダハウ強制収容所へ三カ月間入れられた(その後黙ることを条件に解放されている)。

一九一六年初夏にリスト連隊は南に移動し、大決戦となったソンムの戦いにかろうじて間に合った(ヒトラー二七歳)。初日だけで二万人の戦死者・重傷者が出たにもかかわらず連合軍は執拗な攻撃を繰り返し、計六二万四〇〇〇人の死傷者を記録。闘いは決着つかず、独軍側も一一月までに四二万人の損害を計上、進退をヤード刻みで測るような過酷で単調な塹壕戦にやがてここでも移行した。一〇月七日夜、ヒトラーが他の伝令たちとともに連隊司令部に通じる狭いトンネルの中で座ったまま寝ていた時に砲弾が入り口近くで炸裂した。砲弾は伝令たちを薙《な》ぎ倒し、ヒトラーも大腿部をやられたが、駆けつけたヴィーデマン中尉に「中尉殿と一緒にいられますよう御配慮を」と、後送されないよう泣きついたといわれる。この連隊を離れたくないという気持ちが伝わってくるエピソードだ。結局ヒトラーは野戦病院経由でベルリンの衛戍《えいじゅ》病院に後送され、数カ月後退院許可を得て、ミュンヒエンの補充大隊に再配属されたが、補充兵の誰一人、「前線」兵士に敬意を払う者がいなかったと彼が驚くほどに、補充部隊の空気はひどいものになっていた。一九一七年初めヒトラーはヴィーデマンに手紙を書き「戦友たちのもとに戻りたい」と願い出、三月初め第一六連隊に復帰した。エーリヒ・ルーデンドルフ将軍の指導下、実質的な軍事独裁に移行していたドイツ政府は、一九一八年三月三日ブレスト＝リトフスクでソヴィエト・ロシアと講和条約を結び、北はフィンランドから南はカスピ海にいたる広大な領土の割譲を軸とする過酷な条件をボリシェヴィキ政権に押し付けることに成功した。ドイツの勝利を信じて疑わなかったヒトラーのような兵士たちは狂喜し、西部攻勢に最後の希望を託すようになる。

一級鉄十字章

一九一七年六月に、ヒトラーは伝令途次、フランス軍の兵士をいっぺんに四名も捕虜にする離れ業的戦功をあげている（二八歳）。のちのナチ時代にこの話には尾ひれがつき、ひとりで一五名ものフランス兵を捕虜にした功績で兵士としては異例中の異例ともいえる一級鉄十字章を受章したという形で教科書に掲載されたが、受章の理由はこの捕虜獲得にあったわけではなかった。電信途絶後、もう一人の伝令兵とともに激しい砲火をくぐりぬけて前線に指令を届けた勇気をたたえたというのが真の理由で、しかもこの戦友の言によれば、無事指令を届けたら一級鉄十字章をやると上司のフーゴ・グートマン少尉が約束したという一種の「ゲーム」から珍事が起こったのだという。二人の行動は勇敢と認められたものの特別際立ったものでなく、グートマンが部隊司令官に事情を縷々《るる》説明し、数週間後ようやく授与の許可がおりたというのが実相のようだ。

八月四日に彼が一級鉄十字章を授与される頃には、西部大攻勢の破綻が明らかになりつつあった。八月八日連合軍の反攻がアミアンで独軍の戦線を突破、ルーデンドルフは突破された地点に向けて予備部隊を急ぎ派遣させたが、この新しい部隊が前線に近づいていくと、退却独軍部隊は「スト破りめ！　おまえたちは戦争を長引かせに来たな！」と罵ったという。

ヒトラーはのちに、前線は一九一八年の革命家たちによる「背後からのひと突き」によって勝利の成果をだまし取られたというような主張を繰り返すようになるが、実際にはリスト連隊においても、かなり早い段階から兵士たちの間には厭戦気分や講和希求がひそかに拡がりつつあり、戦争が長引けばそれだけ抗命(命令不服従)や従軍免脱(従軍逃れ)が増加しつつあったことを連隊の史料は物語っている。『わが闘争』でも、ベルリン衛戍病院入院中の体験として、独軍負傷兵患者のなかに「無節操なひきょう自慢」を耳にし吐き気を催したとヒトラーが述べているのも注目されよう。

ドイツ帝国軍のユダヤ人

ヒトラーが大戦終了間際に授与されることになったこの一級鉄十字章については、推薦してくれたのが司令部上司のユダヤ人将校グートマン少尉であったのはもちろんのこと、彼によって直接手渡されたことについても、『わが闘争』では一切言及されていない。ヒトラーのようなランクの兵士が一級鉄十字章をもらうのは稀有なことであった。一九一八年夏までにこの勲章を授与された将校の数は五万一〇〇名、下士官は一万七〇〇〇名、兵士の場合は、わずかに四七二名であった。第一次世界大戦時、ドイツ帝国軍ではもともとプロイセンの伝統的な鉄十字章の授受を帝国軍全体に拡大適用した。そのため、バイエルン王国軍に入隊したヒトラーもドイツ帝国軍人として受章することとなった。プロイセンでは一連のナポレオン戦争の経緯の過程で一八一三年に鉄十字章を制定、（一級）鉄十字章は二級鉄十字章の上位の勲章と定められ、この戦争全体で六七〇名の軍人がこれ（一級）を授与された（一八七〇年の普仏戦争では一三一九名）。第一次世界大戦では戦争の長期化もあり、参戦軍人の数も今までにないスケールだったこともあるが、君主制が崩壊する一一月九日までに駆け込み授与も急増、授与された者の数は、総計で一六万三〇〇〇にのぼった。

いくつもの諸邦が統合され、一八七一年に誕生したばかりのドイツ帝国においては、鉄十字章授与の栄誉にも象徴される「国民戦争」の幻に吸い寄せられた被疎外集団の代表はドイツ・ユダヤ教徒たちであったといえる。〝自らの戦争協力によって一般ドイツ市民との間にこれまでにない良好な関係が生まれるであろう〟〝従来の反ユダヤ主義的差別・邪視にもピリオドが打たれるであろう〟という期待と楽観主義がドイツ・ユダヤ教徒の間に充満し、「祖国と自由のために流される血のみがユダヤ教徒解放をもたらす」としたガブリエル・リーサー（一八四八・四九年フランクフルト国民議会副議長）の言葉が、開戦時再び想起されていた。多くのユダヤ系青年たちが積極的に志願して戦線に赴いた。ドイツ国民の一％にも満たない宗教的マイノリティだったユダヤ教徒の前線経験者はかくて一〇万人を数え、リスト連隊でも四九名の「ユダヤ人」が祖国ドイツのために闘ったことが連隊記録からわかっている。戦局困難化のなかで「ユダヤ人は戦争に協力せず、私利暴利ばかり貪っているのではないか」という心無い反ユダヤ主義者たちの猜疑深い声におされて、プロイセン陸軍省が前線ユダヤ系軍人の数や忠誠度をひそかに探った「ユダヤ人統計」がある。結局、質・量ともに一般キリスト教徒をしのぐという調査結果が出たために、むしろ公表はさし控えられた。連隊のユダヤ人将校から推薦されて一級鉄十字章授与の栄誉に浴したヒトラーが、以上のような反ユダヤ主義的差別感情をすでにその時点で抱懐していたとは思われない。ヒトラーが七年後に『わが闘争』で毒々しく第一次大戦におけるユダヤ人の「裏切り」を公言するようになるには、敗戦とドイツ革命を経験しなければならなかった、といえよう。

兵士ヒトラーの終戦

一九一八年八月末、ヒトラーはニュルンベルクでの電信研修に派遣され、九月一〇日からベルリンで第二回目の一八日間休暇をとっている(二九歳)。兵士の正式休暇をヒトラーがはじめてとったのは戦争がはじまって三年も経過した一九一七年九月になってからであり、いずれの休みも美術館めぐりで時を過ごしていた。連隊復帰後の一九一八年一〇月一三日から一四日にかけての夜半、ヒトラーはイープル近郊で英軍の毒ガスを浴び、失明状態でシュテッティン近郊パーゼヴァルクの病院まで搬送された。幸運にも徐々に視力を回復していったが、一一月九日にドイツ革命、一一日には休戦のニュースに接し、数日間は激しく心乱れ、体調さえ崩したようだ。

『わが闘争』第一巻第七章「革命」には、革命と敗戦に対するヒトラーの以下のような呪詛が縷々展開されている。「かくてすべての犠牲は無駄であった。あらゆる犠牲、あらゆる辛苦は無駄であった。しかもわれわれが死の不安に締め付けられながら、われわれの義務を果たした膨大な時間も無駄であった。……そのとき斃《たお》れた二〇〇万人の死も無駄であった。祖国を信じて出征し二度と祖国に帰らなかった数十万の人びとの全ての墓が開かれる必要があったのではなかろうか。墓が開かれて、無言の、泥まみれ血まみれの英雄たちが、復讐の亡霊として「銃後」へ、すなわち、この世で男子が自己の民族に捧げえた最高の犠牲をかくも嘲笑いっぱいに裏切った「銃後」へ返される必要があったのではないか。こんなこと〔革命と敗戦〕のために一九一四年八月・九月に兵士たちは死んだのだろうか、同年秋に志願兵連隊は古い戦友のあとを追ったのだろうか。こんなことのために、一七歳の少年は、フランドルの土に埋れたのだろうか。ドイツの母親たちが当時悲痛な気持ちで最愛の息子たちを出征させ、もはや再会できなかった時、彼女たちが祖国に捧げた犠牲の意味はこんなものだったのか」。

死者や遺族の声の代弁者を自任するヒトラーにとって、犠牲が無駄であったということは本来許されないことであった。あらゆる犠牲は、その意味を有していたはずであり、成果は軍事的勝利の形で出てこなければならなかった。戦意発揚は、「国民戦争」神話とひとつながりになっていたが、国民の熱狂は勝利を先取りした興奮でもあった。勝利は道徳的義務となっており、勝たねばならなかった。

本来、犠牲をなす行為と意味はひとつのものである。意味は犠牲そのものの中にあり、犠牲が成功あるいは何らかの代償・報酬を望めば、犠牲は、無償とは別の源泉から行為の意味を引き出すことになろう。しかしドイツの大戦における犠牲は、ヒトラーの『わが闘争』の上記引用部分に典型的にあらわれているように、勝利を担保にして定義づけられていた。勝利・成功の中にだけアイデンティティを見出しえた。このような意味での犠牲と意味の一体性は、敗北という事態に見舞われて崩壊したのであった。ヒトラーが革命と敗戦の報に怒り狂い、自分の(行為と意味の)世界が崩壊した元凶を誰かに求めようとしたのは、確かであると思われる。停戦八日後の一一月一九日、ヒトラーはパーゼヴァルクの病院を退院した。ベルリン経由でミュンヒェンに帰ることになったとき、ミュンヒェンの口座には総額一五マルク三〇ペニヒしか残っていなかったといわれる。

第2章

弁士から党総統へ

―カリスマの源泉とテロル―

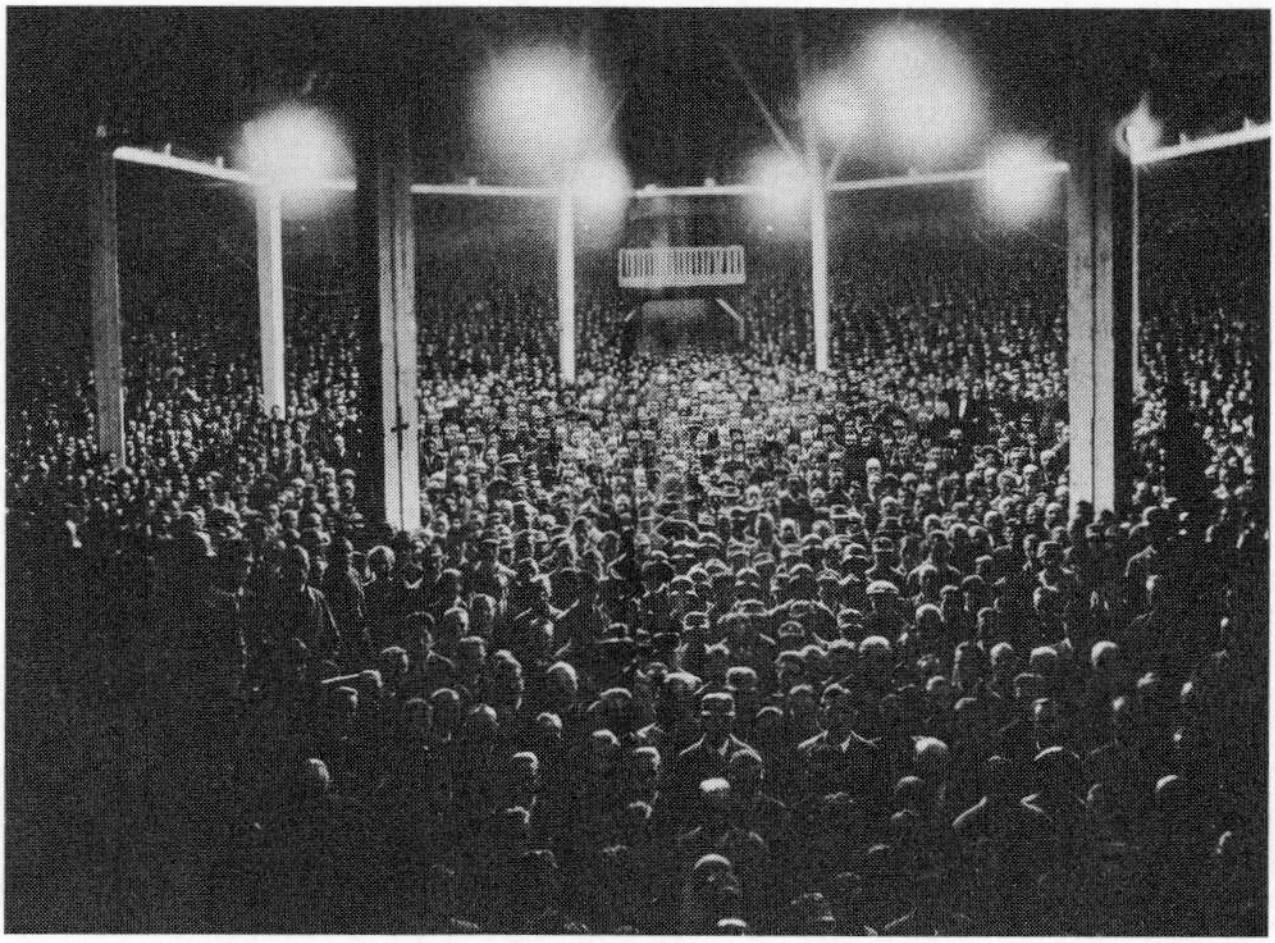

ヒトラーの演説に耳を傾ける聴衆たち(1923年, ミュンヒェン, ツィルクス・クローネ, ハインリヒ・ホフマン撮影)

一　停戦と革命

ドイツ帝国の敗戦

ヒトラーが大戦から帰還したミュンヒェンは、戦前のバイエルン王国の首都ではなくなっていた。終戦直前の一九一八年一一月七日夜半に起こった労働者・兵士・農民によるバイエルン革命で君主制は倒れ、翌朝(八日)独立社会民主党領袖クルト・アイスナーを首班として成立したバイエルン共和国の首都へと変貌を遂げていた。一一月九日にはドイツ帝国の首都ベルリンで労働者・兵士・市民による革命が勃発、ドイツ皇帝(プロイセン王)ヴィルヘルム二世はオランダに亡命し、皇帝を首長と仰いでいたドイツ帝国も終焉を迎えた。全国二五のラント(帝国支邦、二二の君主国と三自由都市から構成)でも相次いで君侯が退位した。かわって革命的な労働者や兵士によって構成された「評議会」(ロシア語で「ソヴィエト」、ドイツ語では「レーテ」と称す)がラントの各中心都市で暫定的に権力についた。

一一月九日ベルリンで「共和国」成立宣言を発した臨時政府(人民委員政府)は社会民主党の閣僚で占められ、連立相手の独立社会民主党を一カ月後には排除した。全国労兵レーテ大会も、多数派を制した社会民主党が進める議会制民主主義への道を採択すると、一九一九年一月一九日には共和国初の議会選挙がおこなわれた。敗戦と革命によりほぼ解体状況にあったドイツ帝国軍にかわり、旧軍将校を軸に、国境紛争や革命に対処せんとして、兵士・反革命学生・若者から成る速成編制志願兵部隊が組織された。国防相グスタフ・ノスケが指揮するこうした「義勇軍《フライコーア》」部隊と革命派との間で武力衝突がすでに始まっていた首都ベルリンを避け、中部ドイツ・テューリンゲン州の小古都ヴァイマルで、二月六日に憲法制定国民議会が開かれた。得票率三七・九％を得て第一党になった社会民主党が中央党・民主党とともに連合政府を形成し（「ヴァイマル連合」）、七月末に制憲議会は新しい共和国憲法（ヴァイマル憲法）を制定した。初代大統領はフリードリヒ・エーベルト、初代首相にフィリップ・シャイデマン、いずれも社会民主党だった。この間、五月七日には連合国から一方的講和条約案が提示された。しかも内容についての交渉が拒否され、戦争再開＝武力占領で脅迫されつつ諾否を迫られたため、国民の憤激や不満は高まったが、新国会も結局受諾せざるをえなかった。大戦中、ドイツ帝国政府が事態を国民の前に明らかにしておらず、国民はドイツが戦争に敗れたことを十分に認識していなかったことも、敗戦責任問題の形であとあとまで尾を引くことになる。

「背後からの一突き」伝説

一九一八年一一月二一日、ミュンヒェンの第二歩兵連隊補充大隊第七中隊に出頭を命じられたヒトラーは、テュルケンシュトラーセの兵営を訪ねた。二週間前におこったバイエルン革命（ベルリンより二日早かった）の気運を体現した兵士たちにも遭遇したが、ただ食事と寝場所を求めてきた予備残兵も多かった。「中でも最も怠惰で最も厚顔な連中は、当然のことながら、一度も塹壕に近づいた経験のない連中だった」とヒトラーは語ったという（伝令兵の「戦友」エルンスト・シュミットの回想言より）。革命は敗戦の結果であって、原因だったわけではない。しかし、敗戦の責任を後方の革命派に転嫁する説、いわゆる「背後からの一突き」伝説（匕首《あいくち》伝説）が、講和条約締結前後から一気に拡大した。これにともない、軍の規律と秩序を乱すような連中は絶対許してはならないとする「〈不逞《ふてい》の輩《やから》〉一掃論」や、また、反革命派将校を核としながら下士官・兵士の間にも、「反戦論者＝内部の敵」とする心性が、敗戦直後から蔓延していた。この雰囲気は、「革命兵士たちへの呪詛と嫌悪に、ミュンヒェンに帰ってきた自分の身も心もすっかり染まっていた」とする『わが闘争』の記述にもよくあらわれている。

二週間後、ヒトラーと戦友シュミットを含む一五名がミュンヒェンとザルツブルクの間にあるトラウンシュタインのロシア兵捕虜収容所（一〇〇〇名収容）へ監視兵として配属された。門番役を務めたという。ヒトラーは一九一九年三月にミュンヒェンの同じ連隊に帰ったと書いているが、遅くとも二月中旬に舞い戻っていたのは間違いない。その時期レーテの部隊代議員に選ばれているからである。しかし元は社会主義者だったベニート・ムッソリーニと違い、根は大ドイツ主義に立つヒトラーが、民主的軍改革や徹底した「社会化」の理念を革命兵士たちと分かちもっていたとは考えられない。ともあれ、ヒトラーは二月下旬からのミュンヒェン革命の混乱のほとんどを、直近で体験することになったといえよう。

バイエルン・レーテ共和国

バイエルン王国を長らく支配していたヴィッテルスバッハ家君主制が首都ミュンヒェンの革命によって倒壊したあと新政権を担ったのは、独立社会民主党の左派リーダー、クルト・アイスナーだった。アイスナーは、大戦中に多数派社会民主党の戦争協力を批判して一九一七年に旗揚げした独立社会民主党を率いていた。彼と親交のあったローザ・ルクセンブルクが長期獄中生活から革命後ようやく解放されながら、ドイツ共産党創設後わずか二週間ほどの一九年一月一五日に反革命義勇軍の手にかかって殺害されており、アイスナーもテロには十分警戒しなければならなかったはずである。しかし、アイスナー自身も、革命後に早速おこなわれたバイエルン議会選挙で独立社会民主党が致命的敗北を喫した直後の二月二一日、首相職辞任の発表のため議場へ向かっていた公道上で極右海軍将校アントン・フォン・アルコ伯の凶弾に斃《たお》れた。アイスナーの葬儀の様子を映したフィルムが現在も残っているが、ミュンヒェンの東墓地へ向かう葬列に腕章をつけて参加するヒトラーの姿が焼き付けられている。今から見ると意外に感じられるが、ヒトラーは自身の所属する連隊が兵士レーテの手中にあった間もあくまで軍に留まるべく、兵士レーテの指図に沿ってさまざまな役回りをこなしていた。

アイスナーがテロに斃れたあと、社会民主党を中心にカトリック〈バイエルン国民党〉を含む議会勢力が、アナーキストや、やや勢いを取り戻した独立社民党が前面に出つつあった労兵農レーテ〈評議会〉勢力に対して優勢に立つ局面もあった。しかし、一九一九年三月二一日ハンガリーでソヴィエト共和国宣言がなされると、ソヴィエト・ロシアがウクライナを解放したこともミュンヒェンの大衆の評議会《レーテ》共和国への期待を昂進させ、四月七日にはバイエルン・レーテ共和国宣言がなされた。レーテの奪権化に失敗しバンベルクに逃れた議会派のバイエルン政府は、ベルリン中央政府と連絡をとってその指示を受け、レーテ共和国との対決姿勢を強めた。レーテ内では共産党が主導権をとって急進的政策を進めたが、四月二七日国防大臣ノスケの指令を受けた新しい国防軍や反革命義勇軍部隊、自警団がミュンヒェンを包囲、五月一日には市内に突入し、五月三日レーテ共和国は陥落した。在ミュンヒェン外国大公使館の報告はレーテ敗北後、「組織的蛮行が野放しにされ」「総計一〇〇〇名の〈赤色勢力〉が処刑された」と伝えている。実は、革命派と間違われて殺された市民も少なくない混乱状況下、攻防戦には加わらなかったヒトラーさえ、レーテ派と混同されかけた一件もあったが、彼を大戦中からよく知っている将校に「こいつはレーテ・シンパでない」と保証されて命拾いした。そればかりか、レーテ倒壊後一週間も経たぬ五月九日には、ヒトラーは連隊の調査委員会のメンバーとなり、軍内に燻《くすぶ》る残存共産主義分子狩り立てに乗り出している。翌月まで続いたこの任務が、結局翌一九二〇年三月までヒトラーを軍籍離脱から守ったが、「好感のもてない」戦友誣告《ぶこく》者という声も聞かれるようになっていた。

二　カリスマ弁士の誕生

カール・マイア大尉との出会い

第一次大戦後の新しいバイエルン国防軍には、政治情報要員養成機関として啓蒙宣伝局「部隊コマンド4」が設置され、宣伝局の責任者にカール・マイア大尉が就任した。一九一九年一月半ばスパルタクス団の武装蜂起鎮圧に成功したベルリンの軍指導部は、各部隊から「急進分子」を徹底除去するため、部隊の士気・精神を高揚強化させる教程の発足を要請、一九年五月三日にはプロイセン陸軍省で全国から関係将校たちを集めて「軍内での啓発啓蒙・自己教育・福祉保護(生活保障)」が検討された。バイエルンでは上記のごとくレーテ(ソヴィエト)共和国をめぐる騒乱が続いたため、反ボリシェヴィズムを核にした部隊コマンド4の発足はベルリンより数カ月遅くなったが、宣伝局マイア大尉が要員として選抜した者のひとりがヒトラーだった(三〇歳)。「私がはじめてヒトラーと会った時、彼は主人を探している野良犬を思わせた」と大尉は述懐している。マイアは、ヒトラーには「保護してくれる人間なら誰とでも運命をともにする」用意があった一方、「ドイツ国民とその運命には全く無関心」であるという印象を受けたという。戦争で軍に志願して以来、「戦友」の兵卒たちとよりも、一部の将校たちとのほうが親しい関係をとり結べたヒトラーの人間関係を髣髴《ほうふつ》とさせるエピソードである。

マイア大尉からミュンヒェン大学での軍特別教育課程（七月一〇日からの一〇日間コース）の講習を受けるよう命じられた彼が学んだのは、「（宗教改革以降の）ドイツ史」「戦争（の政治史）」「社会主義（理論と実践）」「ドイツの経済状況（と講和条件）」「（内政と）対外政策」等であった。教程全体としては六コースあり、将校・下士官・兵で計約五〇〇名の参加者がいた。講師陣は右寄り保守派のエキスパートが多く、なかでも歴史家カール・アレクサンダー・フォン・ミュラー（ミュンヒェン大学教授）および彼の義理の弟で経済論の論客ゴットフリート・フェーダーにヒトラーがこの教程で遭遇したことが、後々までドイツの政治と歴史に重大な影響を及ぼすことになる。

教程のドイツ史講義を担当したフォン・ミュラーによれば、講義のあとで、少人数の集団が活発に議論しているのに気づいたという。「聴講生たちは、奇妙にしゃがれた声で弁舌をふるい、しだいに熱っぽさを加えていく仲間のひとりに魅入られたように聞き入っている様子だった。その興奮状態はこの男が作り出したものだという奇妙な感じを受けた」。この聴講生の男のほうを指さしながら「自分の愛弟子の中に生まれながらの雄弁家がいるのを君は知っているかい？」とミュラーはマイアの注意を喚起している。ミュンヒェン大学教程で聴いた講演の中でヒトラーが最も大きな影響を受けたのは、ゴットフリート・フェーダーの、投資と株取引の経済学的特質と借入資本に説き及んだ経済状況論であった。「生産的資本」と「ユダヤ人による〈強欲資本〉」とを弁別し、金融資本の「利子奴隷制打破」が必要であるとするフェーダーの講義は、今後必ずプロパガンダに使えると直覚させるほど、ヒトラーに深い印象を刻みつけた。

「私には〈演説〉ができる」

このミュンヒェン大学の短期コースを通じ、ヒトラーはミュラーとマイアに弁舌の才を見込まれ、連隊講師（弁士）にとりたてられ、すぐアウクスブルク近郊レヒフェルトの国防軍兵営での「反ボリシェヴィズム」教程コースに派遣された（ヒトラー同様「教育将校」と呼ばれた派遣候補生は他に二五名いた）。レヒフェルトはロシアの捕虜収容所でソヴィエト・ロシアの共産主義イデオロギーに直接触れた経験をもつドイツ人帰還兵の通過収容施設にもなっており、出向の「教育」対象聴衆としては、講演効果がもろに問われる相手だった。講師の中で、例外的に好評だったのが、教育部隊指揮将校ルードルフ・バイシュラークとヒトラーで、バイシュラークは「世界大戦に責任があったのは誰か」というテーマの話で聴衆の関心を喚起していた。一方「講和条件と〔ドイツの〕復興」「移民」はじめ、ヒトラーの講演には「熱気溢れる」ものを感じる聴衆が多かったという。なかには「ヒトラー氏は生まれながらの民衆向き演説家である。集会での熱情と大衆へのアピールによって聴衆の耳目を惹きつけ、彼らを自分の考え方に引き込む力をもっている」という見逃せない感想を寄せる者もいた。「私は全身全霊をもってとりくんだ。大勢の聴衆の前で話をする機会がにわかに与えられたからだ。以前からはっきり意識はしないが何となく予感していたものが正夢になった。私には〈演説〉ができる。……勝ち戦だったと言って差し支えなかろう。講演しているうちに何百何千という戦友を国民と祖国への思いに立ち戻らせることができたのだから。私は軍の部隊を「ナショナル化」した〔国民心情に立ち返らせえた〕のだ」とヒトラーは『わが闘争』で誇らしくこの初講演シーンを語っている。駆け出しの弁士であるヒトラーにとっては決して生易しくない、むしろ経験したことのない試練の会場だったのではなかろうか。そこは、やがて演説会場として常態化するミュンヒェンの大ビヤホールやクローネ・サーカス〔ツィルクス・クローネ〕のような、ナチ党員やヒトラーファンで溢れるような空間ではなかった。しかも、聴衆はロシアで戦争捕虜となりボリシェヴィズムの宣伝の「洗礼」を受けた兵士だった。彼らはようやく解放され、故郷への帰還途次、祖国の政治的混乱を目にして環境の全てに不安と不信のまなざしを向けていた。それを考えれば、掛け値なしに大成功といえるスピーチであった。

ヒトラーの熱弁の本質は何か、その効果の秘密はどこにあったのかについては、当時から現在にいたるまでさまざまに分析されてきたが、政論家初期段階の彼の演説を実際に聴いた、当時の代表的なジャーナリスト、カール・チューピクの以下の特徴的な感想は、ひとつの参考になるであろう。「ヒトラーの声は、さして大きくもなく、明瞭でもなく、こぜわしいしゃがれた声である。彼のドイツ語は、まぎれもなくオーストリア訛《なま》りだが、ウィーンのものでなく、ドイツ語も話すボヘミア地方出身の官僚が話す高地ドイツ語に似ている。オーストリアでいうところの、ちょっとくぐもった調子のしゃべり方なのだが、よく聞き取れる声で、……ミュンヒェンの聴衆にはこのドイツ系ボヘミア人の官僚ドイツ語は洗練された響きをもっている。このように容易く言葉に感化されてしまう小市民大衆をみると、合点のいく気の利いたことを誰にもわかる活き活きした言葉で言い表わす才能に恵まれた演説家がドイツ人のなかにいないのは、二重に残念に思われる。今日の口下手な連中と並べてみれば、ヒトラーはひとかどの演説家である。……彼の演説家として最も効果的な要素として残るものは、感情的興奮《センセーション》を伝染伝播させうる能力だけである。……おそらくヒトラーは自分の言ったことを信じているのであろう。いずれにしても彼に成功をもたらしてくれるのは、熱烈な確信を込めた言葉の響きなのである」。リベラルな、ボヘミア出身のオーストリア人ジャーナリストであるチューピクは、同国人ヒトラーに対して、一方でかなり辛辣《しんらつ》な批判も展開しているのだが、ここでは彼の演説における特質、特徴で目を惹く記述のほうを紹介しておく。

反ユダヤ主義について

レヒフェルトでのヒトラーの講演のテーマは、それなりに時代に即応したものであり、話しぶりもある意味で口当たりの良い、わかりやすいものであった。中身についてみれば、たとえば「移民」というテーマは、「異質な人種」としてのユダヤ人から「公民権」を奪い、最終的にはドイツから追放すべきであるという、従来の反ユダヤ主義的「出国」移民論を背景にしたものであり、「(現代の)社会・経済標語」というテーマも、フェーダーの影響を受けた「ユダヤ人＝金融資本家＝拝金亡者」論を展開したものだった。これは、革命後の「反資本主義」の風潮に着目し、当時のインターナショナルな社会主義者を「国民的社会主義」者へと転向回収することさえ狙った反ユダヤ主義的社会主義論を基礎にしていた。とはいえ当時は、ユダヤ人＝国民的危険論(ドイツ人に脅威となる説)についても、ユダヤ人に触れずに資本主義を云々することはゆるされないとする論についても、それを前面にはっきり出すべしとする攻勢論と、露出するのは適当でないとする慎重論とに、軍内も割れていた。教程ではヒトラーも、のちに展開するような挑発的な激しさを抑えていたようだ。

ヒトラーがカール・マイア大尉に対し、演説で「赤化」防止訴求力を確証してみせただけでなく、ユダヤ人問題に関しても一種の建白能力があることを証明した一件がある。これは、彼がドイツの政治の世界に入っていく前提になった点で看過できない。レヒフェルト教程の講師役で成功をおさめた直後の一九一九年九月にアードルフ・ゲムリヒ(教育部隊の訓練生仲間)に宛てた書簡は、反ユダヤ主義についてのヒトラーの考え方を初めて定式化したものと言われている。ミュンヒェンの教程に参加し、その後ウルムで軍の宣伝防諜業務に携わっていたゲムリヒからマイア大尉にユダヤ人問題にかんする照会があったことがきっかけで、この書簡は生まれた。ベルリンの中央政府でもミュンヒェンのバイエルンでも現政権を担っている社会民主党がユダヤ人問題にどう対応するのか、明白な態度を示していないという問題意識がゲムリヒの照会の底にあったのに対し、マイア大尉はヒトラーに回答依頼の形で問題を丸投げしたのであり、ヒトラーはこれを機会に反ユダヤ主義の正当化という新課題に習熟していったのであった。

この文書でヒトラーは、フェーダーのひそみにならい、ユダヤ人問題が金融資本の強欲問題であるとしながらも、反ユダヤ主義は感情ではなく「事実」に立脚せねばならず、その第一としてユダヤ人問題は宗教の問題ではなく「異質な人種」の問題で、ユダヤ人にはドイツ国民の資格がないことを強調する。感情的反ユダヤ主義がポグロム(ユダヤ人に対する乱暴狼藉)を惹起《じゃっき》するのに対し、「理性」にもとづく反ユダヤ主義はユダヤ人の権利の組織的系統的剝奪にいたるのであり、「その最終目的がユダヤ人の完全な排除であることは疑いない」と結論付けている。これは、ヒトラーが二六年後に再度の世界大戦に敗北しベルリンの地下要塞で自殺する直前にしたためた遺書でも変わらなかったものである。反ユダヤ主義政策の最終目標がユダヤ人のドイツからの永久的排除でなければならないのは、「ユダヤ人の活動が国民の人種的結核をもたら」し、「大衆の善意を吸い取って民主主義に穴を穿《うが》ち、国民の尊厳の前にひざまずくように見せて、実は金の尊厳しか眼中にない」からだと述べ、フェーダーのユダヤ経済活動=病理「資本」論をベースに、ヒトラーなりの反ユダヤ主義を展開していたのであった。ここでヒトラーが用いた「人種的結核」というキーワードひとつとっても、さまざまな反セム主義(人種論的反ユダヤ主義)論のボキャブラリーの「武器庫」から持ち出してきたものであり、ヒトラーのオリジナルではなかったが、庇護者《メンター》たるマイア大尉の期待に応えるために懸命に選んだ言葉であった。「理性」に導かれねばならない「反セム主義」論も、ヒトラーの「発見」というよりはむしろ反ユダヤ主義諸雑稿に対する彼流の独学の成果であり、その後彼の「専売特許」と化したと見たほうがよい。

ドイツ労働者党に入党

ヒトラーはその後もさまざまな民族至上主義系の諸団体の調査に従事し、九月一二日、民族至上主義小党のドイツ労働者党の会合に派遣された。ここで、「反ユダヤ主義」の演説ならこの弁士を措いて他にいないというイメージを賦与されていた彼は早速党首のアントン・ドレクスラーに入党を促され、一〇月四日この小党に入党した。無論マイア大尉のさしがねであったから、軍籍を保持したままであったが、党への申告の職業欄にはなんと「カウフマン（商人、セールスマン）」と書き込まれていた。それまでは「マーラー（絵描き）」ないし「クンストマーラー（ペンキ屋などではない正真正銘の画家、アーティスト）」と名乗っていた彼は、党首のドレクスラーからだけでなくバイエルン国防軍の部隊コマンド4からも「現在商人《カウフマン》のヒトラー氏は、今後は党専属の宣伝演説家になる」とみなされたのだった。ヒトラーとしては、いっぱしの「スローガン販売」「演説セールス」のプロになった気分だったのではなかろうか。ドイツ労働者党へのヒトラーの入党イメージに関しても、さんざん迷いながらも自分で重大な決心をして入党を決めたという『わが闘争』の描写は、現在まで強い印象を残しているといわざるをえない。『わが闘争』よりも他のヒトラー伝で入党の経緯を知ったという人も、これまではどちらかといえば、軍情報組織のエージェントとしての彼が、一九一九年初頭に発足したミュンヒェンの一極右小政党の監視にあたりながらその魅力に惹きつけられ党員になったという、いわばミイラ取りがミイラになったかのようなイメージを抱きがちだった。が、要するにヒトラーは大尉の命令で軍の部隊コマンド4からこのドイツ労働者党に派遣されたというのが実態であった。政党に入れば軍から離れねばならないのが決まりであったから、マイア大尉の特別の許可があったことが窺われる。しかも翌年の三月に最終的に軍籍離脱となるまでヒトラーには五カ月軍費が支給されていた。『わが闘争』の記述はここでも瞞着《まんちゃく》をおこなっているのである。

入党後、より大規模な集会を開くことによって党員数を増やそうという彼の提案があたり、一〇月半ばのビヤホール「ホーフブロイハウス」での集会では七〇名の参加者から三〇〇マルクの寄付金を徴収できた。これは党がより大々的に広報活動をし、スローガンやパンフレットを印刷するための豊富な資金をはじめて手に入れた点で、一つの大きな転機となったが、一一月一三日にはエーバーブロイケラーでさらに一三〇名の聴衆を集めることに成功する。ヒトラーの演説が集会の呼び物になるという形は、人を集められるヒトラーが党の財政を左右する存在になることによって、党内での彼の権力をますます比類ないものに押し上げていくという循環構造を生み出すことになった。

この一一月の演題は「ブレスト＝リトフスク〔の講和〕」だった。六月二八日に敗戦ドイツがやむなく締結させられたヴェルサイユ講和条約の過酷さを訴えるがために、ヒトラーは、その対比として、ドイツにとって「勝利の平和」になったブレスト＝リトフスク条約（一九一八年三月）を掲げたのだった。「ヴェルサイユ条約によって、わがドイツは空軍が禁止され、海軍も無力化され、陸軍も五分の一以下（一〇万人）に一挙削減され、植民地も全て失った。押し付けた当の英仏はそれを「人間的条約」と呼び、国内左翼や議会主義勢力は大戦中から「妥協の講和」「和解の平和」を喧伝していた。しかし、その実態は詐欺と暴力の講和ではないか。敗戦の責任を負わねばならない者（＝内部の敵）を絶対に許してはならない。連合国が「屈辱的講和」と呼びならわしたブレスト＝リトフスクの講和こそ、まさにドイツが再獲得すべき「勝利の講和」であり、「ドイツの不幸は、ドイツの鉄〔剣〕によって打ち破られねばならないし、そのときは必ずやってくる」という言葉で、ヒトラーはまもなくナチ党に転成させようとしていたこの小党での、象徴的な演説を締めくくっていた。

ナチ党の結成

一九二〇年二月二四日にはミュンヒェン「ホーフブロイハウス」の大ホールで二〇〇〇名に近い聴衆を集めた党の記念すべき大集会が催された。ドイツ労働者党に国民社会主義が冠せられて党名変更が披露されると同時に、この新しい国民社会主義ドイツ労働者党（ナチ党）の二五カ条党綱領《パルタイプログラム》が発表されたのである。この二つの重要な発表をおこなったのがヒトラーであり、彼はこの大集会の組織者としても主要な役割を演じたのであった。最初の本物の大集会が開かれたといえるこの時までに、彼は、最良の演説家として、党指導部内において、かなりの程度地歩を確立していた。左翼に対する闘争のための民族至上主義的労働者たちの政治討論クラブだったそれまでのドイツ労働者党自体、軍人サークルの間で好意的な支持は得ていたが、ヒトラーが、市民生活から断ち切られていた兵士や反革命義勇軍関係者たちをも引き寄せることによって、急速な変貌と拡大を経験しつつあった。なかでも、二月二四日の大集会は、ビヤホールの常連席を占める政治かぶれの小集団ともいうべき存在から、政党の体裁を整え、騒々しい大衆煽動によって闘争団体への道を踏み出したという意味で、ナチ党発展の里程標となった。党員数も二〇年一月の一九〇名から同年末には二〇〇〇名、二一年八月には三三〇〇名へと増えていく。

新しい党綱領も、ナチ党が、大衆的基盤もなく政治権力獲得の見通しも持たない、もっぱら理論のみをこととするセクト的結社の枠を乗り越え、戦術的に行動する、広範な基礎を有する結集政党たることを示していた。愛国者のためには、大ドイツ国家への全てのドイツ人の統合、過剰な人口を受け入れられる植民地の設定、諸外国(列強)に並ぶドイツの復権、ヴェルサイユ条約の破棄、国民軍の創設、法と秩序を確保するための「犯罪者」との容赦なき戦い等を掲げた。労働者のためには、不労所得の廃止、(「闇」取引等の不当な)戦時利得の没収、公共の目的のための無償の土地収用、大企業の利益分配等を。中間層のためには、大百貨店の即時公営化と零細商人への低家賃貸付、老齢の国民の健康基準の「大幅な改善」等を。そして、民族至上主義的考え方をする人びとのためには、ユダヤ人を「異人種」として扱い、公的な地位に就くことを禁じ、国家が全ユダヤ人口を養うことが不可能と判断した場合、国外追放に処すること等の要求を掲げていた。綱領の中身は、反資本主義的、国民主義的、帝国主義的、反ユダヤ主義的諸運動の主唱者たちの主張の寄せ集めといってもよいものではあったが、ヴェルサイユ体制と戦争の結末に対する戦闘的反対を伴った、急進的な修正主義的立場の主張に、ヒトラーの影響力が何より示されていた。

ホーフブロイハウスのこの大衆集会における彼の演説は、マルクス主義者と民主主義者、〈一一月の犯罪者〉(ドイツ革命とその成果から権力や利益を得た者)、ヴェルサイユ体制とドイツを取り巻く〈敵の世界〉に対する効果的論難の傑作であった。この見事な非難攻撃演説によって、一介の〈無名の兵士〉が、当時のミュンヒェンの人びとの熱狂と憎悪《ルサンチマン》、あるいはまた彼らの注目を集め始めたのであった。

組織者と演説家の両面での新しい花形となったヒトラーの活動からは二重の可能性が生じた、とこれまでもよく指摘されてきた。一つは、戦争と革命のカタストロフィーによって動揺し、昂進するインフレによる経済的窮乏の中で絶望感にとらわれた大衆に対して、単純な還元論的説明(ユダヤ人、マルクス主義者、ヴェルサイユ、そして民主主義者の責任だ!)がなされえたこと。いま一つは、反革命派、反動派、君主主義者、分離主義者たちで沸き返っていたミュンヒェンにおいて、国民のあらゆる階層から成る〈国民的秩序の細胞形成〉によって、民主主義の破壊を恬《てん》として恥じない軍事的秩序保護者たちの注目と支持を獲得しえたという点である。

カップ＝リュトヴィッツ一揆とその影響

一九二〇年一月一〇日にヴェルサイユ条約は発効し、その非武装化・脱軍事化規定は、反革命義勇軍《フライコーア》の存立を脅かしはじめていた。一〇万人への国防軍縮小化のため三月末までの義勇軍の解散がまず日程にのぼった。三月一一日、首都ベルリンでは、大戦中にルーデンドルフの肝煎《きもいり》で形成された「ドイツ祖国党」の政治家ヴォルフガング・カップをかついで、君主制復活も目論んだクーデタが敢行された。国防軍部隊も一部参加したが、主力は、敗戦後に組織された反革命義勇軍であるエアハルト海兵旅団出身の兵士たちであり、前年ミュンヒェンのレーテ共和国を徹底的に鎮圧した中心的部隊の一つだった。この武装一揆を支持したのは主にプロイセン東エルベ（エルベ川の東）地域で社会的支配力をもつユンカー（土地貴族）たちであった。ヴァイマル共和国中央政府は国防軍に鎮圧を要請したが、本来出動すべきヴァルター・フォン・リュトヴィッツ将軍麾下《きか》の部隊（コマンド1）は、軍務局長（実質的参謀本部長）ハンス・フォン・ゼークト将軍から、政府の射撃命令には従うなと指示されていた。反乱部隊はたちまち首都に入り、政府はベルリンからシュトゥットガルトに脱出せざるをえなかった。バイエルン国防軍もカップやその配下とも緊密な連絡をとっていたが、部隊コマンド4のマイア大尉はバイエルンの情勢を一揆首謀者たちに直接知らせるため、ヒトラーと彼の初期のパトロンたるディートリヒ・エッカートをベルリンへ派遣している。二人はエッカートの資金援助者の一人が調達した最新型の飛行機でベルリンへ飛んだ。しかし、到着したときにはクーデタはすでに挫折していた。労働者たちがゼネストに立ち上がったのはいうまでもなかったが、官吏はもちろん職員までもサボタージュを一斉に敢行し、全国諸機関諸ネットワークの機能が麻痺することで、カップ＝リュトヴィッツ一揆は四日間で潰《つい》えたのであった。カップはスウェーデンに逃亡し、ヒトラー、エッカートはミュンヒェンに舞い戻ったが、エアハルト旅団の残党連中もミュンヒェンなどバイエルン諸都市に入ってくる。

共和国は、危険に満ちた初期の急場を乗り切ることができたが、カップ一揆は、政治的雰囲気に後々まで影響するものであった。それは少数の軍人の気分に帰着させられるようなものではなく、むしろ新しい国家の内部に深く潜む問題でもあった。ヴァイマルで開かれた憲法制定国民議会を最初の通常の共和国議会に置き換えるための、一九二〇年六月の総選挙結果によって、それはあらわになった。一揆鎮圧後、有利な投票結果を期待していた政府与党の希望とは裏腹に、選挙は野党側の圧倒的勝利をもたらしたのである。国民議会で総計七〇％超の得票率（一九〇〇万票）を得ていたヴァイマル共和国派（社会民主党＋カトリック中央党＋民主党）はこの選挙でほぼ三〇％を失い、絶対多数を早々に失ってしまった。一方野党側は七七〇万票を増やして一四四〇万票、ほとんど二倍に膨れ上がった（右翼五六〇万票↓九一〇万票。急進的左翼二一〇万票↓五三〇万票)。新国家になって一年半、しかもヴァイマル憲法が効力を発して一〇カ月経つか経たないかのうちに、この共和国を創設した諸政党は、議会多数派としての地位を失い、その後二度と回復することはできなかった。この事実は、カップ一揆、またそれと結びついていた政治的危険の真の姿に光を当ててくれる。さらに言えば、一九二三年にいたるまでの危機についても決定的な意味をもつものであった。

もっとも、右翼側も皇帝君主制の権力状況を再建するだけでは将来計画として十分でなく、クーデタも労働者側のまとまった抵抗に遭えば成功のチャンスがないことを学んだのであり、急進ナショナリズム的綱領をバックに労働者を統合する方策のほうがより展望をもっているように思われた。したがって極右の目はこれまで以上にバイエルンに注がれることになっていく。一九二〇年三月、バイエルンのヨハネス・ホフマン社会民主党政権は、バイエルン国防軍の圧力に屈し退任、右翼保守派のグスタフ・リッター・フォン・カールにとってかわられた。

カール

同年秋にはマイア大尉がスウェーデンに亡命したカップに宛てて、「民族至上主義の課題はミュンヒェンではうまく進行している」と書いていた。ヒトラーはこの陣営の原動力・推進力として第一級の演説家になっている。

三　総統《フューラー》の党《パルタイ》

ナチ党の「総統」になる

ヒトラーの初期の協力者たちには、エルンスト・レームのようなバイエルンの急進主義的軍人、アルフレート・ローゼンベルク、マックス・エルヴィン・フォン・ショイブナー＝リヒター、ルードルフ・ヘスのように外国生まれや外国育ちのドイツ人急進主義者が少なくなかったが、多くは中間層出身で、二〇代から三五歳までの者が多かった。一般党員のなかでも軍人や義勇軍《フライコーア》関係者の数が急速に増え、労働者の要素は後退すると同時に失業者もたくさん入党してきた。党は彼らに宣伝員や行動隊員として直接仕事を与えたり、民族主義諸団体のネットワークを通じて仕事を斡旋したりした。かかる要素なくして、一九二三年ついに爆発していくような民族革命的行動へ向かっての衝動は考えられない。しかし一方で、ヒトラーが驚くほど短期間にナチ党の指導権を完全に手中におさめ、同時に、右翼急進主義の陣営に属する競争相手を打ち負かすのに成功したことも、見逃しえない重要な事実であろう。

目立った活動にもかかわらず、一九二〇年の段階では、ヒトラーは急速に台頭しつつあったナチ党の指導権をまだ掌握するには至っていなかった。初期ナチ党員で、アウクスブルクの教師であったオットー・ディッケルは、『西洋の没落』の向こうを張って一九二一年に『西洋の復活』を刊行し、「アンチ・シュペングラー」を標榜しながら、巧みな反ユダヤ主義演説で知られていた。ディッケルは、アウクスブルクおよびニュルンベルクで「ドイツ活動共同体」を率いており、党本部をベルリンに置くことを要求した。彼はヒトラーにとっても脅威となりうる競合相手の代表的存在になっていたが、ヒトラーは一九二一年七月一一日、突然、痛恨の面持ちでナチ党を脱退する宣言を出すという極端な挙に出た(三二歳)。けれども同時に再入党の条件をも明らかにしていた。彼は、ミュンヒェンの党組織と綱領が、その間にバイエルン内外に発生するにいたっていた一切の他のナチ党グループに対して絶対的な優越を保証することを要求した。自分が指導を引き受ける条件としてヒトラーが示していた諸要求をつぶさに見てみると、八日以内に党執行委員会の再選を行うこと、彼自身に「独裁的権限を付与された第一議長の地位」を与えること、またミュンヒェンを将来にわたって「運動の本拠地」とすべきこと、さらに党の名称や綱領の変更を企てる一切の党員の排除を主張し、競合関係にある集団との合体はありえず、相手側の無条件の合流(党への編入)だけが認められねばならない、その際の交渉も「全面的に彼自身に委ねられるべきこと」とされていた。結局、党首ドレクスラー含め、大抵のナチ党員はヒトラーというモーターを失うことができないと信じていることが、七月二九日のホーフブロイハウスにおける臨時党員総会で明らかになった。ヒトラーは新たに党員番号「三六八〇番」を獲得した後、独裁権を与えられたナチ党の「フューラー」(総統)に選ばれた。反対票は一票だけだった。党の執行委員会についても、見せかけの選挙は行っても、実際上の独裁的指導権をヒトラー指導下の「行動委員会」に与えるという形での、党組織再編を決定した。

結果は重大であった。このときからナチ党は「総統の党《フューラー・パルタイ》」（ヒトラー党）になったからである。強力な指導者、天才的な政治家を求める声はすでに長らく聞かれていたものの、ドイツ全体を見渡してもかかる政党は存在しなかった。やがてナチ党員の間ではヒトラー神格化の動きも始まることになるが、彼自身はドイツで唯一のフューラーになれるとは、当時まだ夢想だにしていなかったであろう。むしろ民族至上主義勢力の「鼓手」かつカリスマ的演説家としての自覚と自信をすえつつあったことは、のちにナチ党最大の暴力組織となるＳＡ《エスアー》（突撃隊 Sturmabteilung の略称）を、彼自身の演説集会の防護手段に編成・構築していくのに余念がなかった点にあらわれていた。ヒトラーが党指導を彼の専権に導く一カ月前の一九二一年六月、総計すればヴェルサイユ条約で定められた一〇万人正規軍の四倍の規模でなお残存していた市町村自警団（住民軍）に対し解散命令が出され、武装解除が進んでいた。

ＳＡと反革命義勇軍《フライコーア》

しかし、ヴェルサイユ条約の裏をかき、バイエルン右翼諸派と接点のあったレーム大尉（第一二バイエルン歩兵師団司令部将校）が、銃やピストルを反共和国準軍事諸団体に秘かに配布していたことを忘れてはならない。彼は、ナチ党の集会警護部隊として発足していたＳＡにも武器を流して、公式の武器回収を阻害していたのである。一八八七年、バイエルン王国鉄道監査部長を父として生まれたエルンスト・レームは、大戦前から職業軍人の道を進み、第一次世界大戦突入後の一九一四年九月、鼻骨を砕かれる戦傷を負い、また一九一六年六月にはヴェルダンの戦いで鉄十字勲章を受章。重傷のため半年間の入院生活を余儀なくされたが、大戦後はバイエルン・レーテ共和国を潰滅させた反革命義勇軍《フライコーア》「〔フランツ・フォン・〕エップ大佐部隊」で中心的役割を果たした。その後、新国防軍第七師団でマイア大尉を通じ、一九一九年初秋にはヒトラーとも知己になっていた。

SAは、ヒトラーが党総統になったとき、左翼政党の催事を妨害する役割もすでにおびていた組織的実態を偽装するためにも「体操・スポーツ隊」という名を用いていた。一九二一年一一月、ミュンヒェンのビヤホール「ホーフブロイハウス」で社会民主党の党員たちと大乱闘を演じ、その名をドイツに轟かせることになった。二二年一〇月半ばにはバイエルン北部の左翼の強力な都市コーブルクに、特別列車で八〇〇名のSAを率いたヒトラーが挑発的演説遠征を試みている。この時、地元警察はまとまったSAの行進を禁止していたものの、分列行進を敢行したSA部隊と社会民主党員や共産党員との間の小競り合いがきっかけとなり、さらに激しい暴力衝突に至った。地元警察がむしろSAを保護するよう立ち回ったこともあり、ナチ党が勝利した格好となった。この出来事によって、党の威信は右翼陣営の間では著しく高まった。

一九二二年四月、連合国はドイツの支払うべき賠償対価を一三二〇億金マルク(ドイツ帝国の通貨。

第一次大戦後のハイパーインフレ以降に発行したパピーアマルクと区別してこう呼ばれる）と減額確定したものの、六六年間で（一九八八年までに）完済するよう共和国政府に求めてきた。その履行もやむなしと決断した政府閣僚、わけても首相ヨーゼフ・ヴィルトおよび折衝に直接あたった外相ヴァルター・ラーテナウを、右翼陣営は「履行政治家」と蔑み、非難攻撃した。前年八月には、大戦終了にあたり休戦（降伏）交渉団の代表を務めたカトリック中央党政治家マティアス・エルツベルガーが「裏切り者ユダヤ人の仲間」として極右に殺害されていたが、二二年六月にはラーテナウが爆弾テロで暗殺された。ラーテナウは、ユダヤ人で大手電機企業ＡＥＧ《アーエーゲー》の社主、戦時中は戦争経済を組織牽引する戦時原料局長官を務めた、新生共和国の象徴的政治家だった。凶行に及んだのは、反革命義勇軍《フライコーア》「エアハルト旅団」のテロ細胞組織「コンスル団」のメンバーであった。エアハルト旅団は一九二〇年のカップ一揆のときの中核戦闘組織であったが、一揆挫折後の首都撤退の折、旅団の行進を眺めていたベルリン市民の一人に揶揄されたと逆上した旅団兵士たちが、ブランデンブルク門付近で無差別に市民に向けて機関銃をぶっぱなし、多数の犠牲（一二名の死者と三〇名の重傷者）を出していた。その残党が反動派の支配するバイエルン地方に結局「避難」した点についてもすでに触れたが、ラーテナウを殺害したのは、このエアハルト旅団出身のテロリストだった。「共和国の敵は右（翼）だ」と断じたヴィルヘルム・クーノ内閣はただちに事件に反応し、政府要人の殺害のような政治的動機にもとづく暴力犯罪を厳罰に処する「共和国防衛法」を制定し、コンスル団を禁止したが、この法の自州への適用を拒否したバイエルンにおいて、禁止された組織は「ヴィーキング団」という別名で実質的に存続した。ナチ党の集会警護班が「体操・スポーツ隊」と名を変えたときに、エアハルト旅団からナチ党に入党したばかりでその隊長に就任していた元将校ハンス・クリンチュは、ラーテナウ殺害への関与を疑われながらもその任務を継続できた。これも、ヒトラーがエアハルト旅団からの資金援助も計算に入れた上で、SA養成のための協力を要請したことに加え、民主的な共和国中央政府に反発していたバイエルンの分離主義的君主制復活論者たちが、右派の準軍事組織を全体として涵養する動きを見せていたことによる。

ヒトラーがSA指導について支払った代価には、軍事的組織訓練をエアハルト派に委ねるというあなどりがたい面があったものの、彼はこの暴力組織の「最高司令官」として、政治指導をあくまで保持していくことを忘れなかった。二五歳までという年齢制限を課したのには、大戦に参加できなかった若者にも将来の兵士としての訓練を施すことを重視したからであったが、一人ひとりのSA隊員が、「いついかなるときでも運動の目標を実現する闘争に全身全霊で打ち込み、上官・指揮官の命令に絶対従う覚悟がある」との信条を無条件に承服しなければならないということが肝心であった。内戦状況もにらんで、準軍事団体としてのSAの構築、自らの政治宣伝の展開をSAと並んで支えるナチ党組織の拡大をはかり始めていたヒトラーにとって、二二年一〇月イタリアでムッソリーニの率いるファシズム運動がローマへの「進軍」を呼びかけた一種のクーデタで政権に就いたことは、ドイツの政治状況の変化をも予感させる大事件であった(ヒトラー、三三歳)。

ゲーリングとの出会い

折しもライプツィヒの国事裁判所(事実上の最高裁判所)では、敗戦に伴ってドイツ軍の戦争犯罪を追及するドイツ司法による「自主裁判」が開廷されていた(一九二二年一〇月)。ヴェルサイユ条約では、革命で亡命したドイツ皇帝ヴィルヘルム二世に対する戦争責任追及が規定されていた。しかし、亡命先のオランダが連合国への皇帝引き渡しを拒否したために、戦犯容疑者約九〇〇名のリストを発表してなお戦犯追及の構えを崩さない連合国側の要求に対して、共和国政府は「自主裁判」で応えようとしていた。同年一一月には戦犯裁判そのものを糾弾する集会をナチ党は組織したが、ヒトラーはその集会でヘルマン・ゲーリングに遭遇する。ゲーリングは、戦犯容疑者リストに名前があげられながらライプツィヒ法廷には訴追されなかった第一次世界大戦の「英雄」だった。

のちにヒトラーに次ぐナチ・ドイツ第二の権力者になるゲーリングは、独領西南アフリカ初代弁理公使の子として一八九三年バイエルンのローゼンハイムで生まれ、軍幼年学校卒業後、第一次世界大戦では「空飛ぶサーカス」の異名をとったリヒトホーフェン第一飛行大隊に所属、マンフレート・フォン・リヒトホーフェン戦死後の最後の指揮官に任ぜられ、プロイセンの最高勲章「プール・ル・メリット」を授けられた。ヴェルサイユ条約でドイツは空軍を禁止され、ゲーリングは定職につけぬままデンマークさらにはスウェーデンに移り、曲乗り飛行士として働いていたが、スウェーデンにおいて、既婚で一人息子をもつカーリン・フォン・カンツォウ男爵夫人と懇意になり、スキャンダルにもなっていた（後に結婚、死別）。一九二二年にはドイツに帰還、ミュンヒェン大学で政治学・歴史学を専攻し、「ドイツ解放運動の愛すべき指導者」とみなしたヒトラーと戦犯裁判糾弾集会で知己になり、半年後にはクリンチュからSA隊長職を引き継いだ。ヒトラーが上流社会に知られるようになるのも、貴族層と緊密な関係を有していたゲーリングによるところが大きかった。

対連合国賠償問題がもたらしたもの

バイエルンが共和国防衛法を遵守しなかったにもかかわらず、共和国政府は有効な介入をなしえなかった。政府は、対連合国賠償問題でも、一九二二年夏のマルクの暴落で英仏に支払い猶予を求めてフランスに拒否され、一一月にヴィルト内閣が退陣を余儀なくされた。とってかわったクーノ内閣は、「まずパンを、賠償はその次」と対外的な事態の解決には消極的で、二三年一月初め、連合国賠償委員会は、石炭引き渡し量不足を確認。これを根拠に一月一〇日、フランス・ベルギー両政府はルール地方に軍を進駐させ、実力で賠償を履行させる挙に出た。この「ルール占領」はドイツ国民を憤らせ、特に反フランスの挙国一致の雰囲気を醸成した。クーノ政府はフランス・ベルギーに対する賠償支払いを停止。占領が経済的に見合わないことを示すためにルール地方住民へ「消極的抵抗」を、全公務員に占領軍への協力サボタージュを呼びかけた。労使双方、鉄道従業員等も加わって抵抗は広範化したが、急進右翼勢力は、鉄道爆破や占領軍兵士への襲撃等、積極的レジスタンスによって占領軍部隊と衝突。義勇軍兵士のアルベルト・シュラーゲターがフランス軍に処刑される事態にまで発展し、彼はナチスによって「英雄」視されることになった。

しかし事実上ルール工業地域を失ったドイツは貴重な外貨を消尽し、さらにサボタージュを続ける公務員の給与支払いをはじめ、自治体や企業への支援等、莫大な支出を強いられることとなった。財政的裏付けのない通貨の無制限発行がなされ、インフレが加速度的に昂進し、一九二三年五月に一ドル＝一万五〇〇〇マルクへと落ちた対ドル交換比率は、一〇月半ばには二億四〇〇〇万マルク、一一月には四兆二〇〇〇億マルクへと異常に続落した。

敗戦後のインフレに最後のダメ押しを与えたこのハイパーインフレは、ドイツ国民の貯蓄を消滅させ、中間層を中心に金利・年金生活者を直撃し、勤労者層にも致命的打撃を与えた。ヒトラーは、フランス軍部隊がルール地方に侵攻した当日、ミュンヒェンのクローネ・サーカスで、「一一月の犯罪者どもを打倒せよ」という題目の演説をおこなった。ドイツは無防備にも、フランスの植民地並みの扱いに甘んじているが、その責めを負うべきは、マルクス主義、民主主義、議会制、国際主義、そしてもちろんのことながらそれら全ての背後にいるユダヤ人勢力であるとし、「真の敵は内部にいる」「犯罪者どもが責任をとらされ、報いを受けて初めて、ドイツは対外的に再生できるようになる」と主張。初のナチ党全国党大会のミュンヒェン開催予定も告知したヒトラーによるクーデタの噂まで流れ始めたため、バイエルン政府は戒厳令を発するまでに至った。バイエルンに駐屯する第七師団司令部の師団長オットー・ヘルマン・フォン・ロッソ将軍に引き合わされたヒトラーは「名誉にかけて」クーデタをおこさないと誓い、党大会を平穏裡に進めると請け合って、党大会は開催の運びとなったが、一九二三年の春から夏にかけ、準軍事組織をめぐって政治の混乱状況は続いていくことになる。

一九二三年八月になると消極的抵抗を支持した国内の反仏統一戦線は崩壊し、クーノ内閣は倒れた。八月一五日には、ドイツ国民党のグスタフ・シュトレーゼマンを首相とする社会民主党から国民党まで含む大連合内閣が成立。外相を兼任したシュトレーゼマンはこれ以上の消極的抵抗継続は不可能と認め、九月二六日に抵抗の打ち切りを発表した。帝制復活を目指す反動派や急進右翼勢力は、社会民主党の政権復帰に反発し、また消極的抵抗の中止をドイツへの裏切りと非難攻撃した。抵抗打ち切りが公表されたその日、バイエルン州当局は独自に非常事態を宣言し、グスタフ・フォン・カールを州総監に任命して全権を与えた。バイエルンにおいてもハイパーインフレが一般庶民の生活に壊滅的な損害をさまざまな形でもたらす一方、投機家と成金をはびこらせることにもなっていた。「公共の安寧・秩序を守る」とする政令が同

ロッソ

日出されたのも、不当利得者への厳しい対処が一つの重要な目的だったことは、カールが一〇日後に「不当利得者国外追放」措置をとったことにあらわれていた。第一次大戦中の統制経済は闇商売・消費物資隠匿・価格市場操作をも広範に生み出していたが、戦後激化したインフレによって通貨への信頼喪失・実物志向傾向はますます強まっていたため、戦時不当利得取締法がそのまま維持されていた。一九二二年秋バイエルンで不当利得獲得の動きへの対抗措置として、懲役刑、追放、矯正施設入り、経営閉鎖等が導入されたものの、一向にやまぬ傾向に対し、ナチ党は死刑も視野に入れた厳罰化を唱えだしていた。州総監カールも一九二三年一〇月一三日には保護検束と滞在制限を新たに盛り込んだ命令を出し、一〇月二五日にはミュンヒェンの著名なユダヤ人家族六〇世帯に対して五日以内に市から退去せよとの命令が下された。

東方ユダヤ人追放問題

一八八〇年代以降、ロシア・東欧から中欧へやってきたユダヤ人は「東方ユダヤ人」と呼ばれたが、アレクサンドル二世暗殺を契機におこったポグロムやボイコット、権利剝奪、経済的窮迫等によって、ロシア、ルーマニア、ハンガリーのユダヤ人は自らの故郷を捨てることを余儀なくされていた。特にアメリカ、カナダ、ラテン・アメリカへ移住するユダヤ人が多かったが、ドイツを経由した人びとのうち、そのまま当時のドイツ帝国に留まるケースもあった。第一次大戦開始後こうした東方ユダヤ人が顕著に増えたのは、ドイツの最高統帥部が、独軍部隊の占領したロシア・ポーランド地域のユダヤ人の労働力を、軍需産業のために必要とした結果、東方ユダヤ人からその経済的物質的生活の可能性を奪って移動を余儀なくさせたという事情によっていた。

しかも、大戦後ドイツにとどまった東方ユダヤ人が少なくなかったことに加え、諸帝国崩壊と新生諸国家の誕生、それらに伴った戦乱や混乱のために戦後新たな移入の波があった。国内五五万人のユダヤ人中、約八万人がそうした東方ユダヤ人であり、その大多数はポーランド出身者であった。戦中から全ドイツ連盟を中心に反セム主義的ジャーナリストや時事評論家の間で「東方ユダヤ人の危険」がしきりに喧伝され、連盟副会長コンスタンティーン・フライヘル・フォン・ゲープザッテル将軍は東方ユダヤ人が「蝗《いなご》のようにドイツを覆う」のを阻止するようバイエルン州政府に要請したが、聞き入れられなかった。

ミュンヒェンを中心に戦前のバイエルンはドイツの他の地域と比較してもユダヤ人に対して寛容な態度を維持しており、ミュンヒェンのユダヤ教信徒共同体には一万人をこえるユダヤ人が所属していたからである。しかし敗戦と革命、その後も内戦に近い状況やハイパーインフレがトラウマとなる何某かの体験を住民に刻みつける中、不安と動乱のキナ臭さの剣呑な感情が掻き立てられて、不正に対する怒りと攻撃的心情を発散させるスケープゴートを求めるような空気が醸成されていた。

ドイツ・ウルム生まれのユダヤ系アルベルト・アインシュタイン(一九二一年ノーベル物理学賞受賞)

は一九一九年末「東方からの移住の動き」と題するエッセーをベルリンの代表的リベラル紙『ベルリーナー・ターゲブラット(ベルリン日報)』に寄せ、「東方ユダヤ人に対してきわめて厳しい措置をとれとの声がますます高まっている。強制収容所への押し込めか、あるいは全員強制出国かどちらかしかないというのだ。第一次大戦敗北後の〈ドイツの健全化〉をもたらすのに、国民のごく一部少数派で自分の身を護る力さえもっていないような人びとに対する、こうした暴力行使の方法は絶対あってはならない。東欧から流入した人びとをまとめて処分するどんな措置も、流入現象全体への誤評価にもとづくばかりか、人道と思慮深い政治にも反している。かかる愚行は、国外の人びとには〈ドイツ的野蛮〉の新たな証拠と受け止められること必定で、敗戦後ドイツの対外政策立て直しをも著しく阻害することになろう」と述べている(一二月三〇日)。

ヒトラーは一九二〇年四月二〇日のナチ党員集会で、東方ユダヤ人全体の即刻追放を主張しており、その後も大戦勃発以降にドイツに移入してきたすべてのユダヤ人の強制退去を求めていた。カールの放逐命令がドイツ全国で焦点化した一九二三年一〇月三〇日には、今回の放逐は、単なるきっかけにすぎないことを確認している。「われわれはたった三〇名のユダヤ人を放逐したにすぎない。ユダヤ人に盗まれたものさえ没収しない半端な措置だが、ユダヤ人の新聞は全て、今日ナチ党を標的にしながら遠吠えするだけだ」とヒトラーは述べていた(三四歳)。

カールの命令によってバイエルンから追放されたユダヤ人が自州に流入するおそれのあったドイツ

の近接州は、それが現実化するのを不安がっていた。たとえば、隣接ヴュルテンベルク州当局は、バイエルンから放逐される「東方出身の寄生虫」はたくさんだ、もうすでにヴュルテンベルクはこうした存在の東方ユダヤ人には事欠かないからだ、としていた(一九二三年一一月三日、駐シュトゥットガルト・バイエルン公使報告)。

しかし、プロイセン州(ドイツの三分の二を占めていた最大の州)首相オットー・ブラウンは、共和国首相シュトレーゼマンに対し、もっと深刻な報告をする形で自州への被追放民の流入について懸念を表明していた。プロイセン州は、ヴァイマル共和国時代の末期まで社会民主党を中心にした議会制民主主義派の牙城であり、ブラウン自身、ドイツ社会民主党の代表的政治家のひとりであった。この降ってわいたようなバイエルンの東方ユダヤ人追放措置問題についても、ブラウン(プロイセン)政府は、全くいわれのない理由で追われている被害者に対してアジール(避難所)を提供するのにやぶさかではなかったが、実際彼らの希望の行先がプロイセン、なかんずく州都ベルリンということになれば、これは回避したい事態であった。プロイセンでも東方ユダヤ人に敵対的な潮流は、この問題を契機に一段と勢いづくのは目に見えていたからである。事実、ベルリンの東方ユダヤ人が集中していたショイネンフィアテル地区で、一九二三年一一月五日、共和国時代では最大となる反ユダヤ群衆による襲撃がおこり、しかもユダヤ商店略奪やユダヤ人ないしそれらしく見えるベルリン市民も殴打される事件が三日間繰り返された。

バイエルン対ライヒの緊張関係

第一次世界大戦中、中立のベルギーになだれ込んだ独軍の暴虐行為に対して喧伝された「ドイツ的野蛮」が世界で再度云々されるにいたり、シュトレーゼマン政権はバイエルンのカールに東方ユダヤ人追放令の取り下げを要請したが、カールのほうは、こうした共和国政府の対応は織り込み済みであった。一九二三年の追放令は、一九二〇〜二一年バイエルン州首相時代にカールが執ろうとした「放縦・悪徳、わけても不当利得、撲滅」政策の延長上にあった。そして、不当利得者や闇商人とは、カールにとってはユダヤ人であり、特に戦争開始後流入したユダヤ人をバイエルンから排除しようとしたのだったが、当時は議会多数派の反対もあって貫徹できなかった。それを、非常大権を与えられた州総監(全権)のポストに就くことで条件が変わったと判断したのである。いまや、バイエルンの世論も経済的困難の可及的速やかな解決を求めて沸騰していたから、カールものっぴきならない状況におかれていた。問題解決はバイエルンだけでは不可能で、東方ユダヤ人を放逐すれば片付くというわけでもなかったが、カールは時代のあらゆる窮迫の責任をユダヤ人に転嫁せんとした点でヒトラーと同じ立場だった。

カールにはライヒ(当時は共和国のドイツ)、その政治形態、精神、経済のありかたは腐り切っているように見えた。ヴィッテルスバッハ家の君主制再興を最終的に目指したカールの連邦主義にとって、敵はヴァイマル憲法だけではなかった。ライヒは、「赤い」ライヒであり、マルクス主義の影響下にあるように見えた。敵たる社会民主党がシュトレーゼマン内閣で権力を分かちもっているからである。カールたち国粋主義勢力からすれば、ルールの仏軍に対する受動的抵抗を通じて無能力を証明した共和国政府を、内政においてのみならず外政においても妨害することで窮地に追い込み、最終的には倒壊させようという狙いがあった。

バイエルン王国軍に長らく勤務したフォン・ロッソ将軍は大戦後、新しい共和国国防軍の第七軍管区司令官（バイエルン）に任ぜられていた。しかしロッソは、共和国政府から一九二三年の一連の反共和国的な態度を注意・禁止されていたナチ党およびカールと政策・行動を一にしたため、国防軍統帥部長官ゼークトおよび国防大臣の同意を得た共和国大統領によって、一〇月一九日罷免された。しかし、カールはその直後にはロッソをバイエルン国防軍最高司令官に任命し、東方ユダヤ人追放問題も加わってライヒとバイエルンの緊張対立はいよいよ極に達しつつあった。

一〇月二四日にはロッソがバイエルン陸軍省内軍管区司令部に軍や警察の将校および愛国主義諸団体指導者を集めた会合で、数週間後にはベルリンに進軍し国民的独裁の樹立をはかると言明し、「進軍決行に際し、全ての愛国主義団体は、軍およびバイエルン警察に編入されるよう」求め、「ドイツを黒白赤の旗（帝制旗）の下、マルクス主義から解放する」のを目指しているとした。注目すべきことに、この会合にナチ党は参加しておらず、ＳＡ隊長ゲーリング（二三年三月就任）は一日前に開かれたナチ諸組織の軍事協議の場で、独自の武装蜂起とヒトラーの独裁について語っていた。ここから、カールやロッソらによる君主制復活志向(バイエルン・ヴィッテルスバッハ家再興)およびバイエルンの特殊権益強化と、ヒトラーによる「国民革命」計画との違いが明らかになっていく。

闘争同盟

「祖国主義闘争団活動共同体」(闘争同盟)は、ナチ党が領導し、党総統ヒトラーが総裁を務めていた、SAを中心とする諸軍事団体の統合組織であった。闘争同盟は、一月に続いて五月一日メーデーに際し、ミュンヒェンの労働組合・社会民主党のパレード(二万五〇〇〇名参加)に対抗し、ミュンヒェン・レーテ共和国鎮圧四周年も記念して左翼への襲撃を計画(二〇〇〇名参加)していた。しかし、オーバーヴィーゼンフェルトでの集結後、警察によってそのときは散会に追い込まれており、フラストレーションが高まりつつあった。

当時のバイエルン警察は、バイエルン王国軍将校出身のハンス・フォン・ザイサーによって指揮されていた。ザイサーは、カール、ロッソとも緊密な関係を築き、非常時のバイエルンにおいて「三頭政治」の一翼をなしており、議会制共和国に対して憎悪の念を示す一方、秩序担当者としてヒトラーの主導する闘争同盟に対する掣肘《せいちゅう》の手も緩めていなかった。しかし九月には不穏な空気が高まり、はけ口を求めて暴発が始まりそうであると警察も報告していたとおり、経済逼迫の圧力はSAを行動に駆り立てようとしていた。国家が包括的な危機に瀕している好都合状況はいつまでも続かないと焦るヒトラーは、三頭政治に出し抜かれてはならないと警戒心を強めていた。ヒトラーと度々会談をもちながらも、三人の君主主義者たちがベルリンの共和国政府に対するクーデタの可能性を秘かに探っていたのは事実であったが、この場合中央の国防軍がともに動くことを前提条件にしていた。ザイサーがその意思を最終的に確かめに行った際、国防軍長官ゼークトは、憲法遵守に執着しないが内戦は回避せねばならず、カップ一揆のときのようにゼネストが起これば お手上げであるとし、国防軍の共同行動の可能性を否定した。当面行動できる余地はないと結論づけた三頭政治家は一一月六日、再度愛国主義諸団体と会合。ドイツ全土に対する右翼独裁樹立に成功する見込みがある限りこれを支持する、ただ三頭政治に従ってほしいと釘をさした。

ザイサー

ヒトラーは今回もこの場にいなかったが、ヘルマン・クリーベル中佐が、ヒトラーとともに「闘争同盟」をすでに(九月二七日)他の愛国主義諸団体から分離させ、軍事指導に力を入れていた(「政治」指導はヒトラー)。クリーベル中佐は、一一月七日夜の闘争同盟指導部会議で、ヒトラーと「決起」を確認した。当初は一一月一一日夜、バイエルン北部に集結し首都に向けて「進軍」するとみせ一一月一二日からミュンヒェンで行動をおこすことにしていたが、一一月八日夜、カールたちがドイツ一一月革命五周年を記念し有名なミュンヒェンの大ビヤホール「ビュルガーブロイケラー」に市内の有力者を集め、マルクス主義を非難する演説をおこなうという急な情報が入り、予定を変更しその集会にのりこむ形で行動をおこすことを決めた。「闘争同盟」を蚊帳の外においてカールたちが行動をおこすことをヒトラーが何より警戒していたことは、クリーベルも指摘している。ヒトラー自身のちに、「敵は一二日頃にバイエルン革命を宣言しようとしていた。……私はその四日前に行動することに決めた」と党機関紙で述懐している。

四　ミュンヒェン一揆

決起

「ドイツを救いうるのは、国民的意思と決断にもとづく独裁である」――ヒトラーは、半年前すでに「国民革命」の目的をこう明確に定式化しており、決起三週間ほど前にも「自分自身の目標は、内外双方に向け一体化をもたらす、偉大なドイツ解放運動のパイオニアたらんとするもので、生きるも死ぬも自分の大いなる行動意思以外に拠るものなし」と決意のほどを述べていた。カールのほうは、中央政府との対決姿勢を一層鮮明にしながらも、当面は情勢待ちが必要であり、ヒトラーが政治指導している闘争同盟単独で一揆をおこすことはないだろうと踏んでいたが、状況を読み違えていた。

ヒトラーは「革命」後の政治的任務を二つ設定していた。ひとつはプロパガンダと世界観（打倒マルクス主義、反平和主義、ユダヤ人撲滅など）による国民の政治的意思形成で、これを自らの課題とした。いまひとつは軍の再建にあり、この課題は第一次大戦初期「タンネンベルクの戦い」でロシア軍に致命的打撃を与え、大戦末期にはブレストの講和を勝ち取った「英雄」エーリヒ・ルーデンドルフ将軍に擬せられていた。

一九二三年一一月八日夜八時半、三〇〇〇人を集め満杯になったビュルガーブロイケラーでカールの講演が佳境に入ろうとしていたときに、一級鉄十字章を身につけたヒトラーとゲーリング率いるSAが突如ホールに入ってきた。椅子に飛び乗りながら喧騒で声が届かぬと判断したヒトラーは天井に向けてピストルを一発ぶっぱなし、「国民革命が開始された。バイエルン政府は罷免された。暫定のライヒ政府が構成される。この建物は包囲された。抵抗する者は撃つ」と述べた。パニックになりそうな人びとに「ビールをどんどん飲んでくださって結構です」とゲーリングがおどけた調子で呼びかけた。カールとロッソとザイサーの三人にヒトラーは隣室への同行を求め、そこでピストルをちらつかせながら、部屋を出ないよう指示、自らを首班とする新中央政府の結成を宣言した。第一次大戦の独帝国軍の英雄ルーデンドルフ将軍が国軍を統括し、ロッソは国防大臣、ザイサーは警察相、カールはバイエルン州摂政に就任する等、暫定政府の陣容を明らかにした上で、突然の決起の意図について、三頭政治家たちが行動できるようにしなければならなかったと弁明。万一失敗に終わるようなことがあれば、拳銃には四発弾が込められており、裏切り者への用意と、最後の一発は自分用です、と述べた。ヒトラーは一〇分後、一層騒がしくなったホールにとってかえし、聴衆たちに対し、今回の行動は、軍や警察を標的にしたものではなく「ひとえにベルリンのユダヤ人政府と一一月の犯罪者に向けられている」と説明し、ベルリンとミュンヒェンの新政府のメンバーの名をあげ、別室の三人が、いまにも彼の側につこうとしているかのように見せかけるのに成功した。ルーデンドルフを「独裁権力をもつ独軍の指導者にして司令長官」とした点も、人びとの目を惹いた。「私は皆さんに断言する。今夜国民革命がこうして始まったが、あるいは明日の朝をわれわれは死んで迎えることになろう」。自死さえにおわせたヒトラーの演説を、ホールに居合わせた保守派の歴史家フォン・ミュラーは、「いかなる名優でも羨望をおぼえるような雄弁術の傑作だった」と回顧しているが、聴衆の心をしっかりとらえたヒトラーは別室にとってかえした。そうこうしているうちに問題の鍵を握るルーデンドルフ将軍が、帝国軍の正装をしてようやくビヤホールに到着すると「ハイル」という大合唱が迎えた。ホール壇上に連れ戻された三頭政治家のうち、まずカールが能面のような表情で口を開き、熱烈な喝采のなか、王国の摂政としてバイエルンに尽くすことに同意しました、と告げた。ヒトラーは子供のように嬉しそうな表情で、自分が新しい中央政府の政策を指揮すると宣言し、興奮気味にカールと握手した。続いてルーデンドルフが、ことのなりゆきに驚いている、と述べ、ロッソ、ザイサーもカールに倣ってヒトラーに同意したことを認め、最後にヒトラーがあらためて全員と握手した。

事態は一変

ヒトラーにとってここまでは上々の政治ドラマ進行であったが、舞台は真夜中あたりから暗転する。旧バイエルン陸軍省(ロッソの本拠)をレームの部隊は占拠するのに成功していたが、電話交換台だけは「革命」志向をもたない当直将校に委ねたままであった。そうこうしているうちに警察のほうにも反乱軍と工兵隊が衝突しているという連絡が入り、ヒトラーは自ら直接トラブルをおさめようととっさにビュルガーブロイケラーを離れた。これが第一の失敗だったが、第二の失敗は、ルーデンドルフに本部の指揮を委ねたことだった。ロッソは彼にただちに陸軍司令部に戻って命令を出したいと訴え、司令官としてもっともだと考えたルーデンドルフはロッソが堂々とビヤホールから出ていくのを許可した。あとの二人にも彼が同様の許可を与えたのを、三〇分後に戻ってきたヒトラーが聞きおよび、ルーデンドルフを非難したが、ルーデンドルフは独軍将校はけっして誓いをやぶらないと答えた。午後一一時、歩兵学校の士官候補生グループ一〇〇〇名が反革命義勇軍の古強者ゲアハルト・ロスバッハ中尉に指揮されてビヤホールに到着、ヒトラーもやや元気を取り戻したが、ロッソがすでにザイサーとともに第一九歩兵連隊司令部におり、しかも陸軍省の電話を通じて各部隊に反乱部隊への反撃命令を出したことも判明。ロッソは翌日午前二時五五分には反乱部隊(ヒトラー陣営)鎮圧の体制を整えたとドイツ全土のラジオ局に伝えた。ビュルガーブロイケラーへの警察の出動を阻止していた警察幹部ヴィルヘルム・フリックや彼の元上司（前警視総監）エルンスト・ペーナー等も逮捕されていることがわかり、軍・州警察が完全に敵にまわったと一揆側も認識せざるをえなくなった。官邸に戻ったカールもバイエルン王家のルプレヒト王太子から一揆を鎮圧せよとの連絡を受け取っており、ロッソ、ザイサーに合流した。

午前五時になると、ヒトラーは大義のために戦って死ぬつもりだと演説をぶっているところからして、一揆成功の自信を喪失したことが窺われる。街中にいる一揆側の兵士には何の命令も与えられぬまま何時間も経過したが、夜が明けてからヒトラーとルーデンドルフは市内デモ行進を思い立つ。動員大衆の熱意に触れ、大戦の英雄ルーデンドルフに発砲する危険からしても軍の気が変わるのではないかという微《かす》かな期待もなかったわけではない。正午ごろ、約二〇〇〇名の参加者が、一部は武装したデモの隊列となってビュルガーブロイケラーを出発した。

行進を先導するのは選抜された前衛と、隊旗をもった旗手八名、続いて指導者たち、ヒトラーを中心に、右にショイブナー＝リヒター、左にルーデンドルフがいた。クリーベル中佐、ボディガードのウルリヒ・グラーフ等も並んでいた。街の中心部マリーエン広場《プラッツ》まで進んだデモ隊が陸軍省に向かおうとしてオデオン広場《オデオンス・プラッツ》に出てきたとき待ち構えていた警察部隊に対して、一発の銃声が響き一警官が倒れた瞬間、警察側からの一斉射撃がとどろきわたり、大混乱となり、警察官に四名の殉職者、一揆側に一四名の犠牲者を出して銃撃戦は終わった。ヒトラーの隣にいたショイブナー＝リヒターが胸を

ミュンヒェン一揆当日(1923年11月9日)，マリーエン広場に出動するSA

撃たれ、昏倒。即死状態だったという。もし三〇センチ横にずれていたら腕を組んでいたヒトラーに命中していたはずで、世界史の流れも変わっていた可能性があるとヒトラー伝の著者イアン・カーショーはこのシーンを強調している。ヒトラーの前に立ちはだかったボディガードのグラーフが、ヒトラーを狙った数発の弾丸を受けた。彼が倒れたときにヒトラーにつかまって激しく引き倒したため、ヒトラーは肩を脱臼した。デモ隊は四散した。ルーデンドルフはその場で逮捕されたが、ヒトラーは逃亡に成功し、二日後に潜伏先のエルンスト・ハンフシュテングル（実業家・ナチ党海外新聞局局長）の別荘で逮捕された。ゲーリングは太腿部に銃弾を受け重傷を負ったが、匿《かくま》われた末オーストリアへの逃亡に成功。陸軍省のレームたちは国防軍部隊に包囲され、これ以上抵抗しても得るところないと降伏したが、投降の際混乱があり反乱兵士二名が銃を発射したため、国防軍兵士二人が負傷、軍の応射で二名は射殺された。この日一揆側で斃れた犠牲者は、これで総計一六名となったが、ナチ党殉難英霊としてやがて大々的にまつられることになる。

一揆は鎮圧されたが、ビュルガーブロイケラーから意気揚々と引き揚げていた州警部隊に対しては、怒りに満ちた次のような罵声が浴びせられたという記述もある。「へ！　ユダヤ人の守護者め！　祖国の裏切り者！　犬め！　ハイル・ヒトラー！　カールをやっつけろ！」。人質としてSAに身柄を拘束されたユダヤ人、あるいはまた電話帳をたよりにつかまえられたユダヤ人らしき名前をもつ人びとにとって、一九二三年一一月八日は恐怖の一夜になったが、ようやく解放された。一揆の一隊が社会民主党系の『ミュンヒナー・ポスト』新聞社を襲撃し、同党市議を人質にとる事件も起きた。

「国民裁判所」とその判決の意味

一揆失敗後、ただちにナチ党、党機関紙『フェルキシャー・ベオーバハター』、SA、ヒトラー衝撃隊（のちの親衛隊）は禁止された。ただし、ヒトラーは一一月一一日に逮捕される直前、禁止された党機関紙の編集長アルフレート・ローゼンベルクを自分がいない間の党首に任命している。一一月一五日にはベルリンの共和国法務省において、ヒトラー等一揆首謀者に対する裁判をめぐる協議がおこなわれ、席上法務次官クルト・ヨエルは共和国防衛法違反の反逆罪裁判として被告人たちをライプツィヒでの国事裁判にかけることを主張した。しかし、バイエルンの代表者たちは、社会民主党のエーベルトが大統領をつとめる共和国の国事裁判は、社会民主党の恣意的な裁判になると激しくこれに反対したため、結局被告人たちは、ミュンヒェンの特別法廷「国民裁判所」で裁かれることになった。

筆者には、ベルリン中央政府側がこの場合はあまりにも簡単に裁判管轄権をバイエルン側に引き渡してしまったようにみえてならない。カール、ロッソ、ザイサーの三人組は二四年初頭に失脚し、バイエルンはカトリック・バイエルン国民党のリーダーであるハインリヒ・ヘルトの下、ノーマルな議会政治に戻り、平穏を取り戻していた。

逮捕後ヒトラーはランツベルクの要塞監獄に送られ、そこで取り調べも受けたが、当初は黙秘し、食事をとることも拒んだ。第二次大戦後新生バイエルン州首相を務めることになるハンス・エーハルト(当時ヒトラー担当検察官)は、黙秘を続ければヒトラーと仲間たちの拘束期間が延びるおそれがあると伝えたが、ヒトラーは自分に判決を下す権利が法廷にあるとは思っていない、と答えたという。

ヒトラー、ルーデンドルフ、その他の一揆関与者に対する裁判は、二四年二月二六日から始まった。検察官側が、起訴状でヒトラーを首魁とし、三人組を起訴対象から除外したことでカールたちはとりあえずほっとしたが、ヒトラーはそれ以上に御満悦だった。自らが一揆の「指導者」「張本人」たることを明示できるチャンスを裁判が彼に与えたからである。裁判官ゲオルク・ナイトハルトはルーデンドルフも免責しようとはかった。ヒトラーは全責任を一手に引き受け、しかも自分は無罪であると弁論するだけでなく、自らの政治的見解を何時間にもわたって披露するのを認められた。しかも検察官ででもあるかのようにカールたち三人の証人を尋問することもゆるされた。最後には、真の裏切り者はこの三人であり、一揆を共同で計画しながら、決定的瞬間に自分とドイツ国民を見捨てたのもこの三人だとまくし立てた。

一九二四年四月一日、判決が下り、法廷はルーデンドルフ無罪、ヒトラー、ペーナー、二人の闘争同盟指導者に対しては、反逆罪の廉《かど》ながら、最も軽い五年の要塞禁固の有罪判決を下した。しかも一年後に品行良好であることが判明すれば、執行を猶予する(逮捕の日から拘束されていることを考慮して起算すると実質的に判決日から半年後に釈放となる、ただし保護観察付)という特待判決であった。

判決の歴史的意味合いを掘り下げる前に、いま一度裁判管轄権の問題を吟味してみよう。ミュンヒェン一揆については、共和国側が自らに当然帰属している反逆罪裁判管轄権をバイエルン側に譲り渡さなければ、ライプツィヒの国事裁判所にかけられたヒトラーは、ミュンヒェンの「人民裁判所」法廷よりはるかに厳しい判決、なかんずく死刑判決を想定しなければならなかったはずである。ミュンヒェンのこの特別法廷は、一九一八年のバイエルン革命後に臨時政府首相クルト・アイスナーが政治的事件関連裁判促進のために設置したものであるが、アイスナーを暗殺したアルコ伯に対してもこの特別法廷でナイトハルト裁判官が一九二〇年、死刑に値する罪としたものの、「低劣な感情からではなく熱烈な祖国愛から」犯行におよんだものとし、無期に減刑した判決を下したのであった。したがって同じ裁判官によるヒトラーへの反逆罪判決がいかに異常に軽い量刑判決であったかも明白であろう。

くりかえすようにヒトラーはオーストリア人であった。反逆罪をおかした外国人に対して共和国防衛法は国外追放を規定していたが、ヒトラーの場合、本国強制送還の措置はとられなかった。その理由についてナイトハルト裁判長の判決は、「ヒトラーは、ドイツ系オーストリア人である。ヒトラーは自分自身をドイツ人と思っている。法廷の見解によれば、共和国防衛法の第九条第二項の意味と目的に鑑みて、ヒトラーのように考え方も感じ方もドイツ人とかわらず、四年半にわたって志願兵としてドイツ軍の務めをはたし、敵を前に傑出した勇敢さを示すことで大いなる軍事的栄誉を獲得する一方、心身の健康を損ない、除隊後もミュンヒェン第一地区司令部の監督下にあった者に対して同条項を適用することはできない」とした。

法の不適用は判決の他の部分でも散見された。一揆時ヒトラーは兵士への支払いのために造幣局に部隊を派遣して計一四兆六〇五〇億マルクの資金を強奪したが、これは「強盗」犯罪ではなく単純に「没収」行為とされた。さらに、ミュンヒナー・ポスト新聞社屋の破壊や人質監禁もヒトラーの犯罪とはされなかったし、一揆最終局面で警官四名が撃ち殺されたことについては一言も触れられておらず、「不首尾に終わったデモ行進」としか言及されていない。さらに判決文では、一揆をひきおこす前のヒトラーがすでに執行猶予中の身であったことも無視していた。一九二二年一月ヒトラーは、バイエルン同盟リーダーに対する暴力行為をめぐる裁判で三カ月禁固の有罪判決を受け、一カ月下獄した後釈放され、あとの二カ月分は(一九二八年一〇月一日まで何もおかさなければという条件で)執行を猶予されていたのであった。そういった身分にある者があらたに犯罪をおかした場合、重加算されるのが当然であったし、ヒトラーがはじめて被告人として有罪判決法廷に立たされたこの二二年一月の担当裁判長もナイトハルトであったから、仮釈放中のヒトラーに対する今回の判決の違法性は明白であった。ナイトハルトは裁判官としての基本的義務を果たしていなかったといわざるをえない。「終わっていた」はずのヒトラーがこの反逆罪裁判を通じて延命し、九年後にドイツで権力を掌握した、その歴史的帰結がどれほど破局的なものであったかを考えれば、バイエルン司法当局の責任は実に重い。

ランツベルク要塞監獄にて

一揆関係の裁判には、ルードルフ・ヘスその他二一名の衝撃隊員を被告人とする第二の裁判が開廷され、有罪判決を受けたヘスたちも、ヒトラーたちが収監されたランツベルク要塞監獄に入れられた。ヒトラーは、ホテルのスイートルームのように広い独房で生活することを認められた。ほかのナチの囚人たちも、ラウンジのような集会室を使うことが許可されていて、四月二〇日のヒトラー三五歳の誕生日には、盛大な祝賀パーティが開かれた。監獄所長のオットー・ライボルトは秘かにヒトラーを崇拝しており、ナチ囚人たちができるだけ快適な生活を送れるよう配慮していたのである。この二四年四月二〇日、バイエルン警察はオーストリアのオーバーエスターライヒ州政府から、もし法的にヒトラーの国外追放がととのえば彼を受け入れるのに何ら異議はないとの連絡を受け取っていた。バイエルン警察はヒトラーの判決がおりる前、ルーデンドルフだけでなくヒトラーにも無罪判決が出されるのではないかと憂慮し、オーストリア人ヒトラーに強制退去措置をとった場合について、直接リンツ警察に照会していたのであった。バイエルン州法務大臣フランツ・ギュルトナー（国家国民党）がヒトラーを陰に日向にバックアップしていたことが、従来は強調されすぎるきらいがあったが、当時から裁判を茶番とみなす要人はバイエルンにも少なくなかった。たとえばバイエルン州首相オイゲン・フォン・クニリングはヒトラー裁判判決を、無罪をのぞんだ素人裁判官と職業裁判官の妥協の産物とみなし、憤懣やるかたない気分を駐ミュンヒェン（ドイツ）共和国外務省特使のエトガル・ハニエル・フォン・ハイムハウゼン（通称ハニエル）に明かしている。

五月四日の国会選挙では、裁判で無罪になったルーデンドルフをもちあげる形で、民族至上主義ブロック（ドイツ北部では民族解放党の優越を認めるかわりにドイツ南部ではナチ党の支配を認める選挙協定を締結した、極右の南北政党同盟）が得票率六・五％、（三四候補者中）三二議席（民族解放党系二二議席、ナチ党系一〇議席）を得る好結果を出し、ルーデンドルフは、選挙後は民族至上主義運動のリーダーとみなされるようになった。一揆での行動により一五カ月間の禁固刑判決を受けたのち、素行良好であることを条件に執行猶予となり、保護観察中であったレームは、民族解放党から立候補しこの国会選挙で当選していた。レームはヒトラーの反対を押して「戦線団」という名の全国規模の準軍事組織を立ち上げようとした。これは、活動禁止に追い込まれたＳＡはじめ旧闘争同盟に参加の組織も包含し、民族至上主義運動の準軍事団体を吸収統合し、ルーデンドルフの指揮下に置こうとするものであった。ヒトラーはSAをコントロールできなくなることをおそれたし、一揆前のように準軍事組織の指導者らに依存せざるをえなくなる事態を避けようとした。また準軍事組織の政治にコミットしたと再び疑われれば、早期の仮釈放をふいにするばかりか、オーストリア送還の動きが強まるおそれもあった。ヒトラーは繰り返し説得したもののレームを翻意させることはできなかった。実質的に最終的な物別れになった一九二四年六月一七日、ヒトラーはナチ運動はやめたので「戦線団」のことはもう何も聞きたくないと捨て台詞を吐き、七月七日には政治活動から身を引くことを新聞に明らかにし、以後ランツベルクの訪問をさしひかえてほしいと支持者たちに要請した。ヒトラーを欠いた民族至上主義運動の統合をめぐって様々な交渉が夏から秋にかけおこなわれたが、むしろ分裂は昂進していく。

オーストリアへの強制送還計画

判決から半年も早経過して、ヒトラーの早期仮釈放が可能になる一〇月一日が迫りつつあった。彼と彼の支援者たちの期待どおりになるか否かは、彼の刑務所での素行が全く問題のないものであったことが証明可能か否か、また釈放のあとも同じ犯行のおそれがないかどうかに懸かっていた。ランツベルク監獄所長ライボルトは、ヒトラーに好意的な看守と連名で提出した九月一五日の報告書の中で、ヒトラーがいかに模範的な囚人であったか、縷々述べていた。加えて、毎日何時間もかけ一冊の本の執筆に余念がなかったと言及していた点が目をひく。これが『わが闘争』であったことは明白だが、報告書は最後に、ヒトラーが一九二三年一一月のプランを挫折させた公職保持者に脅迫や報復を企むことはなかろうし、反政府運動を煽動したりすることもないであろうと強調していた。これに対しミュンヒェン警察は、ヒトラーの気質と目的追求にかけるエネルギーからして、釈放後も彼が国内外の治安と安全をおびやかす危険となるに違いないと警告したが、裁判所側はヒトラーの執行猶予期間を取り消すに足る根拠はないとし、かけひきが続いた。結果、九月二九日の州最高裁への検察側の嘆願(書簡の秘密持ち出し九件、違法組織「戦線団」への関与の強い疑い指摘)で、一〇月一日の仮釈放は見合わせとなった。しかし、ヒトラーの支持者たちが執拗に圧力をかけてくることを考えれば、遠からず釈放されるものと思われた。

バイエルン警察は、早晩釈放されるものとして、その場合、オーストリアへの強制送還の道を探ろうとした。ドイツ外務省内では、駐ミュンヒェン特使であったハニエル含め、半年前の判決時には、先の大戦で軍功著しいヒトラーのような兵士を国外追放処分に付すのはいかがなものかという、政治的考慮優先の空気が強かった。しかし、ヒトラーの仮釈放がいったんは認められていた九月二六日の段階では、ミュンヒェンからベルリンの本省へハニエルは次のように申し送っていた。「ヒトラーに関して、バイエルン政府が彼を厄介な外国人として祖国オーストリアに追放するかどうかは未決定です。たしかな情報で知ったのですが、閣議では意見がわかれ、……追放支持の三閣僚は休暇中の首相を旅先にたずね、「追放政策をとるなら今が最適です。あと少し時間が経って、現在四分五裂している民族至上主義運動の再統一にヒトラーが成功するような事態になれば、追放処分はきわめてゆゆしき形でわれわれの力量を試すものと思われます」という見解を披露したようです」。

しかし、ヒトラーを国外追放に処するチャンスは九月末に事実上消えていたのだった。オーストリア政府は、ヒトラーの釈放が迫り、オーバーエスターライヒ州政府がヒトラーの入国を受け入れようとしていることを聞きつけるや、リンツ警察はじめ関係部署へヒトラー受け入れ拒否を明確に指示したからである。ヒトラーがオーストリア国籍をもっているか疑わしいというのがその理由であった。この情報をいち早く入手したバイエルン州政府は、直接オーストリア政府と交渉する権利を行使し、ウィーンに翻意を促すべく代表を派遣した。ドイツの共和国外務省派遣官も合わせて引見したオーストリア首相イグナーツ・ザイペルは、ヒトラーがオーストリアに帰国するのも現政権にとっては内外重大な危険をもたらすがゆえに、かかる不穏な分子はオーストリアから遠ざけておくにかぎるし、ヒトラーが独軍で戦ってミュンヒェンに戻った以上、オーストリア国籍を保持しているのは疑わしい、と述べた。

一〇月六日、バイエルン州最高裁は、ヒトラーの仮釈放差し止めの検察側嘆願書を却下、ヒトラーが禁止された準軍事組織に関与したという強い疑いは立証されておらず、仮釈放はこの立証いかんにかかっているとしていた。

ドイツ外相シュトレーゼマンは、外国国籍者の州からの追放措置は州政府の専権事項だが、ヒトラーをこれまでの煽動の中心地から引き離しておくことが、国家に対する危険な活動を彼に決定的に困難たらしめるという点できわめて重大な意味をもっており、オーストリア政府が入国を拒まないのが望ましいと、一〇月二一日に述べていた。バイエルン政府は、ヒトラーがオーストリアの兵役をつとめなかった志願兵で、資格喪失の出国者であり、オーストリア国籍を失っているとみなしうるとしつつも、一方、オーストリアが今回入国を認めないのは不当であるとした。態度を変えないザイペルをオーストリアの民族主義系新聞は激しく非難し、一〇月二二日にはオーストリアの全ドイツ連盟はじめ民族至上主義勢力がヒトラーのオーストリア国籍承認を要求し、大衆集会をおこなったウィーンでは警官隊と衝突した。

釈放

一揆失敗から一周年の一一月九日が過ぎても、ヒトラーの仮釈放決定はおりず、結果的には一二月七日の(一九二四年二度目となる)国会選挙後まで延期された。今回「国民社会主義解放運動」と銘打った民族至上主義ブロックは得票率三%しか得られず前回から一〇〇万票以上を失い(計九〇万七三〇〇票)、議席も半分以上失い(三二議席→一四議席)、非合法ナチ党の実質占拠議席も一〇議席減らし四(のち三)に縮減した。極右の脅威は著しく減退したとバイエルン政府が判断できる結果であり、州最高裁は、ヒトラーに関するランツベルク監獄所長ライボルトからの再度の素行保証を得て、検察側の主張をしりぞけ、一二月一九日、ヒトラーの保釈を決定した。刑期三年三三三日(と二一時間五〇分)を残して、ヒトラーは翌日釈放された。

バイエルン政府はオーストリアへのヒトラーの強制退去案を断念した。無国籍とされたヒトラーをドイツから出国させることは困難だと、彼の釈放当日、州首相ヘルトはハニエルから聞いて確認しているが、二五年三月下旬ヒトラーが民族至上主義運動の今後についてけっして悲観せず全く逆の楽観的展望をもっていると、ハニエルはベルリンの本省に報告していた。ヒトラーは二五年四月末、正式の手続きをとってオーストリアの国籍を離脱し、無国籍状態となった(三六歳)。

第3章

国民的政治家への道

—『わが闘争』と党の躍進—

1929年8月ナチ党全国大会(ニュルンベルク，マルクト広場)

一　『わが闘争』

ヒンデンブルク大統領誕生

ヒトラーがオーストリアの国籍を離脱した一九二五年四月、折しもドイツでは大統領選挙がおこなわれ、第一次世界大戦の英雄パウル・フォン・ヒンデンブルク元参謀総長が七七歳の高齢ながら当選し、共和国第二代大統領に就任したばかりであった。初代大統領であったエーベルトが二五年二月末、腹膜炎で急逝したため(享年五四歳)、各政党独自の候補を立てて闘われた選挙であった。一回目では決着がつかず、二回目の決選投票で、帝制派・保守派のヒンデンブルク(一四六〇万票獲得)が、議会制民主主義を推進するカトリック中央党・社会民主党等がおしていたヴィルヘルム・マルクス(一三七〇万票)を九〇万票の僅差でやぶった。社会民主党に支持されたマルクスを嫌ったバイエルン国民党は、一回目には自党所属で「バイエルン首相」ヘルト候補に投票していた。その一〇〇万票の行方が、決選投票においては当落を分ける決定的な重みをもつことになったのだ。結果を見る限り、バイエルン(カトリック)国民党支持者は、プロイセンの軍人でプロテスタントのヒンデンブルクに投票するという、普段考えられない行動をとったことになる。形の上ではヴァイマル憲法に忠誠を誓って就任しながらも、その共和国の頂点には、もはや社会民主党出身の大統領ではなく、共和制以前の感覚をもった陸軍元帥のヒンデンブルクが新たに立ったのであった。この新大統領が八年後にはヒトラーをドイツ首相に指名することになる。

民族至上主義ブロックを背負って大統領選に打ってでたルーデンドルフは、一回目の投票でわずか二〇万票(得票率一・〇六%)しか獲得できず、極右の一層の退潮をあらわにしながらも、彼自身政治生命を断たれたも同然とみなされ、政界から事実上退場することになった。同じ陣営の強力なライバルがこういう形で舞台の後景に退いていったことはヒトラーにとっては幸運であったが、彼自身は釈放後の職業的将来を確実にするために、政治家として自分の特徴を明確化しなければならなかった。再度一揆をこころみるような武闘的チャンスは訪れるはずもなく、しかし政治の世界により深くコミットしていこうにも、演説し煽動する以外のことは身についていなかったから、大衆動員を通じて政治宣伝の基盤を拡大するしかなかった。

『わが闘争』の中の自己像

一九二五年七月に発刊された『わが闘争』(第一巻)は、ヒトラーがランツベルク監獄にいた一年一カ月の成果とも、彼なりの自己省察の記録ともいえるもので、「自己形成小説《ビルドゥングスロマーン》」風の自伝というスタイルが本書の重要な基調をなしている。ミュンヒェン一揆以前から、ヒトラーのとりまきたちには、

「われらが党総統」たる彼をカリスマ的指導者として特徴づけようとする態度が目立っていたが、ヒトラー自身は『わが闘争』の中で、政治の世界に参入するまでの自らを、神の恩寵を受けた超絶能力を有する英雄の卵としてではなく、「マージナルな」生活をウィーンで送った「修業と苦難」期の青年のイメージで描いてみせた。注目されるのは、民とヒトラーの神秘的関係（自分は民を知っており、民の中から出てきた「埋もれた天才」）であり、ヒトラーは、まだ使命を自覚していない、運命に抗《あらが》う若者という形で自己を提示していた点である。

ウィーン時代の自分をこのように描き出すことをヒトラーに可能にさせたのも、徒弟あるいは「駆け出し」とさえいえなかった存在状況を、逆にいかようにも神話的に膨らませるために、自分の利点に変え、ためらうことなく利用した彼の瞞着ぶりにあった。ウィーン時代（とそれに続くミュンヒェン時代）の彼の真実の姿を知る人間がほとんどいない状態を、むしろ好都合とし、都合の悪い事柄はだんまりを決め込んでいたのが実情であれば、すでに言及したとおり、この時代のヒトラーの真実を知る「証人」の「証言」が公に知られるようになるのを執拗に妨げようとし、経歴詐称を暴露されるのを回避するためには手段を選ばなかった彼の対応も、逆説的ながら得心が行く。『わが闘争』に、全く無名の存在だったヒトラーが政治的救世主《メシア》に転成できた秘密があるというよりは、『わが闘争』そのものが、こうした転成、突然変異のための手段、装置だったのだ。

危機の連続だった不安定なヴァイマル共和国の初期段階、政治に関心を注ぐ市民の間では、特に強力な大指導者の出現を待望する声が高まっていた。国家、特に新たに創建された国家では、完全に指導者次第という現象が立て続けにおこりうることが『わが闘争』では指摘されている。「国家が若ければ若いほど」「ひとりの巨人の力と天賦の才に」依存しているとし、議会制デモクラシーでは指導者選びは不可能とした。新約聖書のマタイ伝の一節「富んでいる者が神の国に入るよりは、ラクダが針の穴を通るほうがやさしい」をもじり、「選挙という方法で偉大な人物を見出すのはラクダが針の穴を通るより困難だ」と言っており、個々の問題に対する多数決ではなく、そのかわりに「真正のゲルマン的民主主義」(指導者と従士の直接的関係)においては、「ただ自己(従士)の決断に対して能力と生命をかける唯《ただ》ひとりの(指導者の)決定だけがある」というのである。議会への嫌悪は、またナチ党以外の他の政党にも向けられており、直接大衆に向き合って新しい世界観を告知明言することが、国民運動を生み出すのであり、その最も大切な手段が演説である、とする。総統こそは革命的変革をめざす歴史的使命の担い手であり、その演説は革命の起動力となる(不世出の天才はまだ知られておらず、大戦前には未だ運動の使命は達成されていなかった)。「宗教的・政治的なたぐいの巨大な歴史的雪崩《なだれ》を起こした力は、永遠の昔から、語られた言葉の魔力だけだった。広範な国民大衆を心服させられるとすれば、それは演説の力だけである」。第一次世界大戦初頭の熱狂的挙国一致がしだいにジリ貧化せざるをえなかったことに対する彼なりの反省的回答が、同一プロパガンダの反復と、指導者と信奉者大衆の直接的接触の絶えざる更新だった。

『わが闘争』における反ユダヤ主義

世界像と世界観の形成はすでにウィーン時代になされた、と『わが闘争』では強調されており、そこで作り上げたものにそれ以上学ぶ必要も変更すべき何物もなかった、とされている。なかでも彼とナチ党の世界観の本質的な構成要素をなす反ユダヤ主義については、この「ウィーンでの修業と苦難の時代」においてみずからが「いままで内心で経験した最も大きな旋回」経験であったとして、新約聖書のパウロの「ダマスカス回心」にまでなぞらえており、「私は弱よわしい世界市民から熱狂的な反セム主義者になった」と印象的に跡付けている。しかし、これも実際は第一次世界大戦敗戦後におこった反ユダヤ主義への「転回」経験を、むしろウィーン時代にまでわざわざさかのぼらせ、反ユダヤ主義の都市ウィーン市長カール・ルエーガーの反セム主義プロパガンダと結びつける形で歴史的に正当化してみせたものであることを確認しておかねばならない。ウィーンでの「ダマスカス回心」に信憑性を与えるために、この回心がどんなに長い時間と葛藤を経たか、自分の「転換」の中で最高に困難なもの、最大の内面的格闘だった点を強調する。さらには、反ユダヤ主義へのこの旋回を、人類の諸時代を通ずるユダヤ民族の活動に対して集中的にみずからが調査研究した結論として、客観的・科学的根拠まであるかのごとくに見えるよう気を配り、最終的にユダヤの危険の悲惨さ、黙示録を思わせる破滅から世界を救済する歴史的使命が自分には賦与されていると訴えかけている。この部分でマルクス主義をユダヤ的教説として引っ張り出しているのも注目される。マルクス主義について、「貴族的な自然の原理を拒否し、力と強さという永遠に優先されるべき価値にかえて、数と負荷(量)だけの大衆を原理とし、人間における(力・強さを体現する)人種と民族の意義を否定し、そうした「人間性」からその存立と文化の前提を奪うもの」と位置づけた上で、「マルクス主義的信条の助けをかりてユダヤ人がこの世界の諸民族に勝利するならば、彼らの王冠は人類の死の花冠になるだろうし、さらにこの惑星は、再び何百万年前のように、住む人もなくエーテルのなかを旋回するであろう。永遠の自然は、その命ずるところを違える者を仮借なく罰するであろう」と述べている。

『わが闘争』の第二章「ウィーンでの修業と苦難の時代」は、次のセンテンスで結ばれている。「だから私は**今日**、全能の造物主の名において行動すべき時だと考える。私はユダヤ人を抑えきる形で、主の御業のために闘う」(強調は筆者、以下同)。『わが闘争』のこの一節は、その後ナチ体制が成立し、ことに戦時体制期カレンダーやポスターでは最も頻繁に引用されたプロパガンダ・スローガンになったことも付け加えておかねばならない。

繰り返しになるが、ヒトラーおよびナチ党を一九二〇~二三年、反ユダヤ主義運動としてそれなりに成功に導いたプロパガンダの要となるものに関しては、すでにヒトラーが青年時代から認識していたことが『わが闘争』で強調されている。現在『わが闘争』に向き合う私たちは、それらが偽りであり、ヒトラーの不誠実、その人柄による瞞着ぶりを象徴する表現であることを十分認識できていなければならない。ところが、一九三〇〜四〇年代のドイツをふりかえってみると、当時のドイツ国民には別の響きをもっていたと考えられる。ヒトラーが権力を握ってナチ体制が成立し、反ユダヤ主義政策が目的段階から実施段階へ移り、世界戦争下でホロコースト(ヨーロッパ・ユダヤ人の絶滅)段階へと至って、彼らは日々カレンダーやポスターにおいて、この『わが闘争』の言葉を目にしていた——「私は今日、全能の造物主の名において行動すべき時だと考える。私はユダヤ人を抑えきる形で、主の御業のために闘う」。反ユダヤ主義実践を、国是であり、実践に日々邁進しなければならないものだと宣伝されていたドイツ国民は、反ユダヤ主義というヒトラーの「歴史的使命」が、時代をさかのぼって粉飾された騙《かた》りだとは思わなかった。二〇年代には泡沫政党の党是だった綱領的告示は「今日」国是となっていた。当時の歴史的「いま」からすれば一九二〇年代にヒトラーが投げかけていたスローガンは、あらかじめ将来を暗示した的確な予言(ないし不吉な予告)とさえ受け止められていたように思われる。

ヒトラーにとって、この「今日」という言葉は、刻々現実になろうとしている自らの根本的世界観を全く夢想でないものとして正当化し、自らをいつでもどこでも闘う予言者として再生産できる一種の魔術的キーワードになっていたといってよい。

以上のように捉えるのが、『わが闘争』の鍵となっている第二章「ウィーンでの修業と苦難の時代」末尾の数行を読み解く、ひとつの重要なポイントではないかと筆者はみている。

ところが、『わが闘争』の熱心な読者の中に、この旋回描写をそのまま真に受けているひとが少なくないのも現在にいたるまでの実情である。『わが闘争』の受容史・作用史については、ヴァイマル共和国時代には、真剣に読まれない「過小評価」の歴史を経験し、また第二次世界大戦後は、一九六〇年代に展開されたドイツの戦争目的をめぐる歴史家論争（第一次大戦におけるドイツの戦争目的との連関・連続性如何を問うた論争）に代表されるように、ヒトラーの「真正」の戦争目的が『わが闘争』にそのまま吐露されているとして、むしろ「過大解釈」「過大評価」されるきらいがあったとこれまで指摘されてきた。そうした指摘は必ずしも間違っていないが、ヒトラーが功成り名を遂げる一九三三年政権掌握前後からの『わが闘争』作用史がこれまであまり重視されていなかった点をここではつけ加えておきたい。三〇年代には、ドイツの危機も相俟って、政治に関心をもつ市民の間では偉大な政治指導者の出現を待望する声が強まっていた。ヒトラーがヴェルサイユ条約修正を求めて世界政治にいよいよ介入・挑戦し、同時にドイツの精神的・道徳的荒廃さえ感じさせるユダヤ人迫害が帝国主義的侵略の不安をも国際的に惹き起こし始めた段階にいたって、それまでヒトラーの著作に関心をもっていなかった人が『わが闘争』に注目し始めたのである。ドイツ内外諸階層の少なからぬ人びとが『わが闘争』のなかに、この謎めいた政治家の目的や思想をどう理解するかのヒント、手掛かりを求めるようになっていった。

宣伝・大衆感化の方法

『わが闘争』における重要な柱の一つが、ドイツ国民をユダヤの危険から守る反ユダヤ主義がヒトラーの歴史的使命である以上、カリスマ的淵源をもつ総統の見解・主張=党綱領は、ウィーン時代以後不変であるという世界観のゆるぎない首尾一貫性テーゼにあったことはまちがいない。だがそれは、不動の信念を演説で繰り返し反復刻印し、指導者と大衆の直接的接触を持続的にリニューアルするという政治宣伝の問題を媒介にして、マーケティング(市場化戦略)に結びつけられていたところにも無視できぬ特徴があった。『わが闘争』の中で最も詳細で綿密に研究したあとが感じられるものの一つは、大衆感化の方法・こつであった。「あらゆる広告宣伝は、ビジネスの世界であれ政治の分野であれ、それを用いる際の持続性とかわらぬ首尾一貫性が成果をもたらすのだ」とヒトラーは述べている。広告・宣伝思考を政治の領野に深く浸潤させるのには、資本主義経済の決定的規定ともいえる市場の論理を社会的に重要な貫徹力として際立たせた時代精神の影響があらわれていたというべきであろう。

アメリカの広告技術をドイツの政治宣伝に利用した点にルカーチ・ジェルジュ(『理性の破壊』)は、ヒトラーの独創性を見出している。たしかに、プロパガンダを宣伝術とか政治広告とか呼ぶだけでなく、製品広告の方法を意識していたと感じさせられる箇所が『わが闘争』にはある。「たとえば新製品の石鹸を宣伝するポスターについて、その際また他の石鹸についても「品質良好」ですと書いてあったら、人びとは何というだろう。人びとはこれにあきれて首を横に振るしかないだろう。政治広告の場合もまさに事情はかわらない。プロパガンダの目的はたとえば正邪・理非曲直をただし種々弁別することにはないのであって、主張すべきただ一点をひたすら強調することにある」。成功・勝利のために操作はとどまるところを知らず何でもありというのがプロパガンダの要諦だという。「真実を追い求めることも相手に好都合にはたらくだけの場合が多く、大衆に向けては非現実であれ何であれ、教義・主義一点ばりの主張を通して絶えず自分が有利になるようにしなければならない」というテーゼのすぐあとには、第一次世界大戦の戦争責任論争の一端が述べられており、目を惹くところである。プロパガンダの観点からすれば「この破局の勃発に対し、ドイツにだけ責任がある(ヴェルサイユ条約)という論理が根本的にまちがっているというにとどまらず、戦争開始責任を敵側にすべて転嫁する方法が正しかったのだ」「事実がどうであったか、は問題でなく、本当の経過がそうでなくても問題はない」というのである。

このように設定されたプロパガンダの公準と、大衆に届かせようとする政党の世界観がもたらす効果・帰結を吟味している箇所は、『わが闘争』の重大な柱をなしている。

反ユダヤ主義をプロパガンダと世界観の定点としたヒトラーは、世界的宗教にもしばしば見られマニ教に典型的な、善悪二元史観の形(この場合は「邪悪なユダヤ人」対「良きアーリア人」)にわかりやすく対置・定式化した。全ての「非ユダヤ」民族の運命が、世界観問題であると同時に生活生存問題であり、この課題の解決にかかっていると訴えている。ここに注目すれば、「万能キーのようにどんなところにも通用するベルゼブブ(悪魔の頭目)としての「国際ユダヤ人」」という表象が、一九世紀末以降科学としての地歩を占め、盛んになり始めた人種論・優生学による考察とも結びつけられる「天敵」イメージとなったことがわかる。一八七〇年代の大不況以降、人類の進歩が代償として要求したかのごとき生活世界の安定の喪失の責任は、国際主義、資本主義、マネー経済、デモクラシー、マスメディア、政党システム、社会主義、マルクス主義等々と同然のものたるユダヤ人にある――この「反近代的世界観の符牒」たるユダヤ人論自体は、ヒトラー以前に流布していたものだが、これら二〇世紀にはいってからの二〇年間に、上記の敵イメージの集合体(ヒトラーによって「同じ一つの敵」に還元されるユダヤ人性)には平和主義やボリシェヴィズムまでが包含された。

つまり、広告技術と比定された政治プロパガンダの成功を基軸に、党総統ヒトラーのカリスマ性、マニ教(善悪二元史観)的世界観としての反ユダヤ主義、ドイツ国民を政治的に救済する運動としてのナチ党組織が構築設計されているのが『わが闘争』であるとまとめられる。だが、この書は政治宗教としてのナチズムを演出するための青写真以上のものではなかった。新約聖書の一節を連想させる文言に『わが闘争』は満ちており、ヒトラーを救世主《メシア》とし、党を信仰共同体、党綱領を一種の信仰告白として、自らの目的を達成するために世論を操作せんとする姿勢が透けてみえる。ナチ党の組織はあくまで目的のための手段であったが、練り上げた組織技術と組織構造をもつという点において、ナチ党はヴァイマル共和国の他の諸政党より近代的な国民政党といえた。そこには新しく、官僚制的な側面が、国会進出を手掛けたときから組み込まれていたのだ。

二　ナチ党の躍進

党の再建

獄中で口述筆記された『わが闘争』(第一巻)の続きは一九二六年夏、ヒトラーが南独ベルヒテスガーデンで逗留したホテル「ドイチェス・ハウス」で仕上げられた(第二巻。のちに合本されて一巻にまとめられた。ヒトラー三七歳)。

一九二五年二月二七日、ビュルガーブロイケラー(ミュンヒェン一揆を起こしたビヤホール)でランツベルク釈放後ヒトラーが初めておこなった党再建演説は、当局の警戒に引っ掛かり、このあと一九二八年まで、彼の公開演説はバイエルン州ではもちろんのこと、ドイツ全国諸州でもほとんど禁止された。しかし、ヒトラーは同年一一月四日、ナチ党大管区・管区司令部に指令を発し、一一月九日を党による追悼記念日となし、第一次世界大戦の戦死者のみならず、一九二三年一一月九日ミュンヒェン一揆で斃《たお》れた党員犠牲者も同様に「戦死英霊」として祀る祭礼日と定めた。一九二六年には共和国政府が手をこまねいているうちに、一一月九日を全国哀悼の日にしようと訴えた。党各地方組織には、各自治体戦死者記念碑に花輪とリボン、銘文を捧げるよう呼びかけ、党による政治的儀礼催事の頻度を高めるという目標を軸に、党の結束をはかる中で信奉者たちに対する演説・講話を強化していった。そして入党条件に党総統アードルフ・ヒトラーに対する忠誠誓約を据え、公式にも党機関紙『フェルキシャー・ベオーバハター』を通じて、「フューラー」という言葉から即ヒトラーを連想させるようなイメージを定着させていった。誓約の言葉として定式化されていた表現も掲げておこう。「あらためて総統アードルフ・ヒトラーに不動の忠誠と服従を固く心に誓います。われわれは、かわることなく国民的社会主義をドイツ勤労者の解放、したがってドイツの革新のための唯一の道とみなし、今後ともわれらが総統アードルフ・ヒトラーの下、この思想のために断固闘う決意と意志です」。

一揆前の一九二三年一一月に約五万五〇〇〇人であったナチ党員数は、全国党《ライヒスパルタイ》とした党再建後の二五年四月時点で、公式にはまだやっと五二一名であった。党員数は一九二六年三月には三万二三七三名と回復力を見せ、一九二七年三月になって五万七四七七名と、ようやく一揆前をしのぐようになった。その後の二年間の伸びは一九二八年(三月)八万五四六四名、一九二九年(三月)一二万一一七八名であり、ここに含められていないその間の脱党除籍者も考慮すれば、さしたるものとまではいえなかった。一九二五年にヒトラーが演説を再度禁止された頃は、一〇~一二名の党演説者でなんとかやりくりしていたようであるが、一年後七〇名に増え、一九二八年には全国で三〇〇名を演説用に調達できるようになったという。しかしこの年の累計集会催事数は約二万回に及んだというから、演説者のやりくりはかなり苦しくなっていたにちがいない。国会選挙後の六月には、アンマーゼー湖畔ヘルシングに、のちに財務次官となるフリッツ・ラインハルトが党演説修練学校を開校し、演説家育成を統括する党全国プロパガンダ指導部第二の責任者となり、組織的養成に乗り出すとともに、テーマ別の演説モデルを満載した演説学習用各種資料も発行した。一九三〇年の国会選挙では約一〇〇〇名の演説プロを全国に派遣し、総計三万四〇〇〇を数えた選挙集会にも対応できるようになり、これが大勝利に貢献したことはまちがいない。さらに一年後には、「ドイツ全国」「大管区」「地区」とランクづけによる資格証明書用の統一試験もおこなわれるようになり、ヒトラー政権掌握までにラインハルトの学校は六〇〇〇名の修了生を輩出した。

これまでのヴァイマル共和国政治史においては、一九二八年の泡沫政党化(得票率二・六%、一二議席)から一九三〇年九月の国民政党化(一八・三%、一〇七議席)へのナチ党大躍進は、地滑り的(雪崩的)勝利と形容されるのが普通であるが、これは突然起こった現象ではなかった。二九年の州議会選挙を中心とする諸地方選挙の動向を媒介させてみれば、むしろ急伸の動きはもっと前倒しで見てゆく必要がある。二八年の国会選挙結果(二・六%、一二議席)自体、二四年の特に五月のほうの選挙結果(民族至上主義ブロック全体で六・五%、三二議席)と比較してみても明らかなように、今日のドイツ連邦議会選挙法の五%条項を単純に適用すれば、五%に達しなかったナチ党が二八年のドイツ国会で議席を全て失っていてもおかしくなかった。民意の動向を忠実に反映する当時の比例代表制選挙法のためにナチ党が生き残り、翌年の世界大恐慌で危機に便乗して息を吹き返した、という見方もたしかに可能である。

しかし、二五年一二月のほうの国会選挙結果をみれば、民族至上主義ブロック(一四議席)中、最終的に三議席しか占めていなかった狭義のナチ党からすれば、二八年は一二議席と結局四倍に増やせたという評価できる結果であった。事実ヒトラーは、一九二八年八月末、五月の得票総括ナチ党党員全体集会において、選挙結果をポジティヴに評価し、自分たちが今回得た八一万〇一二七票は、この時点での党員数(ヒトラーによれば八万五〇〇〇人。その時点では約八万人といったほうが正確)の一〇倍も獲得し、他の競合民族至上主義諸政党を完全に周縁化することにも成功したと述べている。たとえば、ミュンヒェンでの得票率は、ナチ党一〇・七%に対して党外民族至上主義ブロックはわずか〇・六%にすぎなくなっていた。国会ではナチ党議員団が三議席から九議席も増やして一二議席となり、徹底した共和国「反対派」を構成するようになった、とヒトラーは述べていた。

州議会選挙の得票率の流れを概観してみると、メクレンブルク=シュヴェーリンでは、一・七%(一九二六年)→四・一%(一九二九年)、バーデンでは、一・四%(一九二五年)→七%(一九二九年)、テューリンゲンでは、一・六%(一九二七年)→一一・三%(一九二九年)、ザクセンでは、一九二九年五月から一九三〇年六月のほぼ一年の間に三倍に増えた。一九二九年秋の大恐慌とその影響がドイツに及ぶ前からすでに危機的兆候はあり、一九三〇年九月の国会選挙におけるナチ党の地滑り的勝利以前にも党の選挙成功例は頻繁に存在していた。こうした成功は、一九三〇年からというよりは一九二八年の国会選挙から始まったといった方がむしろ正確ではないだろうか。

プロパガンダ活動の強化——一九二八年の意義

一九二八年一月にナチ党の組織部（のちに一種影の内閣を形づくっていく党全国政治指導部）を党北部ドイツ指導者グレーゴア・シュトラッサーが引き受けていたが、ナチ党の動向に国民の注目が集まってくると、党組織を強化し、プロパガンダの方法を吟味改善し、思想学習を徹底することが重要課題とみなされるようになっていた。このために当時シュトラッサーの懐刀であり、一九二九年一月からSS全国指導者に就任することになっていたハインリヒ・ヒムラーが、直前の一九二八年一二月にプロパガンダ集中作戦とでも呼べるコンセプトを提案していたのが、あらためて注目される。それは国会選挙区に大体並行して設定されていたガウ（大管区）で七〜一〇日間に七〇〜二〇〇の集会をとりおこなうことによって、時間的・地域的に他の諸政党の催事を出し抜き、メディアや各地域住民の関心をより引きつけるというもので、頻度・密度からしても他の太刀打ちできぬプランだった。SAとヒトラー・ユーゲント（青少年団）組織の動

国会に向かうゲーリング（左）とヒムラー（1932年9月）

員もプログラムに含まれており、プロパガンダ週間の開始は集会、それに続きSAとヒトラー・ユーゲントの夕べ、そして新聞目当ての宣伝日、さらに宣伝ポスター、パンフレット、新聞を大規模に配布し、自動車を二、三台は出し移動書店にするというもので、こうしたキャンペーンスケールに耐えうるための一環としても先のヘルシングの党演説学校設立が考えられたのであった。眼目は小都市・町村にあったが、こうした地域で選挙に勝ちうる強みや「厚い」活動を示せたのはナチ党のみであり、特に中間右派市民政党は、完全に後れをとり、社民党も凌駕された。張り合えたのはひとり共産党だけであったが、共産党は一九二八年の総選挙で「大砲かバターか」のスローガンを掲げて久方ぶりに政権に返り咲いた社民党に対し、資本主義体制を本質的に支える真のファシズムとして「社会ファシズム」の烙印をおすなど、ナチ党よりも社民党を「主敵」とする戦術上の重大な誤りに気づかぬまま、危機の時代を迎えていた。

いずれにしてもナチ党にとって、一九二八年は、プロパガンダ活動の相当の強化スタートという点で節目になっただけでなく、戦略上の旋回という意味でも重要な画期をなす年になった。党は一九二八年を境に都市労働者の獲得を目指す「都市プラン」から農民の獲得をもくろむ「農村プラン」へと劇的にその政策を転換する。一九二〇年代後半、(すでに世界恐慌に先行して)農業不況が深刻化する中、旧中間層の間でもドイツの中小農民は、どの政党からも見放されていると感じ、孤立感を深めつつあった。一九二八年夏から秋にかけ、プロテスタントの圧倒的な北ドイツ、シュレースヴィヒ＝ホルシユタイン州農村地域では強制競売が急増し、農民が納税を拒否する状況下、「ラントフォルク(農村住民)」運動が勃発した。この運動の新しい特徴は、議会制手続きの完全な否定と直接行動(固定資産税納入拒否、差押え・強制競売の阻止、行動に協力しない農民に対するボイコット、行政機関への協力拒否)の煽動にあった。同種の運動は、オルデンブルク、ザクセン、テューリンゲン、ポメルン、東プロイセン、ハノーファー、シュレージエンにも広がり、「現体制は農業の敵であり、農民はこの議会制デモクラシーから何の保護も期待できない以上、むしろそれから身を守らなければならない」という、不況に直撃された農民の意識を確証するかにみえた。

既存の農業利益団体も既成政党も、農民を苦境から実際救えていなかったし、左翼も都市(消費者大衆)や農業労働者の間で勢力を増大させても、中小農民を納得させうる具体的な農村救済プログラムを提示しえていなかった。二八年以降宣伝運動の重心を農村に移し、〝伝統的農村の古い身分的体制を変え、農村の再編成をおこなって農民を救済できるのはわが党だけである〟と強調して、強力な宣伝を展開したナチ党の影響力が、急速に農村に浸透しえたのには、こうした背景があった。ラントフォルク運動が爆弾闘争にまで奔って挫折し、農民だけの行動では駄目だと悟ったとき、その支持者たちの大半はナチ党へ雪崩をうつように移行した。

一四年間のヴァイマル共和国史は通常三期に区分され、ちょうどその真ん中の時期にあたる一九二四〜二八年は「相対的安定期」と呼ばれる。この時期にドイツの賠償支払いを定めていたドーズ案は、一九二九年四月、新たに提示されたヤング案にとってかわられる。新賠償案は、さしあたりかなりドイツの負担を軽減するものであったが、国家国民党首アルフレート・フーゲンベルク、最大の退役軍人団体シュタールヘルム(鉄兜)団長フランツ・ゼルテ、汎ゲルマン主義「全ドイツ連盟」会長のハインリヒ・クラースらに加え、ヒトラーも参加した、いわゆる「国民的反対派」の「ヤング案反対全国委員会」が、「ドイツ民族奴隷化反対法」を国民表決にかける運動をおこした。一九二九年夏には、ヤング案問題はドイツ政治の一大争点になっていく。

ヒトラーと国防軍

共和国の相対的安定期末期のヒトラーとナチ党については、なお看過できない一大問題として、国防軍・国防政策にもここで言及しておかねばならないであろう。ヒトラーは一九二八年一二月、配下のSAに注目すべきひとつの命令を発していた(三九歳)。これは軍の組織した軍事演習に参加することも、SA自身が演習を主催することも禁じていた。具体的には(ポーランドと境を接する)東部国境防衛団活動に参加することを禁じたものであった。もちろん東部国境防衛団はヴェルサイユ条約にも違反する軍の秘密再軍備事業の一環であった。ルール危機の一九二三年における軍の動員準備の際、SAがナチ党の防衛組織からバイエルン国防軍指揮下の一軍事団体に変質しかかった経験も踏まえ、党の再建を乱さぬためにヒトラーは隊員に宣伝活動への専念を特に訴えたのである。もとよりヒトラーの態度には、社民党を主軸とする当時の（ヘルマン・）ミュラー大連合政府が黙認した国境防衛団活動をサボタージュし、ヴァイマル体制への拒否を一層鮮明にするという意図が含まれていた。ナチスの対国防軍「非協力」宣言によって、極右組織の根城とみなされていた国境防衛団活動が共和国にとって脅威になる危険性は薄らいだ、と事態を見たミュラー内閣に対して、同じ社民党プロイセン州首相ブラウンのほうは、ナチスの偽装を黙過しないよう警告を発していた。またプロイセン警察もその後引き続いてナチ系団体を含む極右軍事組織の国境防衛参加を摘発しつつ、民間団体の参加禁止を取り決めた協定にも軍が違反していると非難した。

一九二六年末まで軍を代表していたゼークトが、共和国政府に対して国防問題に関する全ての措置を率直に協議しようとする努力を怠っていたのに対し、大連合政権期から（ハインリヒ・）ブリューニング政権期まで国防大臣を務めたヴィルヘルム・グレーナー将軍また大臣官房長を務めたクルト・フォン・シュライヒャーによって軍の政治が代表された「グレーナー＝シュライヒャー時代」には、政府と国防軍の関係はこれまでとはちがう展開を迎える。中央政府および各州（わけてもプロイセン）政府との協働なくして、（秘密）再軍備の進展は望めぬとする国防省将校たちが、共和国第一党の社民党に対してもより柔軟な政治操作をめざし、積極的政治工作によって再軍備のなしくずし的既成事実化さえ図ろうとしていた。一方ヒトラーは、社民党の不信を除去すべく努めたグレーナーの政策が成功すれば、自らに政権獲得のチャンスはめぐってこないと踏んだのであろう。一九二九年三月半ば「社民党への接近は軍の終わりを意味する」と激しい「反国防軍」演説をおこなっている。

一九二九年のナチ党国会議員のうち退役陸軍中将エップはじめ六名が元軍の将校であり、当時ナチ党内で直接国防問題に携わっていたのもこれら退役将校であったが、党の政策決定においてヒトラーの占める位置はすでに決定的なものとなっていた。「闘争」と「民族」は彼の価値体系の中でワンセットのキー概念であった。「民族の地上的存立をめぐる生存闘争貫徹の技」が彼にとっては政治の基本的イメージであった。軍は(また国家さえも)自己目的的存在たることは許されず、民族の利益に奉仕すべき手段とされている。だが、諸国間の闘争においてドイツが勝ち抜けるか否かはただ「ドイツ国軍」の再興にかかっている。したがって、ドイツ内政の課題は、まず「国民的」(national)部隊から成る目的適合的組織をドイツ民族に賦与することであり、この組織の中核をなすのは国防軍でなければならない。これほど高度の技術性と鞏固《きょうこ》な組織性をそなえた装置は他に類を見ぬからである。無論ヒトラーによるこうした高い価値づけと次のような軍の役割規定とは表裏をなしていた。国民の「精神軍備」=心理的戦争準備を充実させうるのはナチ党のみであり、軍自体が国内の社会統合者としての役割を果たすことは拒否されねばならない。技術と組織を「不可侵特権」として軍を国民に対しては神格化する(「国民の学校」!)一方、総社会的な軍事化における軍の「主権」をヒトラーは否定していた。

国防軍に対するかかる位置づけを前提にしてヒトラーは二つの注目すべき政治原則を導き出してい

る。一つは民間軍事団体の軍事的価値の不承認である。この価値は配下のSAはじめ党の準軍事組織にさえ認められない。権力政治外交・戦争の手段たる価値は軍に対してのみ承認されなければならないからである。いまひとつの原則は、徴兵制復活＝公然たる再軍備が可能になるまでの間、兵員準備は「国民的」部隊、すなわち国防精神をになえる部分のみから補充されねばならないということである。この観点からすれば、共産党系の赤色戦線兵士同盟はいうにおよばず共和国国旗団も軍事的再編からは排除されなければならなかった。以上のようなヒトラーの考え方が、軍のヘゲモニーの下に労働組合まで包含する広範な国防体制構築をめざしたシュライヒャーのプランと対立するものであったことは明白であった。「軍が国民社会主義(ナチズム)運動にしたがって行動したならば、ドイツは現在のような党派政治の泥沼に陥ることもなかった。ファシズムに支持を表明したイタリア軍はそれによってイタリア全体を救ったのである」。このような一節からも、上記「反軍」演説でヒトラーが要求していた軍の政治化＝「ドイツ民族との一体化」が脱共和国、ひいてはナチ化を意味していたことは明らかである。軍指導部は、特に将校団に向けて挑発・宣伝がなされたこと、また自分たちが将校団から分離されて非難の対象にされたことを重大視し、このヒトラーの演説記録を掲載した『フェルキシャー・ベオーバハター』「国防軍向け特別号」(一九二九年三月二六日)を直ちに発禁処分にしただけでなく、二九年七月には陸海軍および軍関係工場に勤務するナチ系労働者・職員を解雇している。

ヤング案反対のポスター

ヤング案反対キャンペーン

同時期の反共和国運動(ヤング案反対全国委員会)で提起された「ドイツ民族奴隷化反対法」案では、ドイツの戦争責任を規定したヴェルサイユ条約第二三一条が特に槍玉にあげられていた。ヒトラーら「国民的反対派」は、ドイツの戦争責任というのはフェイクであると国民に訴えかけたが、一九二九年一二月二二日の投票で、結局ヤング案反対全国委員会は得票率一二%の支持を得るにとどまった。しかし、右派共同キャンペーンにより国民的関心を喚起したこの問題で、ナチ党は最も激烈な共和国政府攻撃を展開し、これまで政界では周辺的だった存在から、今や保守派の同盟相手としてのポテンシャルをもつ存在へとプレゼンスを増したことを特に印象づけ、右派のなかでも最もラディカルな抗議(プロテスト)政党たる点をアピールしえたのだった。要するにナチスは狂信的少数派というこれまでの党イメージを払拭し、ヤング案反対キャンペーンの先頭に立つ「国民的」政党としてマスコミの注目を集めえた。保守的な市民層の間にも政治的・社会的に受け入れられる存在になったのである(ヒトラー四〇歳)。

この効果は、一二月のテューリンゲン州議会選挙の結果にもあらわれ、ドイツ国民党や国家国民党をしのいで、ナチ党は一一・三％(国会選挙・州議会選挙を通じて初めて一〇％を超える支持)を獲得し、ドイツ国民党と連立を組んでテューリンゲン州新政権への参画を果たした(ヴィルヘルム・フリックが内相として入閣)。共和国の中央政府で社民党と大連合政権を構成したドイツ国民党は、党首シュトレーゼマンの急死(一九二九年一〇月三日)以降、党全体の右旋回が顕著だった。同年一〇月下旬、米ウォール街の株価大崩落を契機に勃発した世界恐慌は、たちまちドイツにも主要銀行の破綻、導入外資の途絶、失業の大波をもたらす形で影響を及ぼすことになる。

一九二九年一一月はじめには、軍とナチスの間では重大な事態がもちあがった。第七軍管区ウルム砲兵連隊所属のリヒャルト・シェーリンガー少尉、ハンス・ルーディン少尉がミュンヒェンのナチ党本部に秘かに赴き党機関紙編集長ヴィルヘルム・ヴァイスや、SA指導者フランツ・プフェッファー・フォン・ザーロモンらと接触し、国防軍内部にナチ細胞を形成する活動を開始したのである。企ては一二月はじめには軍指導部の察知するところとなり、一九三〇年三月には上記青年将校二名に加え、この時期軍を辞めてすでにナチSAに入っていたといわれるハンス・フリードリヒ・ヴェント退役中尉も逮捕された。事件は軍紀違反の軍事裁判におわらず国防相グレーナーにより反逆事件としてライプツィヒの国事裁判所に提訴された。

大統領緊急令──ヴァイマル憲法の穴

この間政府内では、景気後退・失業者急増、国庫からの失業保険赤字補塡増大の中、予算編成問題が深刻化し、ミュラー大連合内閣は、社民党と国民党が失業保険の負担増額をめぐって対立・分解し、三〇年三月二七日、退陣した。ここに共和国議会多数派に立つ民主制内閣は終わりを告げ、これ以降社民党が政府与党になることはなかった。すでに年初「反議会主義的、反社会主義的」政府への転換の意向をブルジョア政党の政治家に漏らしていたヒンデンブルク大統領に新たに首班指名されたのは、権威主義的保守主義に近い思想をもつカトリック中央党党首ハインリヒ・ブリューニングだった。

世界で当時最も民主的といわれたヴァイマル憲法は、大統領制と議院内閣制とを折衷した独特の統治機構を採用していた。両者の均衡がヴァイマル共和国末期の政治的危機の中で放棄され、大統領に広い行動の自由が認められていった点について、その過程がヒトラーの政権掌握およびナチ党の一党独裁と具体的にどう結びついているかという問題は、日本では一般的に閑却されてきた。ヴァイマル憲法そのものは社会的に最も進歩・進化した憲法であったとする比較憲法史的位置づけが強固だったためである。しかしながら、二〇一二年の安倍政権成立以後、国会の空洞化・議会政治の劣化が進み、欧米「先進民主主義」各国でも極右の再台頭やトランプ現象に見られるポピュリズムへの考察が深まるなか、政治学界や憲法学界でも本格的に議論の俎上にのせようとする気運が高まっている。

ヴァイマル憲法は、一方で首相の任免権およびその申し出にもとづき大臣を任免する権限を大統領に与え(第五三条)、他方で首相と大臣は議会の信任を必要とし、その不信任決議によって辞職しなければならない(第五四条)としており、組閣の際の、大統領のイニシアティヴと議会の拘束という相矛盾する二つの要素を併存させていた。国政がノーマルな状態にあるときは内閣を媒介にして大統領と議会が均衡を維持するよう配慮されていたが、公共の安全と秩序が著しく阻害される緊急事態にあっては、立法と執行の全権が大統領に集中する構造になっていた。これを可能にしたのが、憲法第四八条に規定された緊急立法権による法令発動で、必要ならば、国民のいくつかの基本権を停止し、また軍を用いて実行させる権限を大統領に与えていた。

議会の積極的支持がなくても、共和国大統領の職権にもとづく大統領内閣が、三〇年三月末のブリューニングによる組閣以後も、(フランツ・フォン・)パーペン内閣、シュライヒャー内閣と交代しながら一九三三年一月末にヒトラーが大統領内閣四人目の首相として政権を担当するに到るまで存続しえたのも、大統領の特権ともいえる緊急令が用いられたからであった。

ただ四八条三項で規定されていたように、大統領は執った措置をすみやかに国会に報告しなければならなかったし、緊急令も国会の廃止要求が可決されれば、ただちに無効になるとされていた。

ドイツの工業は世界恐慌の深刻な影響を受け、失業者もすでに三〇〇万人をこえる事態になっていた。プロレタリア化への不安に駆り立てられた「中間層のパニック」現象が云々される中、サラリーマンへの増税をもりこんだ財源不足解消案を国会で否決された政府は、大統領緊急令で実行しようとした。これに対して社民党が出した緊急令廃止動議に、国家国民党まで賛成にまわったため動議が可決され、七月一八日ブリューニングは国会を解散して総選挙に打って出た。二九年の地方選挙ですでに勝ち続け、三〇年六月にはザクセン州で議会第一党にはじめて躍進したナチスの勢いを考慮すれば、ブリューニング政府による解散は不用意であったといわざるをえない（ヒトラー四一歳）。

一九三〇年九月の勝利の裏で――SAとの内紛を回避

だがナチ党内ではこの肝心かなめのとき候補者選定問題が惹起された。SAと党政治組織の分業体制が問題化したのである。SAの各隊員には集会設営、会場整理、ビラ配布、パンフレット・新聞販売、ポスター貼り、パトロール、その他困難な特別任務が割り当てられていた。宣伝方針・内容を定める党政治組織に対し、党の宣伝を実現し支えるという役割を担っていたことになる。SA司令官プフェッファー（・フォン・ザーロモン）は八月初め、これまで隊員には認められてこなかった国会議員枠についてSA隊員も候補者名簿に加えるよう総統ヒトラーに求めた。これを彼が拒否したためプフェッファーは辞任に追い込まれた。東部SA指導者だったヴァルター・シュテンネスはかかる事態を不服とし、首都ベルリンで党に異議申し立て後、叛旗を翻した（八月二七日）。ベルリンのナチ党大管区（政治）組織の指導者だったヨーゼフ・ゲッベルスは、党内で警察的役割を果たし始めていた組織、S《エス》S《エス》（親衛隊 Schutzstaffel の略称）全国指導者ヒムラーに反乱鎮圧を要請したが、SSはこれに失敗。九月一日ミュンヒェンの党本部からベルリンに飛んできたヒトラーがシュテンネスと直接会見し選挙前の騒動をやめるよう説得、またＳＡ隊員の拠点の酒場を一つひとつまわって混乱を収拾した（四一歳）。

　致命的な内紛になりかねなかったにもかかわらず態勢を立て直したヒトラーとナチ党は、他党の追随をゆるさぬ組織的選挙戦の強みを発揮した。彼らは、既成政党、特に硬直化した保守・中道勢力に替わる「全てのドイツ人の結集できる」国民政党の構築、政党・圧力団体の分断的利害の衝突を排除できる「民族共同体」、左翼・リベラルのデモクラシー体制でも反動的君主制でもない「第三の国家」（第三帝国）の道を強力にアピールすることによって、これまで中道・保守政党を支持してきた中間層を自陣営へと鞍替えさせることに成功しつつあった。ちなみに、普通「第三帝国」と邦訳されるDrittes Reich《ドゥリッテス・ライヒ》は、「神聖ローマ帝国」（～一八〇六年）、ドイツ帝国（第二帝制、一八七一～一九一八年）とは違い、皇帝を戴《いただ》く君主制たる帝制を目指してはいなかった。

ゲッベルスの家族とヒトラー（バルト海でともに休暇を過ごす）

　一九三〇年九月一四日の国政選挙の勝利は、なかでも農民の支持票に負うところが大きかった。全国平均得票率が一八・三％であったナチ党のシュレースヴィヒ＝ホルシュタインにおける農村地区での得票率は三五・一％と突出していた（州全体では二七％）。オルデンブルク州でも二七・三％を獲得し（この地方では第一党）、中でも圧倒的にプロテスタントの多い農村地区では、平均で四二・八％に達した。ヴァイマル連合政権内に影響力をもつカトリック中央党への対抗意識からか、ルター派（福音派）のプロテスタント住民が多数を占めた北部・東部の農村地域では、村の名望家たる聖職者（牧師）の中に共和国政府と対決姿勢の保守右派ナショナリストが多かった。危機の到来で彼らがナチ党に傾くと、村の住民全体がそれに同調しがちだったことは否めない。同様に地方名士的存在であった郡長・町村長や初等学校教師のナチ党への旋回も、住民の動向を多分に左右した。

国会選挙でナチ党の急伸を不用意にゆるしたブリューニングは、前回より五％も得票率を落とした野党第一党の社民党（二九・八％→二四・五％、国会ではなお第一党）による「寛容」も視野に、第二次ブリューニング内閣を発足させ、一九三二年春の大統領選挙まで何とか命脈をつなぐ。

国防軍裁判

三人の将校による軍内ナチ細胞形成をめぐる「国防軍裁判」は、一九三〇年九月二三日から一〇月四日まで開廷された。九月二五日にはナチ党総統ヒトラーが証人として出廷したが、一〇日ほど前の総選挙でナチ党が一二から一〇七へと議席を九倍近くに増やす大勝利をおさめ、社民党に次ぐ国会第二の党に成りあがった新政治状況だっただけに、注目を集めた。

ヒトラーがおこなった「合法性」宣誓は、なにより国防軍に対して破壊活動をしない旨保証した点で、軍の対ナチ猜疑・拒否の態度を融解させる契機になったとしばしば指摘される。たしかに、「地滑り的勝利」による国民政党への台頭はヒトラーの誓約を裏書きするようにみえたが、この「国防軍裁判」はヒトラーに共和国解体の信条を公然と吐露させる効果的な場を提供した点だけとっても、ミュンヒェン一揆裁判とかわりないいわくつきのものとなった。ヒトラーはこの法廷から、ナチ政治運動の第一目標が国民の防衛能力強化にあるとした点をはじめ、一九二九年三月軍内で禁止された上述の演説記録にほぼ等しい内容の宣伝を、今度は全国民に向けて展開することができた。

被告人たちの軍批判には、現在の軍が国内の治安機能しか果たせず、しかも軍指導部は、共和国の「平和主義」に無策で、国民の国防能力・防衛観念を何とか強化しなければならないという切迫した要求が含まれていた。こうした意識に動機づけられていた行動は、グレーナーやシュライヒャーの政策に対する誤認にもとづいていた。事件後、軍指導部は三人の行動を「不遜」「権威に対する尊崇の欠如」と非難しながらも、軍内のコミュニケーション・ギャップを重大視し、指導部の意思を伝達する巡回将校を各軍管区に派遣した。裁判は、重要な争点であったナチ党と青年将校の組織的連携を解明しないまま、現役の将校二名を免官、三人全員に一年半の禁固刑を言い渡して終了した。

判決直後ナチ党機関紙『フェルキシャー・ベオーバハター』は「国防軍の精神的獲得をめぐる決戦が今や決定的局面に入った」と裁判を総括した。ナチスが非合法的方法で軍を攪乱利用する場合には容赦しないという軍指導部の態度は変わらなかったが、ライプツィヒにおけるヒトラーの証言は、ナチスの政治的構えの新しい変化を示すものと軍指導部に受け止められた。九月の国会選挙大勝利と相俟ってヒトラーの合法性宣誓は、軍と共和国の間に楔《くさび》を打ち込んだといえる。ナチ党が見せかけでなく合法行動を期していることは、三一年三月末、シュテンネスをリーダーとするラディカルなベルリンSAグループが党から排除されたことによって一層確実になったようにみえた。シュテンネスは三一年二月ヒトラーが発しSAに確認した合法性遵守命令のみならず、SAのトップ交代・新編制についても公然と非難したからである。

SAの再編

プフェッファー退任後、SA総司令官に就任したヒトラーは幕僚長(実質的指導者)にオットー・ヴァーゲナーを暫定任命していたが、一九三一年一月にはボリビアに軍事顧問として赴任していたエルンスト・レームを新幕僚長に据えた。翌二月にレームは組織の核となるSA連隊を旧帝制軍連隊の数に対応させて再編、三月には軍に見まがう服務規程を定めている。ここにSA勤務がさながら兵役の代替になるような状況が生まれることになった。ナチスの大衆党化にともないSAは特に青年失業者を吸収して急速に膨張し、一九三一年一月から三二年一月までの一年間に隊員数は七万七〇〇〇から約二九万へと三倍以上にふくれあがった。仮にヴェルサイユ条約によって徴兵制が禁止されていなかったとすれば、一九三三年までに正規の軍事訓練を受けるはずであった一九〇一〜一三年生まれの層は軍によって六〇万人と見積もられていたから、SAに組織されていた青年隊員の規模は看過できないものであった。

一九三一年三月二一日にレームは国防省官房長シュライヒャーと最初の会談をおこなった。すでに一月には軍兵器廠、糧秣廠、国境防衛へのナチスの個人参加を拒否しないという軍命令が発せられていた。シュライヒャー＝レーム会談も主に国境防衛参加をめぐってのものだったように思われる。二八年一二月のヒトラーのSAに対する国境防衛参加禁止令は廃止されていなかったが、三一年六〜八月には東プロイセンはじめ各地域で軍の「指揮官」コースにSAが組織的に参加しはじめたことを、党大管区およびSA師団報告は伝えていた。一九三二年一月二九日には国防相グレーナーがナチ党員の入営許可命令を発している。これは事実上進行していたナチ入営を追認したものにすぎなかったが、ことに依然国会第一党である社民党にとって一大ショックを与える事態であった。社民党には実質的に入営が認められていなかったからである。

ハルツブルク戦線

第二次ブリューニング政権は、新しい財政・経済政策プログラムを明らかにし、国家・地方公務員の給与削減を含む予算全体の縮小、営業税・不動産税の引き下げ等を中身とする、徹底したデフレ政策と経済界への負担軽減策を大統領緊急令で実施した。それでも歳入不足は深刻化し、一九三一年六月には、公務員給与のさらなる切り下げ、社会政策費と州・自治体交付金の削減、失業保険の支給制限(二一歳以下の労働者への支給停止など)を軸にした第二次緊急令を出さざるをえなかった。国民を飢えさせる「飢餓宰相」とまで指弾されたブリューニングは、こうした政策を、賠償支払い上必要な措置と正当化した。ヤング案反対闘争を組織した国家国民党党首フーゲンベルクや鉄兜団《シュタールヘルム》はじめ「国民的反対」派は、ヴァイマル連合が一九一九年以来継続していたプロイセン議会に標的をさだめ、三一年二月からその解散を国民請願によって求める運動をおこした。八月に州民投票で請願は否決されたが、一〇月一一日、彼らはバート・ハルツブルクに結集し、政府退陣と国粋政府樹立を唱え、その勢力を誇示した。ヒトラーは無条件の指導要求を掲げ、ナチ党が〈右翼統一戦線〉に従属させられるのを警戒、形の上では「ハルツブルク戦線」に名をつらねたものの、一週間後にナチ独自の一〇万人デモをすぐそばのブラウンシュヴァイクでおこない、あくまで自らの主導権で政権を構築するという立場を明確にした。一一月にヘッセン州のボックスハイムでＳＡやナチ党員による暴動と政敵処刑をもりこんだクーデタ計画案が発覚(ボックスハイム事件)。このプランは州法務省所属で党にも入党したばかりの若い裁判官ヴェルナー・ベストが練ったものだったが、合法的方法での政権獲得イメージを強調していたヒトラーにとっては大きな痛手になった(四二歳)。

ゲーリ・ラウバルとのスキャンダル

この間に、ヒトラーは個人的大スキャンダルにも見舞われていた。異母姉アンゲラ・ラウバルの娘アンゲラ(通称ゲーリ)が、同居していた彼の居宅で九月一九日朝、(ヒトラー所有の)拳銃で胸を撃ち抜かれた遺体(享年二三歳)で発見されたからである。

一九二九年、ミュンヒェン市内プリンツ・レゲンテン広場の広々としたアパートにヒトラーが引っ越すと、それまでオーバーザルツベルクのヴァッヘンフェルト山荘に母親と暮らしていたゲーリはミュンヒェンへやってきて、ヒトラーと同居を始めた。その後二年間、ヒトラーは一九歳年下のゲーリに対して洋服を買い与え、贈り物をし、劇場や映画にもよく連れ歩き、二人はカフェー・ヘックの公然たる常連にもなっていた。この年齢差という点で付言すれば、ヒトラーがつきあった女性は、彼より二〇歳ほどは若いケースがほとんどであった。彼最も長く、死ぬまで密かに連れ添うことになったエーファ・ブラウン(一九一二年生まれ)も、彼より二三歳若かった。『わが闘争』第二巻執筆のためホテル「ドイチェス・ハウス」滞在時(当時三七歳)、たまたま知り合ったマリア・ライターとい

ゲーリ・ラウバル

う少女（社民党員の娘で、当時一六歳）も彼と二一歳違いであった。「ミッツィ」「ミツィヤル」と親称されたこの女性を、ヒトラーはしばしば慇懃《いんぎん》に「キント」（英語のチャイルドに相当）と呼んだが、マリアのほうからは彼が生涯好んで使った「ヴォルフ」（英語のウルフに相当）の変形「ヴェルフヒェン」（狼ちゃん）と呼ばれるのをヒトラーは好んだ。一時の関係ではなく結婚を望んだと、第二次世界大戦後に彼女は証言したが、ヒトラーにとっては「戯れの恋」だったと類推されるのは、ヒトラーが二七年春からゲーリを真剣に愛するようになったからである。

ゲーリ・ラウバルについては、叔父・姪の関係だけなのかと当時から囁かれるようにもなっていたが、実際にはヒトラーの過干渉は常軌を逸していた。ゲーリに対しては、ヒトラー随伴でなければ別の目付け役を同伴させ、早い帰宅を強い、彼女の行動は全て監視され、制限されていた。ゲーリは三一年秋にはオーストリアへ帰りたいとこぼすようになっていたという。上記のような彼女の変死によって、ジャーナリズムはヒトラーを恰好の標的にした。社民党系の新聞『ミュンヒナー・ポスト』紙によれば、彼女がなくなる前日、二人は激しく言い争ったという。ヒトラーは公式の声明を出してこれを否定、一八日は午前中から側近を伴い、ニュルンベルクに出張し宿泊、一九日朝ホテルを出たあと一一時四五分に、秘書のルードルフ・ヘスからの電話で彼女の死を知ったヒトラーは自家用のメルセデスをボディーガードのユーリウス・シュレックに運転させてミュンヒェンに急ぎ取って返した。途中スピード違反で車をとめられるほどの慌てぶりだった。党側で遺体と最初に対面したのはヘスとシュトラッサーだったが、勝手にひとりで銃をもてあそんでいるうちに暴発した「アクシデント」であるというのが直ちに党の公式見解となった。全く説得力のない説明であったが、警察の検死医務官もあまり時間をかけずに「自殺」と判定、この事件によるヒトラーの呆然自失状態は続き、このときから彼は肉を食べなくなったという。しかしジャーナリスト、特に批判的な新聞人のなかには、当時から他殺説をとる者が少なからずいたことも事実で、浩瀚《こうかん》なヒトラーの評伝を早くにものしたコンラート・ハイデンなどは、ヒムラーが配下を使って殺害した、彼女の妊娠が露見するのをおそれたからだとしている。なお「ヒトラーはクリスチャンか」というエッセーをはじめとして、彼とナチ党の権力掌握を機関誌『まっすぐの道 *Der gerade Weg*』を通じて徹底的に阻止しようと論陣を張ったカトリックのジャーナリスト、フリッツ・ゲルリヒを中心とするグループの場合、その後も「謀殺」の証拠集めを継続したため、ヒトラーの政権掌握後、ヒムラーの右腕ラインハルト・ハイドリヒの放った刺客に、最も熱心な調査メンバーのゲオルク・ベルが滞在先のオーストリアのホテルで殺害されたのも看過できない。

類を見ぬ親密な関係をゲーリの死によって失ったヒトラーは、事件五日後の二四日にハンブルクで一万人をこえる聴衆を前にファナティックな演説を展開したあと、雨の中オーストリアまでぶっ通しで車を走らせ、ウィーンの中央墓地に埋葬されたゲーリの墓をわざわざ訪ねている。オーストリア政府は、ドイツ・ナチ党総統の入国禁止措置を今回は特別に短期間解き、政治活動をしないという条件付きで弔問入国ビザを発給したのだった。ヒトラーが劇的に絶望から抜け出したのはウィーン訪問の後であったという。

三　首相へ

ヒンデンブルク大統領の再選

一九三一年一二月には共和国国旗団やドイツ労働組合総同盟が中心になって、ハルツブルク戦線に対抗する民主派の「鉄戦線」が形成され、「来る年はわれわれの年、共和国が最終的に勝利する年にするのだ。一刻一日たりとも防御にとどまっていてはならない、攻勢あるのみ」と訴えた。

一九三二年政局の関心は春の大統領選挙に集まった。ブリューニングは恐慌下の選挙を避け、国会決議でヒンデンブルク再選と終生任期制の導入をはかろうとした。国会三分の二以上の賛成を必要とし憲法改正を伴う終生任期制導入に対し、共和国体制を否定する(したがってヴァイマル憲法にも否定的なはずの)ナチ党および国家国民党が反対した。特に「ハルツブルク戦線」以降、独自行動を強めたナチ党は、ヒトラーをヒンデンブルクの対抗馬に立てることとし、ブラウンシュヴァイク州で国家国民党との連立によって構成した州政府の地位を利用し、党首ヒトラーを州治山治水・土地登記局参事官に任じ、しかもベルリンに派遣する州特使に任命する形で、彼のドイツ国籍取得を可能にした。二五年四月末以来無国籍状態だったヒトラーは、ここで初めてドイツ国籍をとったのである。これによってヒトラーは立候補でき、ブリューニングの思惑はつぶれて、憲法の規定どおりの選挙がおこなわれることになった。社民党は「ヒトラーを叩くため、ヒンデンブルクに投票しよう」と呼びかけた。第一回投票でヒンデンブルクは過半数にわずかに及ばず(四九・五%)、四月の第二回投票(得票率五三・一%)で当選を果たしたが、ヒトラーはこのとき三六・八%の得票率を得た。社民党が帝制派・保守派の代表格であった退役元帥のヒンデンブルクを推すなど、これまででは考えられなかったことであり、政治的選択肢の幅がいかに狭められ、政治の右旋回がどれほど反共和国・反民主主義へシフトしたかがわかる。

1932年4月，大統領選挙チーム（左からディートリヒ，ハンフシュテングル，ゲーリング，ヒトラー，レーム，フリック）

ヒンデンブルクは「ハルツブルク戦線」に集まった権威主義的反動派を敵にまわし、社民党の支援で当選を果たしたことに不快感を隠さなかった。大統領選挙でヒトラーが敗北したにもかかわらず、四月下旬の五つの州議会選挙においてバイエルン州を除くすべての州でナチ党は第一党になり、プロイセン州では社民党のブラウン首相指揮下のヴァイマル連合政府が過半数を失い、事務管理内閣として余命をつなぐ立場に立たされた。

ボックスハイム事件や大統領選挙準備期に激発したSAによる政敵への挑発的テロに対応すべく、各州内相は、中央政府内相も兼ねるようになっていたグレーナーに対し、治安上にとどまらず公権力の権威維持のためにもナチSA・SSを規制するよう要求した。青少年の予備軍事訓練や東部国境防衛でSAとすでに緊密な関係にあった軍は、取締りに消極的であったが、三二年四月の全国州内相会議であらためてSAの即時禁止が強く要求され、政府はSA禁止を発令。ところが大統領側近や軍は、社民党の国旗団が同時に禁止されなかったとし、今回の措置がいかに偏向しているか非難し始めた。シュライヒャーのみならずヒトラーとも知己で、大統領の息子オスカル・フォン・ヒンデンブルクとも親しかったシュライヒャーから退任を勧告され、グレーナーは五月一二日に辞職した。シュライヒャーは、軍拡予算を拒否したブリューニング首相の退陣をも画策していたが、折しもユンカー層を中心に、政府が当時進めようとしていた東部農業植民計画に反対のキャンペーンが展開され、ヒンデンブルクにも直訴が届いていた。計画は、再建不能の大農場を国家が購入し、これを都市失業者の入植地へ転換しようとするもので、「農業ボリシェヴィズム」と非難されたこの計画関連緊急令の署名を大統領が拒否したため、ヒンデンブルクの信頼を失ったブリューニングは、五月末辞任した(ヒトラー、四三歳)。

パーペン内閣発足

一九三二年六月一日、中央党の反動的君主主義者フランツ・フォン・パーペンを首相にすえた新しい内閣が誕生した。本質的にナチ体制への連続性をも示した「男爵内閣」(一〇名の閣僚中七名が貴族。国会に議席を有する者は皆無)の異名をとったこの新内閣閣僚中、七名が次のシュライヒャー内閣の閣僚として残り、五名がその次のヒトラー内閣の閣僚になっている。この内閣形成の「黒幕」は、大統領お気に入りのパーペンを担ぎ出し、自分は新国防相におさまったシュライヒャーだった。新内閣は、ナチ党にSA禁止命令解除と総選挙を事前に約束することによってナチスの「寛容」をとりつけ、発足した。成立後政府はただちに国会を解散、禁止を解かれたSAは、反対陣営、なかんずく社民党・共産党のデモや集会、選挙事務所、さらには拠点の労働者地区をも襲撃し、挑発的テロを繰り返した。

パーペン(1933年)

左翼もこれに対抗したため、七月末の投票日に向けた国会選挙戦(大統領選挙をすでに二回経験したこの年三度目の国政選挙の戦い)は一種内戦に近い状況を呈し、ことに最大州プロイセンでは死傷者が数百名におよんだ。パーペン政府は、こうした街頭状況の放置、治安状況の悪化を左翼の責任に帰し、取締り不十分を口実に、七月二〇日、かねてよりその解体をねらっていたブラウン合法政権を強引に罷免した。無論、大統領緊急令によってである。プロイセンでは社民党を中心とした州政府閣僚のみならず、共和国派とみなされた各県知事や警察幹部まで更迭され、ヴァイマル立憲派の最後の拠点が中央政府による「クーデタ」敢行によって破壊されたのであった。しかし、こうしたやり口には先例があった。従来見過ごされてきたが、一九二九年末にテューリンゲン州政府にフリックを内相として入閣させたナチ党は、州公務員の三分の二を共和国派として罷免する荒療治を実験的に敢行していた。

七月三一日の国会選挙では、ナチ党が二三〇議席(得票率三七・四%)を獲得し、州議会レベルだけでなく国会でもついに第二党から第一党へと上昇し、ヴァイマル期を通じてはじめて第二党(一三三議席、二一・六%)に滑り落ちた社民党を大きく引き離した。ナチ党の全国得票率は、社民党が一九一九年の国民議会選挙であげた最高得票率三七・九%をわずかに下回るものだったが、シュレースヴィヒ＝ホルシュタイン選挙区では五一%(その農村地区に限れば六三・八%)に伸長した。ヴァイマル共和国下の自由な選挙でナチ党がこのように絶対多数を獲得したのは、全国三五選挙区中、唯一この選挙区、この一回限りであった事実にも注意する必要がある。カトリック中央党と保守的・権威主義的右翼政党の国家国民党を除けば、ブルジョア中道政党は、ナチスに支持基盤を奪われ潰滅状態になった。他方第三党の共産党は七七議席から八九議席(一四・六%)へと着実に上昇を果たした。

重工業界が、第一党になったナチスのパーペン内閣への入閣を主張したこともあり、八月一三日にはヒンデンブルクとヒトラーの間で入閣交渉がおこなわれたが、いきなりヒトラーが首相ポストを要求したことによって、会談は物別れとなった。ナチ党内ではSAを中心に不満がたまっていた。三月・四月の二度にわたる大統領選に加え国会第一党の地位を獲得した七月選挙と、国政選挙を積み重ねるごとに得票を増加させてきたにもかかわらず政権獲得が成就しないことに対する焦燥感や消耗感から、退嬰《たいえい》気分に加えて暴走傾向さえ見られるようになり、オーバーシュレージエンのポテンパでは五人のSA隊員がひとりの共産党系労働者を母親の眼前で殴り殺しにするショッキングな事件が発生した。事件発覚後、敏速な刑事対応がなされ、特別裁判で八月二二日、被告人五名全員に死刑判決が下された。ヒトラーが被告人たちに激励電報を打ち、党全体で犯罪正当化キャンペーンが大々的に展開されたのも、合法戦術への疑念や不穏な空気が党内に底流していたことと無関係ではなかった。九月二日、被告人たちには大統領によって終身禁固刑への減刑措置が執られることになる。これをヒンデンブルクに進言したのは、ミュンヒェン一揆後の一九二四年裁判時バイエルン州法相を務め、三二年時にはパーペン内閣の法相になっていたフランツ・ギュルトナーであった(ギュルトナーは五カ月後に成立するヒトラー内閣でも続けて法相を勤めることになる)。結局

『まっすぐの道』No. 23(1932年6月5日)に掲載されたヒトラーの戯画．パーペン肝煎で恥部(暴力的本性)を隠したつもり

被告人五名はヒトラー政権誕生二カ月後の三三年三月下旬「闘争期のヒーロー」として放免された。

この「ポテンパ騒動」前後、SA内では失業者が大量流入したことによって隊員数は夏までに四六万五〇〇〇人と膨張、ところが九月には四五万六〇〇〇人、一〇月には四四万五〇〇〇人と停滞減少しはじめる。指導部がおこなった九月末の各SA管区の雰囲気についての調査も、隊内の「空気」を映し出していた。SAの財政事情の逼迫もかなり訴えられ、それと並び、権力掌握がほんのそこまで来ていると期待していただけに失望も限りなく深いという声が噴出。失望のあとに出てきたのは、途方に暮れた絶望感と麻痺感覚、フラストレーション等であると報告された。

三二年九月四日にパーペン内閣は「経済振興緊急令」、五日には「労働機会増加・維持のための緊急令」を発布。前者は企業への減税(大企業優遇)による景気回復をはかり、後者は雇用促進を労働者賃金の大幅切り下げと抱き合わせにすることで労働協約の事実上の解体をはかろうとする「新」経済政策だった。九月一二日の国会では共産党が上程した緊急令廃止と内閣不信任の提案が五一二票対四二票(反対は国家国民党と国民党のみ)の圧倒的大差で可決されパーペンは再び国会を解散した。パーペンの政策に対する労働者からの抵抗は激しく、ストライキや抗議の波が多発した。一〇月に発表した『新国家』と題する彼の国家プランも、国会に責任を有する議院内閣制にかえて元首(大統領)の信任に依拠した大統領独裁を前面に出し、比例代表制の廃止、選挙年齢の引き上げ、選挙によらない別の一院設置による二院制等、第二帝制期ドイツを髣髴とさせ、最終的には君主制復活を見据えたものであり、国民大衆から政府がますます孤立化しつつある観は拭えなかった。

共和国最後の選挙

実質的に自由な共和国最後の選挙となった一一月六日の選挙で、恐慌突入以来一貫して勝利し続けてきたナチ党が初めて大敗した。ナチ党はなお第一党の地位を保ったが、三四議席失って一九六議席(得票率三三・一％)、一方国家国民党は一五議席増加させて五二議席(八・七％)となり、七議席(一・二％)↓一一議席(一・九％)と四議席増やした国民党とともにブルジョア政党回復の傾向を示した。他方で社民党は一二議席失って一二一議席(二〇・四％)になったのに対して、共産党は一二議席増加させ、一〇〇議席(一六・九％)の大台にのせた。殊に、交通スト真最中に投票日を迎えた首都ベルリンで、共産党は四五万票(三七・七％)を獲得し、社民党・ナチ党をも遥かに凌いで第一党となった。恐慌は三二年夏、底を打ち、徐々に景気は上向きつつあった。こうした景気回復の兆候が、ナチスからブルジョア政党へ中間層を復帰させるきっかけになったと見られなくもないが、労働者たちの一層の急進化傾向はなお重大であった。このままの傾向が続けば次の国会選挙では社民党と共産党の支持者がちょうど拮抗することも予想された。ナチ党はすでに支持層を掘り起こし尽くしたといっても過言ではなかった。権威主義的社会エリートで構成された支配層には、議会制民主主義を復活させ、景気回復の恵みを労働者たちの間にゆきわたらせることでその過激化を防止しようとする努力はもはや見られず、あくまでも労働者階級への譲歩を拒み、より安定的な抑圧体制へ移行せんと、その方法・形態についての模索・闘争が活発になっていく。

一一月一九日にはヒトラー首相任命を求める「ケプラー・クライス(サークル)」による大統領請願がおこなわれた。この陳情書の発案者ヴィルヘルム・ケプラーは一九二〇年代末からヒトラーの経済問題顧問をつとめたナチ党員であるが、彼の名を冠した私的サークルは、恐慌期以後、ヤルマル・シャハト(政府の通貨委員や賠償問題委員をつとめながらヤング案反対運動期から共和国解体路線を推進した経済エキスパート)やケルンの銀行家クルト・フォン・シュレーダーを軸に、財界とナチ党をつなごうとする二〇名ほどの経済人会合グループをつくっており、党本部との連絡役でもあったSS全国指導者ヒムラーも重要なメンバーだった。請願署名リストからは当時の経済界有力者のナチス支持状況がある程度窺い知れるが、請願は成功しなかった。

一一月選挙の敗北後、ヒトラーはナチ党に対する「上から」の馴致・懐柔工作を警戒して「現政府とのいかなる和解もいかなる妥協もおこなわない」とのきびしい声明を発した。大統領ヒンデンブルクは、ナチス入閣に失敗したパーペンが一一月一七日に内閣総辞職したのをうけ、二一日にはヒトラーに対し議会多数派の支持と前任者の経済政策執行を条件として組閣を委任したが、ヒトラーの意図とそりあわず、交渉は再び決裂した。

シュライヒャー内閣と国会の無期休会

一二月一日大統領はパーペンに再度組閣を命じた。しかし、事態がここに至っても、国会を解散し、戒厳令下に国家改造を断行する以外の方策を知らなかったパーペンを首班にしようとする決定に対しては、パーペンの僚友の閣僚一人を除く全閣僚が反対した。すでに九月一二日の国会解散とともにパーペン失脚に踏み切っていたともいわれる国防相シュライヒャーは、パーペンの強硬策に対して、ナチスと共産党の蜂起のもとでゼネストがおこなわれれば国防軍には応対しようがないことを副官オイゲン・オット（のちのゾルゲ事件時の駐日ドイツ大使）に説明させた。パーペンは、七月の「プロイセン・クーデタ」に際しても労働者は蜂起しなかったではないかと反論したが、結局抵抗もそこまでであった。パーペンは翌日解任され、これまで大統領内閣の影の演出者とも囁かれていた人物のいよいよ出番となった。「政治的将軍」と称されたシュライヒャーを軸に、パーペン内閣に欠けていた大衆的基盤を非議会的・非政党的勢力の結集によって調達しようとする諸グループ・社会的潮流のさまざまな構想や思惑が渦巻いた。一方ではナチ党第二の実力者といわれ、ナチ左派ないしナチ型組合派を代表したシュトラッサーをめぐっても同様の関心や期待が交錯し、パーペン失脚前後の政界で両者が一大旋風をまきおこしつつあった。シュライヒャー組閣前の一二月一日、ヴァイマルのナチ党幹部会議でシュトラッサーは党の入閣を力説。シュライヒャーからもヒトラーに副首相のポスト提供の申し入れがあったが、ヒトラーは受け入れなかった。一二月二日パーペンは解任され、一二月三日、シュライヒャー内閣が発足した。同日、テューリゲン州の地方(市町村)選挙では、七月の同州議会選挙時(得票率四二・五%)よりもナチ党は四割も票を減らした。ミュンヒェンの政治警察は党解体の兆候として特にSA隊員の間に不穏な空気が流れ始めていると伝えていた。

シュライヒャーは組閣後、今度はシュトラッサーに呼びかけ、彼に副首相兼プロイセン首相のポストを提供しようとしたが、シュトラッサーにとってヒトラーの承認なしの入閣は結局考えられなかった。一二月五日のナチ党幹部会議でシュライヒャー内閣に対する「寛容」を説いたシュトラッサーは、シュライヒャーとの交渉について党を出し抜く裏切り者と指弾され完全に孤立した。

一二月六日から始まった国会では、まず共産党の提出した内閣不信任案が否決され、シュライヒャー支持のもと、九月四日のパーペン緊急令廃棄に関する法案が圧倒的多数で可決された。八日、シュトラッサーは担っている党の役職全てを辞した。このニュースは党内外を震撼させた。ナチ党には支持者離れ・士気低下・党員数減少等の影響のみならず、ヒトラーをもパニックに追い込み、政権掌握後に公刊されたゲッベルスの日記によれば、「万一党分裂を迎えるようなら三分でピストル自裁する」とまでこのときヒトラーは口走ったという。シュトラッサーがもしシュライヒャーの意向に沿い入閣したならば、ヒトラーの政権掌握の目はなかったのではとも思われるが、悄然としたシュトラッサーはひとりイタリアに向けて出国しただけだった。翌日には「組織第二」の指導を自ら引き受ける形で平静を取り戻したヒトラーは大管区指導者や党組織監察官・国会議員たちを集め、党の引き締めと団結を命じ、党員の忠誠をあらためて誓わせた。さらに同日、(この年五度目の国政選挙を闘うことへの不安から)国会解散を恐れるにいたったナチスの指示で、共産・社民両党の反対にもかかわらず、国会は政府の望む無期休会に入った。一四日にシュライヒャーは九月五日のパーペン緊急令も廃棄して労働者大衆との和解をアピールしただけでなく、翌日のラジオ放送では、自らが「社会的」将軍であることを強調。公共事業による雇用の場の創出計画のみならず東プロイセン、グレンツマルク、ポメルン、メクレンブルク等での一四万ヘクタールの農業植民用地計画をあきらかにした。ヘルマン・ロイシュはじめ重工業界多数派はシュライヒャーによるパーペン緊急令廃止を、政党・労働組合勢力に対する屈従とみなし、ユンカーたちの支配する全国農村同盟もシュライヒャーの農地政策をドイツ農業を窮地に追いやるものと非難した。一二月一六日、パーペンがベルリン貴紳クラブ総会で三〇〇人の会員を前にシュライヒャー新政権を批判し、ナチス入閣の必要性に言及したのを機に、シャハト、ケプラー、シュレーダーたちは再度活発に動き出し、特にシュレーダーは、ロイシュら重工業首脳とも連絡をとりあって、シュライヒャーを引きずりおろして復讐せんとしているパーペンと、「全てか無か」とあくまで首相の地位を要求するヒトラーとの間を取り持ち両者会談実現をはかった。二週間後には、ケルンのシュレーダー邸での年明け秘密会談が設定された。

パーペンとの秘密会談

新年(一九三三年)、リベラルの代表的全国紙『フランクフルター・ツァイトゥング』が元旦論説で「共和国に対するナチのおそるべき攻撃は退けられた」と報じ、世界各国ベルリン特派員も同じ論調で本国に伝えた。暮れからヒトラーは、またしても党の内紛に悩まされていた。ミュンヒェン一揆以来ともに死線をこえてきた「盟友」フランケン党大管区指導者ユーリウス・シュトライヒャーの「腐敗」を難じるこの地方のSAリーダー、ヴィルヘルム・シュテークマンの訴願に対応を迫られていたのだが、他方一月半ばにおこなわれるリッペ(＝デットモルト)州(人口一七万四〇〇〇人の小州)選挙戦に集中、党の退勢一挙「まきかえし」に必死になっていた。一月四日のパーペン＝ヒトラー会談では、パーペンがヒトラーとの共同統治(一種の「二頭政治」)を提案したのに対し、ヒトラーのほうは自分を首相に任命するよう要求。話し合いの継続を確認して終わった、この秘密会談の挙行事実はすっぱ抜かれ、シュライヒャーを警戒させるに十分だったが、パーペンは九日にはシュライヒャーに、会談は現内閣にヒトラーを入閣させるためのもので内閣打倒をはかるものではないと説明、ヒンデンブルクにも直接会って、ヒトラーは要求を弱めており、右派政党との連立内閣に参加の用意もあると報告したので、大統領も交渉続行を指示した。一〇日夜、二度目の会談がヨアヒム・フォン・リッベントロップ(前年の一九三二年八月にヒトラーと知り合ったばかりで、パーペン同様、貴紳クラブのメンバーだった)の邸宅で開かれたが、ヒトラー首相案には大統領が反対と聞いたヒトラーは次回会談をリッペ州選挙後まで延期。一五日の選挙結果について、七月ピーク時より三五〇〇票減らした事実は頬かむりし、三九・五％の得票率を前回(一一月国会選挙時)より六％も増やす大勝利をおさめたとナチ党は喧伝、フランケンの党内騒動の拡大阻止にも成功した。一七日にヒトラーは国家国民党のリーダー、フーゲンベルクと会見し、政権掌握の暁には、重要な大臣職を保証すると確約した。

一八日、レームとヒムラーを同伴して三回目の対パーペン会談に臨んだヒトラーは、首相職要求の態度をより硬化させ、パーペンはそれを実現するほどの影響力をヒンデンブルクに対し自分はもたないと反論。これ以上の交渉続行は無意味としたヒトラーに対し、仲介役のリッベントロップはヒンデンブルク大統領の息子のオスカルと大統領府官房長官オットー・マイスナーも同席させることを提案、ナチ側もフリック、ゲーリングを伴って四日後の二二日、リッベントロップ邸での三度目の会談が実現した。自らの首相職以外は、フリックを内相に、またゲーリングの何らかの形の入閣さえ認めてくれればとしたヒトラーに対し、パーペンは、自分を副首相にすえるならば、ヒトラーが首相職に就けるよう働きかけるとついに約束、オスカルたちもこれを了承した。自らの地位が危ないと直覚したシュライヒャー首相は、一二月に休会に入り一月三一日再開予定だった国会での内閣不信任提出も見越し、解散命令と次の総選挙延期(→緊急事態宣言)をヒンデンブルクに求めたが、パーペン＝ヒトラー交渉経過情報を知らされていた大統領は拒絶し、なおヒトラーを首相にすえることも拒んだため、焼き直しのパーペン内閣にフーゲンベルクも参画した非常事態政権ができるのではないかという憶測が首都を駆け巡り、それくらいならヒトラー政権のほうがましだという反応も出てきていた。だが、この間のフーゲンベルクとヒトラーの確執をおさめようと全国農村同盟の幹部会員で工業界にも太いパイプをもつエーバーハルト・フォン・カルクロイト伯が国家国民党とナチ党の橋渡し役を買って動く等、大統領への密かな請願は続いており、シュライヒャーは、産業界の農工エリートたちから見放されただけでなく、軍内でも彼を追い落とそうとする動きもナチ派将軍ヴェルナー・フォン・ブロンベルクを中心に活発化し、非常事態宣言の発令を再度大統領に求めて拒絶された一月二八日、退陣を表明した。政権交渉のイニシアティヴを維持し続けていたパーペンが、三一年のハルツブルク戦線を復活させる「国民集中」(右翼統一戦線)内閣を構成すると大統領に保証納得させてヒンデンブルクの難色をようやく「克服」し、二九日から組閣作業が本格化、ついにヒトラーを首相にすえる大統領内閣が一月三〇日午前、誕生した。

第4章

総統兼首相として
——一党独裁のなかの多頭制——

1933年1月30日，ヒトラー首相就任の記念写真．左端ヴァーゲナー，座っているのがフリック，（そこから右へ）ゲッベルス，ヒトラー，レーム，ゲーリング，ダレ，ヒムラー，ヘス

一　一党独裁の完成と対ユダヤ人政策

ヒトラー内閣発足

一九三三年一月三〇日午前一一時過ぎ、大統領ヒンデンブルクはヒトラー・ナチ党総統をドイツ国首相に任命、新首相はただちに憲法にたいして忠誠誓約をおこなった。引き続いて、共和国第二四代目の内閣の顔ぶれが内外記者団に披露された。(二月一日にギュルトナーを加え)一二名の閣僚から構成されたヒトラー内閣(左頁の表)においては、パーペン内閣以来の居残り組が五名おり、しかも外相と国防相は大統領の直接指名によっていた。ヒンデンブルクは特にパーペン、フーゲンベルクをヒトラーに対する一種の錘《おもり》と考えていたが、全体としても権威主義的反動グループがナチ党閣僚三名を取り囲んでいるような観を呈していた。

新しく政府与党になったナチ党＋国家国民党と野党との国会での勢力比は、二四八(一九六＋五二)議席対三三六議席であった。ヒトラーが組閣段階から国会解散をとなえたのは、国民に新政権信任の機会を与えるべきだという理由だったが、新しい選挙で政権党になったナチ党が労働者階級からのさらなる支持を獲得できると期待していたからでもあった。逆に地盤沈下をおそれて選挙に激しく反対

表　ヒトラー内閣

	役　職	所属政党
パウル・フォン・ヒンデンブルク	大統領	
アードルフ・ヒトラー	首　相	ナチ党
フランツ・フォン・パーペン	副首相　兼　プロイセン全権委員	無所属
コンスタンティーン・フォン・ノイラート男爵	外　相	無所属
ヴィルヘルム・フリック	内　相	ナチ党
ヴェルナー・フォン・ブロンベルク中将	国防相→軍務相(1935年5月〜)	無所属
ルートヴィヒ・シュヴェリーン・フォン・クローズィク伯爵	財務相	無所属→ナチ党(1937年〜)
パウル・フライヘル・フォン・エルツ＝リューベナハ男爵	郵政相　兼　運輸相	無所属
アルフレート・フーゲンベルク	経済相　兼　食糧農業相兼東部援助全権委員	国家国民党
フランツ・ゼルテ	労　相	鉄兜団→ナチ党(1933年4月〜)
ヘルマン・ゲーリング	無任所相　兼　航空全権委員→航空相(1933年4月〜)　兼　プロイセン内務全権委員	ナチ党
フランツ・ギュルトナー	法相(1933年2月1日〜)	国家国民党→ナチ党(1937年〜)

したフーゲンベルクに対し、ヒトラーは選挙後も政府改造はおこなわないと保証した。また来るべき選挙は、最後の国会選挙とし、議会主義体制への復帰は永久に避けねばならないとするパーペンの見解にもヒトラーは同意。二月一日の閣議で総選挙(三月五日)告示も決め、「マルクス主義に対する攻撃」を選挙スローガンとした。この日の夜、ヒトラーは首相として初めてのラジオ演説で「一四年間の共和制がおかした罪をつぐなうため、新政権に四年間の猶予を賜りたい」と国民に訴えた。二月三日には、国防相に招かれ、統帥部長官クルト・フォン・ハマーシュタイン゠エクヴォルト邸に集まった軍指導部を前にして、ヒトラーは国民には内密の演説をおこなった。ここでも内政の課題について「ドイツの現在の政治状況を完全に逆転させること。この目標を妨げる思想信条(平和主義)を許さないこと。われわれに素直に従わない者は屈服させねばならないこと。マルクス主義を徹頭徹尾根絶すること。……あらゆる手段によって国防意志を強化すること。国賊・売国奴には死刑を。最厳格の権威主義的国家指導を行うこと。デモクラシーという諸悪の根源を除去すること」などを掲げ、左翼・民主主義勢力の抑圧・解体への決意を披瀝《ひれき》したのであった。

暴力組織の「体制化」

二月四日には「ドイツ国民を防衛するための大統領緊急令」が発せられ、集会・出版の自由が制限され、特に共産党・社民党の選挙集会・機関紙が禁止対象になった。警察の高権(主権)は当時、中央政府(ライヒ)でなく各州(ラント)にあった。ナチスがすでに政権を掌握するか政権に参画している州政府は、全ドイツ一七州中六州を数えていたが、ドイツの領域の三分の二を占めた最大州プロイセンの内務省をゲーリングが掌握したことは、この時点で重大な意味をおびた。「彼はラディカルな手段を有している」とゲッベルスが評したように、ゲーリングは前年七月二〇日のパーペン・クーデタ以降なお職にとどまっていた共和国派の警察幹部を一掃し、かわりにSA・SS将校たちを特別全権委員や警察署長に任命した。また二月一七日には、任務遂行にあたり銃火器の使用を躊躇するなという警察命令を発し、共産党の政府転覆計画の阻止を口実に、ベルリンの共産党本部の家宅捜索を強行した。さらに二月二二日には、当時八万人を擁していたプロイセン警察に、補助警察として五万人の追加採用を決めたが、そのほとんどはSS・SA隊員や鉄兜団《シュタールヘルム》のメンバーであった。共和国秩序の正統性を破壊した党暴力組織そのものの「体制化」がこうして進行していった。

二月二七日、共産党委員長エルンスト・テールマンは公開書簡で社民党、ドイツ労働総同盟、キリスト教労働組合の労働者たちに「反ファシズム闘争同盟」の結成を呼びかけた。この夜、国会議事堂が炎上、オランダ人のマリヌス・ファン・デル・ルッベ(元共産党員)が現場で発見され、放火の現行犯で逮捕された。当時二四歳のこの青年の単独犯行だったのか、それともナチスによる謀略だったのかは、今日なお争われているが、議会制の末路を象徴したかのようなこの事件を、政府は共産党による組織的犯行とたちまち断じ、全国的蜂起の狼煙《のろし》だとして二八日払暁から共産党員の一斉検挙に踏み切った。同日「国民と国家を防衛するための大統領緊急令」が発せられ、「国家を危殆《きたい》に瀕せしめる共産党の暴力行為」から国家と国民を守るという名のもとに、憲法の基本権に関わる条項が停止された。すなわち人身の自由(第一一四条)、住居不可侵(第一一五条)、信書の秘密(第一一七条)、言論の自由(第一一八条)、集会の自由(第一二三条)、結社の自由(第一二四条)、所有権の保障(第一五三条)等、国民の基本的人権が実質的に廃棄された。なかでも第一一四条「人身の自由」の停止により、「保護検束」の合法化が決定的に重大な役割を果たすことになった。バイエルン・アルプスに近い地域の一地方紙は「この緊急令はきわめて厳しい措置を執ることを警告するものだが、(国民に)反対を受けることはないだろう。殺人者、放火犯、毒盛り人に対しては厳しい防御あるのみ、テロに対しては死刑あるのみ。ドイツを強盗どもの巣窟にしようとする狂信者は無害化されねばならないからだ」と大統領令を歓迎していた。三月三日には共産党委員長テールマンが逮捕され、同党員の大量逮捕がその後も続いた。加えて社民党はじめナチの「政敵」とみなされたさまざまな人びとが、四月末までにプロイセンだけでも二万五〇〇〇人以上、身柄を拘束された。

このような騒然とした雰囲気の中、決して自由におこなわれたとはいいがたい選挙戦最終日の三月四日、ヒトラーはケーニヒスベルクからのラジオ放送演説の最後を、先の大戦で東プロイセンをロシア軍から救った大統領と、西部戦線で任務に就いていた自分が、ここで(いま)力を合わせることになったのだと、感情を込めて締めくくった。しかし「国家のあらゆる手段の動員が可能であり、ラジオと新聞も自由にでき、資金にも事欠かない以上、今度の選挙は容易い戦いだ」とゲッベルスが豪語したわりには、五日の選挙の結果は、捗々《はかばか》しくなかった。前回の一一七四万票から一七二八万票（二八八議席、得票率四三・九％）へと五五〇万ほど獲得票を伸ばしたものの、ナチ党単独での絶対多数は達成しえず、国家国民党の獲得議席（五二）と合わせてようやく過半数（六四九議席中、三四〇議席）を占めるに留まったからである。だが新政権への「お墨付き」を得たナチ党は、勝利宣言を華々しくおこなった。ナチの暴力・抑圧にもかかわらず左翼政党は、社民党が一二〇議席（一八・三％）、共産党が八一議席（一二・三％）と健闘したが、二党合わせても三分の一を割り込む結果となった。政府は三日後、共産党の議席剝奪を宣言し、強制的に国会から排除した。中間諸政党は、カトリック中央党が七四議席（一一・二％）、バイエルン国民党が一八議席、その他の市民諸政党も一六議席と、合計すれば一九三二年の水準を維持した。この選挙でヒトラーは合法的「国民革命」の最大の関門をクリアしたといえるし、ドイツ国民の大半は気づかなかったが、ナチスの全体主義的支配を阻止できる最後のチャンスをおそらく逸したのであった。

総選挙の結果

国会選挙当日から、ナチ党の政権掌握がまだおこなわれていない州に対する本格的な攻撃が開始された。中央政府の介入を正当化させたのは、二月末発令された「国民と国家を防衛するための大統領緊急令」の第二条であった。この大統領緊急令自体、ヒトラーではなく内相フリックの発案であり、「一つの州において、公共の安全と秩序を回復するために必要な措置が講じられない場合には、中央政府はその限りで当該州の最高官庁の権限を一時的に執行できる」という規定の適用はフリック当人の判断にゆだねられ、彼は大統領の同意を得ることなく州に対する強制執行を命令することができた。三月中旬までに完了した州政府の強制的ナチ化は、各地方のSA・SSによる「下から」のテロ(州庁襲撃)と中央政府による「上から」の国家全権委員任命とを噛み合わせたクーデタ方式で貫徹された。

これまで民主的に統治されていたドイツ国家のさまざまな公共社会領域における指導的勢力を排除し、代わってナチ支配を確立しその意思を浸透させる「強制的同質化」、ナチ化またその過程を含意する言葉として、ヒトラー政権は「グライヒシャルトゥング」(Gleichschaltung)を用いた。「均制化」を意味し、英語のsynchlonization(〔強制的に〕同調・一致させること)にあたる。当キーワードは、諸州におけるナチ・クーデタを事後的に正当化するために頻用されるようになる。国民世論とさまざまな文化領域の均質化・画一化を狙って、三月一三日、国民啓蒙宣伝省という新官庁が設置され、大臣に党宣伝指導の大立者でベルリン党大管区指導者ゲッベルスが抜擢され追加入閣したのも象徴的だった。

選挙後、ナチスへの政治的敵対者ないし体制にとって「好ましくない分子」(とりわけ左翼政党所属者やユダヤ人)は、二月末の大統領緊急令によって作りだされた例外状態(国民の基本権停止)を最大限利用したSAやSSの恣意的暴力に晒された。特に国会選挙でのナチ党勝利によって、個別テロ行為自体も国民投票の後ろ盾を得たという強弁で一層エスカレートし、ベルリンだけでも五〇を数えたナチスの私設「監獄」は、拉致・拷問された犠牲者たちの阿鼻叫喚の場と化した。

これら無数の残虐行為は、三月半ばには、左翼を中心とした亡命者たちだけでなく各国の駐独外交使節団の通信や特派員の報道によって、国外にも伝えられつつあった。一方この時期には、むしろ国内状況（特に党内事情）を勘案しての動きとも受け止められる注目すべき措置が発出されていた。三月二一日にナチ党機関紙は、ミュンヒェンの北西ダハウにドイツ最初の強制収容所が開設されたと報じている。三月九日から開始されていたバイエルンのナチスによる権力簒奪の過程において、三二歳のSS指導者ヒムラーは、ミュンヒェンの警視総監に就任、「反社会分子」を叩きなおす施設としての強制収容所を同時にSS隊員の組織的訓練場とした。ヒムラーは野放図な暴力行為が多発しないよう、むしろその嚮導化を強調したが、司法機関のコントロールを受けぬことにかわりはなかった。

授権法（全権委任法）の制定

三月二一日は、ちょうど六二年前に帝国宰相ビスマルクがドイツ国民国家創立後初の帝国議会を開いた日に当たっていた。この日ベルリン南西郊外ポツダムの衛戍教会（フリードリヒ大王墓所）では、新ドイツ「第三帝国」初の国会開会式がおこなわれた。帝制軍部の元帥服に身を固めたヒンデンブルクに、燕尾服のヒトラーがおごそかに一礼握手する象徴的な形で伝統的支配勢力と新興ナチスの和合が演出された(ポツダムの日)。この行事には出なかった社民党も、燃え落ちた国会議事堂にかえてベルリンのクロル・オーパー(歌劇場)でこの日午後から開催された本会議に臨み、三月二三日には、政府提出の「国民と国家の危難を除くための法」案への態度表明を迫られることになった。このいわゆる「授権法」(全権委任法)は、予算を含む法律を国会にかわって制定しうる立法権を政府に与え(第一条)、しかもこの法律は憲法に違背しうる(第二条)ものとし、さらに大統領にかわって首相に法令認承権を与え(第三条)、条約は国会の批准を要しない(第四条)としていた。今後四年間の時限立法(第五条)であったが、こうした文字通りの憲法改変には、「少なくとも全議員の三分の二の出席」要件に加え、出席者の三分の二の賛成が最低限必要だった。こうした条件を政府与党だけで充足させる強引な方法も採る決意があると示すため、ヒトラーは当日武装したSA・SS隊員に議場を取り囲ませた。社民党だけでなく、もし中央党が反対に回るならば法案は成立せず、ここにこのカトリック政党の去就が注目された。中央党は、ヒトラーから前日の交渉で、国会・参議院の地位・大統領の権利を保障し、授権法の行使はあくまで制限付きであるという口約束に加え、学校教育における教会の既得権維持を認め、バチカンとの関係改善もはかるという保証を得て、ついに法案賛成を決めた。中央党の決定に関与した高位聖職者のルートヴィヒ・カースは「われわれが同意しなかった場合、ヒトラーは直ちに手荒い暴力手段を用いたことでしょう。……今後の政治展開が法律にもとづいてなされる可能性を残しておくために、われわれは同意せざるをえませんでした」と後日語っている。しかしこれは、国家テロを含む「措置」と憲法に違反しうる制定法も含む「法律」とのデュアリズム(二元制)にもとづく二重国家性の危うさに気づかぬ対応だったと言える。これにより、憲法に制約されない授権法案が、ほとんど無制約の「立法権」をヒトラー政府に委ねてしまうことになった。すでに破壊活動防止法による予防検束のもとにおかれ、あるいは亡命を余儀なくされた議員二六名を欠いた社民党議員団は、ナチスによる脅迫と怒号のなか法案反対を貫いたが、賛成四四一、反対九四で授権法は可決された。

三三年三月末に公布された「諸州の国とのグライヒシャルトゥング(均制化)のための暫定的法」は、一週間前に発効した「授権法」にしたがって州政府に立法権を認め、州議会も再構成すると規定、州次元でも議会制に終止符を打つ政策となった。

反ユダヤ主義的暴力行動

第2章で述べたように、ナチスによるユダヤ人排斥は、ヒトラーの政権掌握以前から党綱領としてはっきり打ち出されており、ヒトラーの首相就任とともに、ただちに第一級の政治問題として前面に出てくるのは、ある意味で当然視されていた。ナチズムの根本原理としての人種論的反ユダヤ主義イデオロギーは、ドイツ人を、ドイツ的血を有する人間として、何より「生物学的」に捉えており、ドイツ国の国家公民たりうる者が、ドイツ的血統者に限られる以上、このポジティヴなドイツ人に対するネガティヴな存在としての「ユダヤ人」は、「異質な人種」とされていた。第二章ですでに概略を述べた一九二〇年二月二四日制定のナチ党二五カ条党綱領の中で、「ユダヤ人」は、ドイツ的血をもたないがゆえに国家公民になる資格はなく(第四条)、したがって本来「正規の成員以外の者(Gast)としてのみ、ドイツ国内に生活するを得るにすぎず」(第五条)、「国家の立法権および執行の決定権」から完全に排除され(第六条)、「国家の全人口の食糧を充たすに足らざるときは、……ドイツ国から追放される」(第七条)ことになっていた。

しかし実際にはヒトラー政権の当面した課題の中で「ユダヤ人問題」そのものが最重要性を獲得したわけではなかった。新政権にとっては、ヴァイマル共和国末期の大恐慌下の混乱を克服して政治的・経済的秩序のすみやかな回復をはかり、権力を安定させることが最優先課題だった。しかし実情は、一九三三年を通じてかなり不安定な局面が続いた。権力獲得そのものがナチ党にとっては棚ぼた式に舞い込んだ僥倖《ぎょうこう》であり、下部の一般党員(特に積極的分子)やSA一般隊員(わけても失業者)(彼らを以下「ナチ大衆」と総称)は、ナチ国家の究極形態・目的について明確な構想を与えられないまま、トータルな権力掌握・政治的独占を期待しつつ、充たされぬ「国民革命」の夢を抱いていた。こうしたナチ大衆の「革命」待望と行動エネルギーは、伝統的支配層(軍、官僚、経済界)の特権的地位に対する脅威をはらんでおり、党指導部の見過ごせない問題だった。

内閣成立直後の三三年二月に左翼の追及とともに始まった五月雨的な反ユダヤ主義的暴力行動は、

以上のような党内情勢と無関係ではなかった。一九三三年二月二七日の国会放火事件と翌二八日の「国民と国家を防衛するための大統領緊急令」は、左翼政治勢力に対する全面的弾圧政策の開始を意味したが、これと相前後して、ナチ大衆は、全国のユダヤ系商店、百貨店への攻撃を開始した。三月五日の国会選挙勝利は、選挙闘争中の数かずの衝突により、ナチ党側に一八名の犠牲者を出したことでナチ大衆の暴力を激化させる結果となり、全国で殺人を含む一〇〇件以上の対ユダヤ人不法行動がひきおこされた。行動の中心部隊となったのは、二月二二日にプロイセン補助警察の役割を承認されたSA、SS、それに営業中間層闘争同盟であった。これらの組織は、ユダヤ系商店、百貨店前でのボイコット強制はじめ、訪れる客のリストアップ、写真撮影による威嚇、商店強制閉鎖、ユダヤ系の人びとに対する直接の暴行虐待、さらに「保安上の理由」にもとづく身柄拘禁にいたるまでの犯罪的な各種行動を全国各地で組織した。

こうした行動は、ナチ党機関紙や集会で煽動されたものであった。ナチ党諸組織のみならず連立相手の保守反動勢力まで「かんなをかければ木屑が落ちる」(大事をおこなうのに多少の犠牲はつきもの)と嘯《うそぶ》いていたが、政府には在外独大公使館からも各国の反応を懸念する報告が寄せられるようになり、三月一〇日にはヒトラーから党・SA・SSに対し「行き過ぎ」行動の中止が命じられ、隊紀・党紀を遵守するよう訴えかけがなされた。ドイツ工業全国連盟幹部会はこうしたナチ大衆の暴発について政府およびナチ党に厳重抗議していた。しかし、ヒトラーの命令は遵守されなかった。たとえばブレスラウ（現ポーランド、ブロツワフ。当時はドイツ領）では翌一一日にユダヤ系百貨店がこの都市のSAに襲撃され、さらに地方裁判所からユダヤ系の弁護士や裁判官が街頭に引っ張り出されて暴行を受けるという事件がおこっている。三月一四日には内相フリックが各州政府に回状を発し「全国無数の地域で商店閉鎖・脅迫がますます増加している。かかる事態によって商店所有者のみならず、購買大衆、さらに一般経済秩序までが重大な被害を受けた。かかる恣意的な行動によって国家の権威もドイツ復興に不可欠の信用回復も損なわれている」と訴えざるをえなかった。折しもナチスによる各州のグライヒシャルトゥング、「征服」が進行しつつあったときであり、フリックの要請がどこまで実効性をもちうるかも、きわめて疑わしい状況であった。ナチ党指導部は、この回状送付一〇日後ようやく恣意行動禁止命令を党員に発している。

ボイコット運動の顚末

ナチ大衆のこうした反ユダヤ主義的行動は、すでに言及した左翼への暴虐と合わせ詳しく世界に報じられた。こうした情報を誤報や根拠ない噂の類にすぎないとして片付けようとした独外務省の当初の安易な対応も反感を買い、米英仏蘭ベルギー・ポーランド等で、ドイツ商品ボイコットへの動きをさらに加速化しつつあった。宣伝相ゲッベルスは、この波への「報復」として、ドイツ国内のユダヤ商品に対する正式のボイコット政策へいよいよ高まっていく動きを正当化しようとした。特に英紙

『サンデー・エクスプレス』の「ユダヤはドイツに宣戦布告」と題された記事を足掛かりにしようとしたが、実際の記事の内容は、イギリスの商業界が、独商品ボイコットでナチによる(対外国人含む)暴行を阻止せんとしている動きを伝えるものだった。英国内ユダヤ人はもとより他の地域のユダヤ人も、こうした報道傾向がむしろ独国内ユダヤ人の立場をかえって一層困難にするとして、これには反対だというのが本音だった。ゲッベルスは外国報道を「ナチ・ドイツ＝残虐」とするデマ・プロパガンダであると一蹴するにとどまらず、こうした非難攻撃には、その張本人たる、あるいは少なくともうまい汁を吸っている独国内ユダヤ人の首根っこをおさえてはじめて十分対抗できるとし、ヒトラーと協議の上で、四月一日を期してユダヤ系商店、医師、弁護士に対しボイコット運動を展開するよう、全国の新聞を通じて呼びかけた。ヒトラーは後景に退いて事態に超然としているかのごとくふるまったが、実際にはゲッベルスに同意のサインを送っていた。ナチ体制の下での反ユダヤ主義運動の第一波は、ここに「上から」認められた全国行動として合法化され、いよいよ盛り上がる気配を見せた。ボイコットが「世界ユダヤ人」(ドイツ国内外のユダヤ人を総称する反ユダヤ的用語)によって強いられたドイツ国民の防衛策と正当化され、しかも行動はあくまで党次元の問題であることが強調された。国内ユダヤ系組織諸団体、各国外交官による中止要請工作が舞台裏で直前まで進められたが、党は威信の問題としてのみならず、ボイコットを通じて反ユダヤ主義プロパガンダが国民にどの程度の影響力を持ちうるかを験《ため》す意味でも、強行に踏み切った。行動委員長にはナチ党フランケン大管区指導者で、反ユダヤ主義宣伝紙『シュテュルマー』の編集人でもあったシュトライヒャーが就任した。

ところが、ボイコット行動委員会の全国本部がおかれたミュンヒェンでは、全国一斉行動がとられた四月一日より前に、はやくも住民の間に微妙なリアクションが出始めていた。市民たちは一日以降の商店閉鎖も見越して買いだめに走り、ユダヤ系商店に殺到、歩哨に立っていたSA隊員たちが引きさがらざるをえぬ状況を作った。当日も市の中心部にあるユダヤ系商店の前は黒山の人だかりとなり、目抜き通りを走る市電がしばしば立ち往生し、SA部隊が出動する騒ぎとなった。集まった市民がはっきり抗議行動をとったわけではなかったが、閉店を余儀なくされたユダヤ系商店前に集まった人の数は決して少なくなかった。

目算が狂った党は、ボイコット運動の中止を決め、二日後に正式の終了宣言を発し、「今回のボイコットは一連の措置の予行演習にすぎない。現在ドイツを攻撃している世界世論に変化の兆しがあらわれなければ、われわれは本格的な措置を講ずることになる」と強弁した。国内五〇万人のユダヤ系の人びとに対する経済的排除政策の皮きりであった四月一日当日、ベルリン・ルストガルテンの示威集会場にあらわれたゲッベルスは、「外国の「ドイツ人=残虐」プロパガンダが最終的にやまなければ、〈国民的高揚〉のボイコット行動をドイツのユダヤ人種絶滅にいたるまで続けよう」と叫んだ。ドレスデンの語学文献学研究者でユダヤ系のヴィクトーア・クレンペラーは、この二日前の日記に「まるでポグロム(組織的大迫害)の前夜のような雰囲気だ」「私たちは今や人質になっている。このおそるべき支配はまず長くは続かない、しかし(短期間に)私たちを奈落の底に突き落とし葬り去るであろう予感が圧倒的である」と記していた。

四月一日にプロイセンや中部ドイツ諸州でユダヤ系裁判官、書記、弁護士多数(ベルリンでは教員も)がその地位を追われたのは、看過しえない事態だった。すでに三月末から、ナチスにとって望ましくない公務員のパージを進める法案が準備されつつあったが、一週間後に早々と公布されたのも、四月一日の事態を受けての対応だった。製鉄大手クルップを会長に仰ぐドイツ工業全国連盟幹部会も、四月六日、「非アーリア」=ユダヤ系幹部会員および連盟事務局員の解任と組織の全面改組を決定している。以後進捗していくことになる、ユダヤ系ドイツ人の公的生活からの排除は、四月ボイコットを一つの重大な起点にしていた。

他方、前述のようにボイコット運動の重大なマイナス効果は、やはり諸外国の反応だった。ナチスの反ユダヤ主義に対する世界各国からの非難攻撃は、むしろ四月以降強まった。ドイツ経済が世界的規模でのボイコットに耐える力を持っていないこと、しかも外国在住のドイツ人に報復措置が執られた場合、それを防護する手段がないことを、結局ナチ党指導部も認めざるをえなかった。保守派からはヒンデンブルクにドイツの外交的孤立を懸念する声が寄せられたから、政府・党指導部は、四月ボイコット以後のさまざまな動向、「ユダヤ人問題」に対する反応に留意しながら慎重に行動しなければならなかった。他方、ナチ党の地方組織は、こうした国政的観点に直接拘束されることなく、ボイコットを続行しようとした。

諸政党の解体

四月七日には「職業官吏階級再建に関する法」が公布され、「一九一八年一一月九日（ドイツ革命）以降、経歴として定められた教育を受けずあるいはその他の素養を有することなく……官吏生活に入った者は免職」となった（第二条）。共産党の党籍を持つ者はもちろん、社民党や民主党の党籍をもつ者や、共和国成立によってあらたに入省できた民主的少数派の公務員（含教員）も排除された。「非アーリア」＝ユダヤ系の官吏も退職させられることになった（第三条）。しかし大統領ヒンデンブルクの介入で、第一次大戦時すでに公職に就いていた者、あるいは父子に戦死者がいる者は、規定の適用から除外された。

ヒトラーが首相に任命されたとき、外務省では新政権に仕えることを潔しとせず直ちに辞任した駐米大使フリードリヒ・フォン・プリトヴィッツ・ウント・ガフロンのような硬骨の外交官もいたが、こうした行動はあくまで例外的で、ヒトラーの政権掌握後外務省入りした者は全てナチ党に入党するというのが一般的な行動様式であった。もっとも、それ以前に入省していた高級外交官の五八％は入党しておらず、ナチスのグライヒシャルトゥングも職業官僚制の伝統的な堡塁といわれた外務省に対しては容易に進まなかった。このため外務省とは別個に党独自の対外政策機関が併設され、しかもこれは乱立の観さえ呈し、政策次元においてのみならず組織的・人的レベルでも対立競合が多くみられた。アルフレート・ローゼンベルクのナチ党対外政策局（三三年四月一日設立）、エルンスト・ヴィルヘルム・ボーレのナチ党外国組織部（同年五月八日）、ヨアヒム・フォン・リッベントロップのリッベントロップ事務所（同年春）のほか、ゲッベルスの宣伝省、ヒムラーのSS、さらには総統代理ヘスのもとに設けられた民族ドイツ人連絡センター等も、ドイツ外政にコミットし、対外政策決定・執行過程の混乱に拍車をかけるようになる。

　職業官吏階級再建法公布と同じ三三年四月七日、「諸州の、国とのグライヒシャルトゥングのための第二の法」が公布され、州首相任免権をはじめ、州政府の政治に介入し得る広範な権限を有する国家総督《ライヒスシュタットハルター》のポストが、「ライヒ（中央政府）首相の打ち立てた政治原則の（州における）遵守を促進するため」新たに設けられた。大統領による総督の任命は首相の提案にもとづくとされており、地方政府に対する中央政府のコントロール権の著しい強化がはかられた。すでに地方政権のナチ化は完了していたのに、なぜこの時点でことさら国家総督という新ポストが設けられたのだろうか。この場合、権力を握ったナチ党地方リーダーたちに顕在化した割拠主義（とりわけバイエルン州には五人の党大管区指導者たちが存在し、ナチ系の州首相に対して、自分たちも党総統ヒトラーに直属していると主張）に対する制御、また「ナチ革命は完了していない」とする党内のラディカルな分子たちに対する掣肘の意味合いが濃厚であった。プロイセンではヒトラーみずからが国家総督になり、これに伴ってプロイセン全権

ヒンデンブルク大統領と集会に向かうヒトラー（1933 年 5 月 1 日）

委員パーペンは退任させられ、かわってゲーリングがプロイセン州首相に就任した。

左翼抑圧、州の「均制化」、国会屈服、ユダヤ人排除の次は、諸政党の解体だった。四月一一日には、ヴァイマル共和国期にシュトレーゼマンによって代表されたドイツ国民党が解散状況に追い込まれた（正式解党は七月四日）が、ナチ党の連立相手、ドイツ国家国民党さえも、授権法が通ってしまえば、もはや用済みのパートナーでしかなかった。以後七月上旬に、ナチ党以外の全政党が全て公的舞台から消されるまで多党制崩壊の過程が進行する。労働組合は政党とのこれまでの緊密な関係を断つことによって組織の延命がなお可能だと判断しており、社民党との関係を断った自由労働組合系は、四月の経営協議会の労働者代表選出において全体（総同盟）の七三・四％を確保（これに対してナチ型労働組合組織ともいえたナチ経営細胞組織ＮＳＢＯは一一・七％）、五月一日メーデーも新体制下「国民的労働の日」と名称を変えながら初めて有給の国定祭日として認められ盛大に祝われた。しかし翌五月二日早朝、ＳＡ・ＳＳによって全国の労働組合総同盟の建物が一斉に急襲占拠され、組合資産が差し押さえられ、役員は検束された。ヒトラーが信任し、労働組合解体をすでに準備していた「ドイツ的労働を保護するための行動委員会」指導者ローベルト・ライは、五月一〇日、「ドイツ労働戦線」の旗揚げをおこない、旧組合員をこの新組織に編入し、ドイツ最大の大衆組織(創設時公称八〇〇万人)を作った(ヒトラー四四歳)。

ドイツ・シオニスト連合

バイエルン州のグライヒシャルトゥング過程で政治警察を掌握したSS指導者ヒムラーは三三年五月一二日、「政府に対するユダヤ人の原則的敵対の態度」を理由にミュンヒェンのすべてのユダヤ系組織に対し家宅捜索を含む一斉強制捜査を強行し、その三日後には「価格操作」の廉で一六九名のユダヤ系の人びと(ほとんどが小商店主)を検束した。これ以後バイエルンのユダヤ系組織は、慈善的・宗教的なものを除き、全て活動を禁止された。恣意的な抑圧政策の連続とショックによって、ヒトラーの政権掌握以後半年も経過しない六月までに計約二万五〇〇〇名のユダヤ系の人びとがドイツの町や村から姿を消した。左翼とともに強制収容所に送り込まれ虐殺されたり、自死に追い込まれた人びとも少なからずいたが、他の大部分(二万人以上)が移住・出国の道を選択した。このうち、海外に移住した者は二六%、出国者の七四%はなおヨーロッパ大陸、それもドイツ近隣諸国に留まっていた。反ユダヤ主義を克服することはできないという立場のドイツ・シオニスト連合は、ナチスによる「ユダヤ人問題」の解決を受容し、パレスティナでの国家建設のために出国を組織していくという明確なプログラムを有していたが、ドイツのユダヤ系の人びとに対する組織率は、ヒトラー政権成立時には二%にもみたなかった。すでに述べたように一〇年前の一九二三年はヴァイマル共和国がルール危機に遭った年で、一般ドイツ人の出国率(一%)をこえてユダヤ人の出国率(七%)がはるかに高かったが、アメリカに出国したユダヤ人が一万名に近かったのに対しパレスティナに向かったドイツ・シオニストたちは四〇〇名に満たない少数派であった(この時も近隣のベルギーやフランスに出国する傾向が際立っていた)。ドイツのユダヤ系の人びとの圧倒的多数は、第二帝制期から共和国期を経てナチ時代を迎えてもシオニズム運動には距離をとり、あくまでドイツに踏みとどまろうとしていた。

三三年六月に入るとドイツ第二の百貨店、ユダヤ系ヘルマン゠ティーツ(通称「ヘルティ」)がうち続くボイコットによって破産の危機に瀕し、一万四〇〇〇人の従業員(ほとんどは一般ドイツ・クリスチャン)と無数の系列企業を抱えたこの大資本の救済に政府は乗り出さざるを得なかった。当初拒否的姿勢を示したヒトラーをシュミット(経済相フーゲンベルクの後任、下記参照)は説得し、ヘルティに対する巨額の信用供与が決定された。ナチ党内ではこの措置に対する批判の声が高まったが、党指導者・政府閣僚からは、国家行政・経済への(「下から」の)恣意的介入を禁ずる各種声明が発せられた。

一党独裁の完成

六月一二日からロンドンで開催された世界経済会議の席上、経済相フーゲンベルクは、旧ドイツ領アフリカ植民地の回復をはじめ露骨な(帝国主義的)要求を含んだ不用意な覚書を提出し、これが致命的なスキャンダルとなって閣僚を辞任。新経済相にはアリアンツ保険(株)支配人でナチ党のクルト・シュミット、新食糧農業相にはSSの人種・植民局長リヒャルト・ヴァルター・ダレが就任した。事件はさらに国家国民党解党の事態を招いた(六月二七日)。ナチ党・国家国民党連立政権成立に際して政府の構成を変更しないとした約束を、ヒトラーは反故《ほご》にした。ドイツ社会民主党は、チェコ・プラハでの新しい党機関紙『ノイアー・フォアヴェルツ(新・前進)』の発刊をはじめとした亡命グループの活動が「反国家・反国民的」とされ、六月二二日ついに禁止された。ドイツ民主党の後身、国家党も、社民党と選挙協力をおこなったという理由で解党を余儀なくされた(六月二八日)。諸政党の中で最後まで存続していた中央党も、七月五日に自主解散を明らかにした。バチカンはドイツの政治的カトリシズムを見殺しにするも、それとひきかえにヒトラー政権との政教条約締結に漕ぎつけた(七月二〇日)。これにより、ドイツにおけるカトリック教会の存続が認められ、一方で聖職者が政治にかかわることは事実上禁止された。ローマ教会の伝統的権益が優先されたといえよう。

ヒトラーは七月六日の全国国家総督会議の場で、「いまや諸政党は最終的に除去された」と述べた。パリの民衆によるバスティーユ襲撃から一四四年目となる一九三三年七月一四日(フランス革命記念日)を意識的に選んだゲッベルスは、ナチ党以外の政党をいっさい認めない「新党設立禁止法」公布をラジオ告知の形でおこなった。ヒトラー政権成立後六カ月足らずのスピードで、名実ともに一党制の独裁国家が成立したのである。

ユダヤ人資産の移転協定(ハアヴァラ)

だがこれでヒトラーとナチ党がドイツの無制約な支配者になったとはいえなかった。ユダヤ人問題がその後どのような展開をみせたか、辿ってみると明らかである。ヒトラー政権成立以降、ユダヤ人排除論に直面させられたユダヤ人にイニシアティヴをとりうる可能性があるとすればそれは出国問題をおいて他にない、という立場をドイツ・シオニスト連合は明らかにしていたが、この年の夏、経済省を窓口にしてユダヤ人のパレスティナへの出国および資産移転とドイツ商品のパレスティナへの輸出をセットにしたトランスファー(移転)協定がドイツとパレスティナ・ユダヤ機関の間で結ばれた。当協定は移転(トランスファー)を意味するヘブライ語の「ハアヴァラ」という名で呼ばれたが、これによりパレスティナへの移住者は、移転すべき資産をドイツ通貨でベルリンの信託会社に預け入れ、それを信託会社が管理する。この特別口座からパレスティナ向けドイツ輸出商品に対する支払いがおこなわれ、パレスティナに移入した人びとは、ドイツに残してきた資産の対価をドイツ商品の販売によって獲得されるパレスティナ・ポンドで受け取るというシステムが出来上がった。

「ハアヴァラ」協定は、ヴァイマル共和国以来外貨不足に悩まされてきたドイツにとって外国為替取引の観点からはメリットがなかったにもかかわらず、政府を協定成立へと促したのは、ドイツ商品に対する世界的ボイコットの影響について、経済界でかなり深刻に受けとめられていたことがまず挙げられる。わずかでもハアヴァラによる輸出の促進が雇用の促進につながることも期待された。第三に、当時パレスティナは、かなりの人員規模での移住が可能な唯一の地域だったこともある。協定にヒトラー自身は異議を唱えなかったことも注目に値する。

一党制国家の多頭政治

第三帝国のユダヤ人政策において政策決定の中心にいたのはもとよりヒトラーであり、彼の役割と影響力は、他のいかなる政策当事者、アクターともことなった決定的なものであった。しかし政策決定過程の実相は、彼を頂点とした一枚岩的なものというには程遠かった。「ユダヤ人問題」をめぐり、彼の周囲には数多くの政策担当組織が控え、各当事者はそれぞれの組織利害に導かれつつ競合し相互に牽制しあっていた。対ユダヤ人政策に関しても、政府・ナチ党レベルで少なくとも約二〇の機関が参画していた。内務省、国民啓蒙宣伝省、外務省、経済省、為替管理庁、法務省、教育省、国立中央銀行(ライヒスバンク)、四カ年計画庁、ナチ党全国指導部、党総統代理幕僚部、ナチ党ライヒ法務局、ナチ党対外政策局、ナチ党外国機関、ゲスターポ(秘密国家警察)、SS、ドイツ法律アカデミー、ライヒ文化院、ライヒ新ドイツ史研究所等、多数の組織が「ユダヤ人問題」に関する政策立案に何らかの形でコミットしていた。諸官庁・党諸機関はフューラーから受け取る大小の可能性を追求しながらそれぞれの既得権益維持・政治的発言力増大等の思惑を抱いて「ユダヤ人問題」に携わっていた。フューラーをめぐるこうした〈政府内政治〉の展開は、関係各省・党組織レベルのみならず同一組織内の部局課レベルでも見られた現象である。例えば内務省内では、第一局(国政・行政・官僚)のユダヤ人問題課だけでなく内務省官房人種研究専門委員や第二局(ライヒ国民健康サービス)、また「ライヒ移住組織部」、さらに「ライヒ人口政策委員会」の人口・人種政策諮問委員会と五つの部局が絡み、内相フリックに進言したり注文をつけたりした。様々なレベルで機能交錯・対立・人的同君連合の複雑な関係を織りなした国家とナチ党は、終審的存在としてのヒトラーにその止揚された表現を見出した。

この一党制国家においては一九三三年一二月一日「党と国家の統一を確保するための法」が公布され、「国民社会主義(ナチ)革命勝利のあと、党はドイツ国家思想の担い手となり、国家と分かちがたく結びつけられている」(第一条)と規定されたが、両者の関係はこれで明確に定式化されたとはいえず、様々なレベルでの摩擦や軋轢《あつれき》も解消されたわけではなかった。ただ、党(政治組織)とSAに「公官庁との協働を保証するため」(第二条)、党総統代理ルードルフ・ヘスとSA幕僚長レームがともに(無任所相として)入閣した。「闘争期」(ヴァイマル共和国期)からしばしば相互に対立してきた党とSAがここでは対等に並べられ、ともに「指導的な、運動の生き生きした力」と持ちあげられていた。二人の入閣で内閣において党閣僚が非ナチ閣僚を数の上でも上回るに至った。特定の部局をもたぬ無任所相ながら、実質「党大臣」(Parteiminister)とも称されたヘスは、国家装置への党の介入を保証する機能をにない、諸官庁の法令成立前の審査権をも持つにいたった。また党が官僚に専門的能力のほかに「政治的信頼性」を要求することで、特に高級官吏の任用、昇進をコントロールする立場にあり、そうした人事政策の意味においても、ヘスは党から国家への要求を媒介する交点に位置していた。「国務の遅滞」は許されない一方で、ナチの政治的熱意が官僚の専門能力を代替しえない場面もあり、この面での綱引きは続いていった。

対ユダヤ人政策をめぐるナチ党と国家官僚機構との相互関係について付言すれば、政策決定への党側の関与度は相対的に大きかった。加えて各省庁にはナチ党のさまざまな〈ロビー〉とも呼ぶべきグループがそれぞれ存在したこともこうした傾向をより強めた。しかし一見ナチスの専売特許のように思われる「民族衛生学」的人種政策に対して、国家官僚の側でもこれに十分対応していける専門部局やスタッフを擁していたことは、内務省の例で一瞥したように明らかであろう。また一九三三年の権力獲得段階ですでにナチ党内に生じていた競合や組織的分断を考慮すれば、党と国家を截然《せつぜん》と分ける二元制の枠組みにおいてのみユダヤ人政策の展開を見ることの問題性も明白である。その好例を示しているのがナチSSと他組織との関係である。SSが最終的にはユダヤ人絶滅政策の執行者の役割をになうことになった事実から、この組織が最初からユダヤ人政策をその手に集中・独占していたかのようにみなされがちである。だが、このSS（具体的には情報組織「保安部」SDのユダヤ人問題課）のエキスパートも、出国政策を統合しつつあった一九三八年前半段階でなお八つの国家機関、五つの関係党組織と折衝・調整を繰り返さなければならなかった。このSD《エスデー》(SS保安部 Sicherheitsdienst の略称)のユダヤ人政策に横槍を入れたり阻害したりする勢力として局面によっては国家官僚以上に党組織が前面に出てくる場合もあった。

ヒトラー政権の特徴

ヒトラーは首相就任時から、各種命令を自署入りの文書の形で残すのをできるかぎり避けた。一九三三年三月二三日の授権法(全権委任法)制定によって、内閣がドイツ国会の立法権を奪い、国家権力の中心になった。ヒンデンブルク大統領にかわって法律の認証・公布権も握った首相ヒトラーは、ヴァイマル共和国期の票決制を残した閣議そのものを嫌い、しだいに開かなくなっていく。一九三三年一月三〇日のヒトラー政権成立から同年三月末までの二カ月間に三一回(平均二日に一回)開かれた閣議は、続く四~六月の三カ月間で二〇回に減り、一九三三年末までの半年間で二〇回と開催率自体半減(一九三三年はそれでも計七二回開催)。三四年は計一九回、三五年は平均月一回の一二回、三六年は計四回(各シーズンに一回)、三七年は六回、三八年は二月四日開催の一回だけとなり、以後は全く開かれなくなった。このような過程が進行した理由としては、上述のようにナチ党における自らの支配を政府閣僚によって閣議の場を通して拘束されたくない、という意識が多分にあった。もっとも青少年期以来ヒトラーの習い性になっていた怠惰な生活スタイルも影響していただろう。平時から重大な政策決定がしばしば閣議外でなされ、また一種の縮小集中内閣とも呼べる国防評議会等も総統布告により発足したが長続きせず、いきなりヒトラーの意思が表明される場合も往々にしてあった。

法制定も大臣の合議によらず回覧方式による決裁の形がとられ、諸官庁の調整の役割は総理官房長(三七年以降政府官房長官)のハンス・ハインリヒ・ラマースが担い、ヒトラーに提示される法案もラマースの判断によった。ヒトラーは政治的に重要とみなす案件については、短い原則の形で自己の基本的考え方・設定目標を確認するにとどめ、個々の具体的事案は各大臣の処理に委ねたから、実践的細目以上の重要性をはらんだ内容の決定権が所轄官庁に移行した。とくに戦争期になってくると、この傾向はますます強まり、一九四一年を例にとれば、回覧による制定法一二、総統布告二四、総統命令九、国防閣僚評議会命令二七に対し、所轄官庁関係命令は三七三を数えた(全体の八三・八%)。次の年には、このような省庁命令のかたちで出された法律が四六四にのぼり、全体の八八%にも達した。政府は、ラマースによってヒトラーとの接見を規定され、総統権力に個別に従属する所轄官庁の「多頭制、多頭支配システム」(Polykratie, 英 polycracy)に分解した。ヒトラーが内閣から〝解放〟された分、個々の大臣の独立性は増したが、このような官僚政治によって法と行政の統一性は損なわれた。

国家諸官庁の外で、新たな任務を遂行するために法令を公布し、国家・党のあらゆる機関に指示を与えうる権限をもった「全権」(Generalbevollmächtigter)、「受任者」(Beauftragter)、「国家委員」(Reichs-kommissar)を次々に設けていったところにも総統の権力がしめされていた。しかし、いくつかの官庁の所轄に触れ、しかも権限の枠内では当該大臣をも従属させうる権能を有する「全権」「国家委員」等への委任の中身は極めて一般的であり、具体的な措置の効果は、行使する者の政治的影響力しだいであったから、権限のカオスはさらに昂進することになった。

第三帝国における権力構造のこうした多頭支配的なあり方がどのようなインパクトを与えたかについては、ナチ体制研究の泰斗ハンス・モムゼンが首唱した「累積的急進化」のテーゼがよく知られている。権力諸集団の競合・対立が、(わけても対ユダヤ人)政策のラディカル化・過激化をもたらしたという。ユダヤ人政策の場合、体制初期からアウシュヴィッツへ一直線に向かったわけではなく、紆余曲折を経て、絶滅政策に行き着いた点は、モムゼンも十分に認識していた。最終的に不可逆の絶滅政策にまで立ち至ったという重大なベクトルを多頭支配のダイナミズムがもっていたことを彼が見据えていた点にこそ、このテーゼの今日的意義を私たちは見出すべきであろう。

二 政敵の粛清――「長いナイフの夜」

深まるSAとの軋轢

SAは一九三三年四月には保守派最大の軍人団体「鉄兜団《シュタールヘルム》」も編入し、三四年春の時点で隊員の数が三五〇万人に膨れ上がっていた。その処遇はしだいに問題化しつつあった。SA大衆の圧倒的部分は、堅実な職業生活を固められないうちに一九二九年大恐慌のあおりをもろに喰って行き場を失った世代、すなわち一八～三〇歳の青年労働者、職人見習い、学生など、兵役を経験しない若者から構成されていた。褐色の制服で知られるこの大衆部隊の現状変革を求めるエネルギーは、組織労働者やマルクス主義左翼に対する攻撃だけでは解消されず、反エリートや反既成権力といった不穏な空気をもはらんでいた。これまで左翼政党・労働組合の解体、各地方政権・社会諸団体のグライヒシャルトゥングを進めていく上で、SAの存在はなくてはならないものであった。だが、その過程が終了し、ナチスの社会的目標貫徹のためにSAが大きく寄与する機会が失われたにもかかわらず、「ナチ革命は終わっていない」とさらなる要求をヒトラー・党・伝統的支配勢力に対して突きつけていったとき、SAとその隊長レームの進路は袋小路に陥ったといえよう。

ヒトラー政権掌握時の失業者数は六〇一万三六一二人であったが、その後減少し続け、三三年一一月末には三七一万四六四六人と一年経過しないうちに三分の一以上縮減したものの、そのひと月後には四〇五万九〇五五人と再び予断を許さない傾向が出てきていた。「国民高揚」政権成立後もいっこうに改善されない経済生活について、さまざまな社会層の不満が噴出しかねない状況は、なお続いていた。こうした状況下で、国防軍は三三年一二月二一・二二日の軍管区司令官会議で重大な決定をおこなった。国境防衛団活動をはじめ秘密再軍備を通じたSAとの緊密な関係を解消し「入営前の訓練以外は全て(編制指導・準備、軍事訓練等)国防軍の管轄である」として、今後の募兵軍隊がもっぱら国防軍によって指導・訓練されるべきことを明確にしたのである。SAを将来の「大国民軍」(当面は民兵)の主翼にする構想を抱いていたレームと国防軍首脳部との対立は、この時点から決定的になった。

一九三〇年九月以来SA司令官でもあったヒトラーは、国防相ブロンベルクの決断要求にしたがい、三四年二月二八日、国防省に軍首脳とSA幹部を集め、レームの「民兵」構想をはっきりと斥け、再軍備という差し迫った課題における軍の優位を確認した。国防軍は三月一日付けでSA配属の軍将校たちの一斉引揚げを命令した。これ以後、各地のSA閲兵式でレームは「反動」という言葉で国防軍・官僚・警察などを暗に非難し、自分たちが行う革命は「国民革命」ではなく「国民社会主義革命」(「下からの革命」)であると強調した。一方、宣伝相ゲッベルスは五月一一日「国家にとって有害な分子に対する闘争」を呼びかけ、「不平家たち」「揚げ足取りども」の動向に注意するよう促した。すでに大統領ヒンデンブルクは重篤状態で、八七歳の年齢からおしても余命いくばくもないことが取り沙汰されるなか、ナチ党の宣伝家たちは「第二革命」の不穏な動きに警告を発する一方、君主制復活の動き、「反動」の策動にも警戒するよう訴え始めていた(ヒトラー四五歳)。

ナチズム運動の不安定化を窺っていた副首相パーペンは、六月一七日マールブルク大学で講演し、反マルクス主義革命を進めたにもかかわらずナチスの第二波のほうはマルクス主義のプログラムを推進していると攻撃し、喝采を浴びた。ゲッベルスは関連報道をさしとめようとしたが、禁止が間に合わなかったフランクフルト放送から講演内容が流れ、人びとの知るところとなった。六月二一日ヒトラーはヒンデンブルクを見舞い、一週間前にヴェネツィアでおこなわれたムッソリーニとの初会談について帰国報告をおこなった。ヒンデンブルクはこのときヒトラーに対し、SAによる国防軍「政治化」の企図を中止させるよう要求したともいわれる。二二日以降、SSと国防軍は、SAの「クーデタ」計画、「一揆」に対する警戒措置をとりはじめ、相互の連絡会議も開かれた。

「レーム事件」

六月二八日、ヒトラーは側近を伴ってエッセンでのナチ党大管区指導者ヨーゼフ・テルボーフェンの結婚式に参列し、午後はクルップの工場を視察した。この間軍とSS・政治警察は協力して出動態勢を整えつつあったが、同日夜ヒトラーは自らの休養指示でバイエルン・バートヴィースゼー湖畔に宿泊していたレームに電話し、三〇日午前SA幹部を集めるよう命令した。二九日午後、ヒトラーはSSの完全武装部隊アードルフ・ヒトラー護衛隊の責任者ゼップ・ディートリヒをよび、ミュンヒェンに飛んで部隊を指揮するよう命じ、自らも午前二時ボン空港を発ってミュンヒェンに向かい、午前七時すぎバートヴィースゼー湖畔のホテル・ハンゼルバウアーを急襲、レームたちを逮捕した。

ミュンヒェンのシュターデルハイム刑務所に拘引されたSA指導者たちに対するヒトラーの銃殺命令がその日の夕方から執行された。またヒトラーの命を受けてこの日ダハウ強制収容所その他に拉致されたかつての「政敵」、たとえばミュンヒェン一揆のときにヒトラーを「裏切った」とされるバイ

エルンスト・レーム(後ろにハインリヒ・ヒムラー)

エルン総監カール、さらに共和国末期、ゲーリ・ラウバルの死をヒトラーによる犯行とし、ナチ政権をその権力掌握の不当性・不法性を理由に徹底的に批判したフリッツ・ゲルリヒやイングベルト・ナープらによる機関誌『まっすぐの道』に拠ったジャーナリスト・グループのメンバーも虐殺された。ベルリンでも、ゲーリング、ヒムラー、ハイドリヒたちの指令によって行動が開始され、まず正午過ぎ、前首相シュライヒャー将軍が夫人とともに自宅で殺害された。共和国末期プロイセン内務省で警察局長をつとめた「カトリック行動」指導者エーリヒ・クラウゼナーも、転出先の運輸省で射殺された。自宅拘留状態におかれたパーペンは辛うじてその後に命をつないだが、六月一七日の彼の講演を起草したエトガー・ユングが犠牲になったほか、やはり側近だったヘルベルト・フォン・ボーゼも殺された。シュライヒャーと関係が深く、三二年一二月には党をあわや分解の危機へと追い込んだグレーゴア・シュトラッサーも、ゲスターポ本部地下獄房に拘引され房内で射殺された。三日間続いた殺人作戦の犠牲者は、公式発表では九〇名(うち女性は三名)であったが、実際には二〇〇名以上と現在では見積もられている。

この粛清に際しては、ヒトラー自身、血祭りにあげる人物のリストを用意して「処断」済みのチェック印をつけるほどであったのに、今日でも「レーム一揆／レーム事件」などと呼ばれるように、SA側にあたかも反乱計画があったかのごときイメージが事件に固着している（五世紀の故事にちなんだ「長いナイフの夜」が最近では、事件の「代名詞」になっている観がある）。この事件を、無辜《むこ》の人びとを組織的に殺害するというナチ国家テロの重大な第一歩であったと世界史的に意味づけたのは、ようやく第二次世界大戦後、連合国がナチ体制指導者たちを裁いたニュルンベルク国際軍事裁判の場においてであった。しかし一九三四年七月三日当時の「国家の正当防衛に関する法」は、「大逆罪および反逆罪構成の攻撃を鎮圧するために六月三〇日、七月一日、二日に執行された措置は、国家の正当防衛として適法である」という、たった一条をもって、この「上から」の犯罪行為を合法化した。ヒトラーは七月一三日の国会演説において「この危急のとき、私はドイツ国民の運命、したがってドイツ民族の運命に責任を有する最高裁判権者であったと申し上げるしかありません」と大見得を切り、党国会議員だけから構成された議場で大喝采をあびた。

一般の人びとが「レーム事件」に示した反応は次のようなものだった。「ヒトラーはナチ体制内部の堕落分子を攻撃した」「ヒトラーは一般民衆の代表の資格で、横暴なボスたちに制裁を加えた」「ヒトラーこそは道徳と正義と秩序の代表者であり、体制内の悪の清算者だ」云々。三三年春までに出国したユダヤ人のうち、事件後一万人がドイツに帰還したのも、反ユダヤ主義の波はこの「粛清」でおさまると踏んだからであった。

オーストリアでの動き

この間隣国オーストリアでは、三四年五月一日の新憲法によって「キリスト教的身分制国家」建設が謳われ、イタリア・ファシズム体制にならった職業身分が国家編制の基礎とされ（職能国家）、キリスト教社会党、護国団（右翼系の準軍事組織）、官僚、カトリック教会、貴族、ブルジョア勢力等を結集した「祖国戦線」を中心に「階級闘争の克服」がめざされていた。社民党・共産党のマルクス主義左翼勢力と極右のオーストリア・ナチスに挟まれて統一的な大衆的基盤を創出できなかった（エンゲルベルト・）ドルフース政権は、「国会が職務を果たさなくなった」とすでに議会を閉鎖した（三三年三月）。オーストリア政府は左翼の武力抵抗を徹底的に鎮圧する一方、三三年六月にナチスを非合法化しながらも、ドイツでのヒトラー政権誕生を好機到来としてドイツ第三帝国への合併を迫るオーストリア・ナチスの活動を十分には封じ込めえないでいた。三四年五月下旬に独政府は事実上の国境閉鎖によって、ドイツからの観光客が最大数を記録し続けていた観光立国オーストリアに露骨な経済的圧力もかけていたが、「レーム事件」から三週間後の七月二五日、オーストリア・ナチスは武装蜂起することでオーストリア政府閣僚を拘束し、新政府樹立を宣言するクーデタ計画を発動。ウィーンのＳＳの一隊は、同日昼過ぎ首相官邸を襲撃し、ドルフースに致命傷を負わせた（三時間後に死亡）が、蜂起はその日のうちに失敗を余儀なくされた。ヒトラーがどの程度関与していたか、これまでの研究では不明確だったが、彼が計画を知っていただけでなく、同意しバックアップさえしたことが、最近判明した。以下に要諦を示せば、ワーグナー好きだった彼は、その年も恒例の夏季音楽祭でバイロイトに滞在していた。七月二二日、オーストリア・ナチ党総監テーオドーア・ハビヒト、オーストリアSA幕僚長ヘルマン・レシュニー、また三〇年秋までドイツのSA司令官を務めたプフェッファーをバイロイトの逗留先に召還、三日後に迫った計画の詳細を協議、国防省大臣官房長のライヒェナウ将軍にも軍指導部に密かに伝えるよう指示した。ゲッベルス日記にもその日の部分には協議参加者の名が記され、「オーストリア問題。果たして成功するだろうか？　私は懐疑的だ」という記述がみられる。二五日夕『ラインの黄金』上演最中に、最初の知らせがバイロイトのナチ指導部に届き、蜂起が瞬時に失敗したことも判明、数時間後にはゲッベルスもヒトラーも関与揉み消しに躍起となり、総監ハビヒトも駐ウィーン独大使も即刻解任された。「隣国の出来事は一切預かり知らぬことだった」というドイツ政府の言い訳的声明を相手にせず、ムッソリーニは二個師団を国境のブレンナー峠まで直ちに派遣してドイツを脅かした。ヒトラーは列強の介入の可能性を前に恐怖心を呼び覚まされ、ようやく独墺合邦については慎重に機会を選ばねばならぬという教訓を引き出した。すでに三三年一二月に二一個師団三〇万陸軍構築計画を打ち出していた国防軍は、ナチスの無謀で拙劣なこの企てによって三四年夏に予定していた徴兵制導入を半年以上延期せざるをえなかった。かわってウィーン新〈特命〉大使として派遣されたのは、マールブルク大での挑発講演でレーム事件の引き金をひき危うく命を失いかけたパーペンであった。「この危機的状況を再度正常に戻し得る」のは自分しかいないと、ヒトラーへ必死に売り込んだという。

ドイツ国元首法と新国防法

一九三四年八月一日、政府は「ドイツ国元首法」を制定し、大統領の職務は、ヒンデンブルク死亡後は「総統兼首相」ヒトラーに移行するとした。前年七月ゲッベルスはラマースと協議、早晩ヒンデンブルクの寿命が尽きるそのあとにはヒトラーの上に立つような元首がいるのは望ましくないという点で一致、後釜にすわるのはヒトラーだけであり、三四年四月にはパーペンが大統領職に就きたがっているという周辺情報もつかんでいたが、全く問題になりえないと一蹴していた。八月二日、元首法制定の翌日ヒンデンブルクが亡くなり、法が発効。こうした措置に対する国民投票をヒトラーは八月一九日実施し、有効投票の八九・九三％の支持を得た。国防軍はヒンデンブルク死亡当日ヒトラー個人に対して無条件の服従を全軍で誓っており、君主制復活の目論見も潰えた。

三五年三月一六日の「新国防法」による徴兵制導入は、「ヴェルサイユの屈辱」の除去、ドイツの名誉回復の第一歩が記されたと国内では評価されたが、英仏伊三国首脳は四月一四日北イタリアのストレーザで会談し、オーストリア防衛の意志とドイツの一方的徴兵制導入への非難を鮮明にした。ここにドイツの孤立化は深まり、対独反修正主義戦線が形成されたかにみえたが、イギリスはドイツと海軍条約を結んでドイツの艦船量をイギリスのそれの三五％に制限しながらもヴェルサイユ条約の海軍軍備制限からは解放することで、ドイツの再軍備自体を暗黙裡に承認するにいたった。すでに三三年四月以降、ドイツの国防軍支出は財務省の予算統制から除外され、予算情報も国民の眼からシャットアウトされていたが、国家支出総額に占める国防軍支出の割合は、一九三三年の四％から三四年の一八％へ、その二年後には三九％、さらに三八年には五〇％へと急伸した。徴兵制を復活させた新国防法は、三五年五月二一日、ユダヤ系の兵役対象者を排除する規定をもうけた。第一次大戦時一万二〇〇〇名もの戦死者を出したユダヤ系の生き残り軍人たちの団体「ユダヤ前線兵士同盟」のはたらきかけも空しく、七月二五日には独国防軍三軍からユダヤ系現役も除籍となった。「民族共同体」から排除されたのは「共同体異分子」とされたユダヤ人たちばかりではなく、「民族を弱体化」させる共同体内「劣等分子」も差別的特別法の適用対象とされていった。三三年七月一四日の「対遺伝病質子孫予防法」は、本人の同意がなくても遺伝健康裁判所の判決によって断種手術の強制を可能としていたが、三五年六月二六日には遺伝病を理由とする中絶も合法化されるにいたった。

ユダヤ人問題の新たな局面

「レーム事件」後、国内状況が「正常化」したと判断しドイツに帰国するユダヤ人の動きがやまない中、ゲッベルスの主宰する『攻撃』紙は、三五年四月末「新たな反ユダヤ主義の波」を予告。これに呼応するかのように五月から再びユダヤ人商店ボイコット運動が各地で多発していた(ヒトラー四六歳)。中央銀行総裁シャハトは、五月一三日のヒトラーに宛てた覚書の中で、今回のボイコット行動は、経済生活におけるユダヤ人の活動可能性をはっきり保障した政府命令を無視するものだと注意を促し、六月にも駐ニューヨーク総領事の報告を引きながら、このままではドイツの対米輸出そのものが危機に陥ると訴えた。

しかし、七月にはシュトライヒャー主宰反ユダヤ主義宣伝紙『シュテュルマー』が全国到る所で専用ケースにおかれるに至り、ボイコット行動は地方の宣伝・大衆組織、特にSA、ドイツ労働戦線、ナチ商工団、ナチ婦人団、ヒトラー・ユーゲント、ドイツ少女団等を大量動員する全国運動になっていった。八月二〇日、シャハトのイニシアティヴでようやく閣僚・次官レベルの関係各省連絡会議が開かれ、「粗野で無謀な革命行動」の掣肘《せいちゅう》で一致をみたが、その際党を代表して出席していたバイエルン内相でオーバーバイエルン大管区指導者のアードルフ・ヴァーグナーは、ユダヤ人を処断する法を公布しようとしない国家官僚こそかかる行動の責任を負うべきであると横槍を入れた。

ヒトラーは恒例の党大会を前に、政府・プロイセンの内務官僚・法務官僚を俄《にわ》かにニュルンベルクへ呼びつけて立法化を急がせ、ユダヤ人の法的規制に対するこれまでの国家官僚の怠慢を責め、事と次第によっては、彼らの権限を党に強制委譲させると恫喝する一方、党指導者たちに対しては、唯《ただ》ひとり自分(ヒトラー)のみがユダヤ人規制立法のテンポと範囲を決定できると誇示した。そして九月一〇日から第七回全国党大会を開催していたニュルンベルクに急遽特別国会を召集し、九月一五日「ドイツ国公民法」および「ドイツ人の血と名誉を守る法」の決議をおこなった。前者は、ドイツ人の血ないし同種の血をもつ国籍所有者のみがドイツ国公民であり、それはドイツ民族およびドイツ国家に忠誠を尽くす意志をもち、またそれに相応しいことを自らの態度によって証明することを前提とするというものであり、後者は「ユダヤ人と、ドイツ人の血ないし同種の血をもつ国籍所有者」との婚姻また婚姻外性交渉を特に禁ずるというものであった。両者一括してその後「ニュルンベルク(人種)法」と呼ばれるようになったこれらの法は、ユダヤ教徒ないしユダヤ系の人びとを「二級市民」「劣悪人種」としてあぶりだす措置を導き出した。この差別的人種法成立にはヴィルヘルム・シュトゥッカルトやハンス・グロプケなど内務省高官が決定的に関わっていた。九月二九日、今後「ユダヤ人問題」は国家によって解決される、したがってニュルンベルク法成立のあとも独断で狼藉をはたらく者はその責任を追及されるであろう、とゲッベルスは警告した。彼の声明は三五年のボイコットやテロを鎮静化させたが、同時に党大会以前ナチ党員によっておかされた犯罪行為を免責するものであった。

三五年一〇月二日に開始されたイタリアのエチオピア侵略は、国際連盟の対伊制裁措置をよびおこして英伊対立に火をつけ、独伊急接近の機をもたらした。イタリアからオーストリア問題での妥協を引き出させるため、ヒトラーやドイツ外務省の中立政策を親伊路線に転換させた点で、リッベントロップの役割が注目される。

三五年一一月パレスティナではアラブ諸政党が、英委任統治政府に対し、国際連盟憲章にもとづく民主的政府の樹立、アラブの土地をユダヤ人に移譲することの禁止、ユダヤ人移民の即時停止、非合法移民の調査等を統一請願するにいたった。一方、第一次大戦後、委任統治の形でのイギリスのパレスティナ支配は、バルフォア宣言を再確認した。それは、ユダヤ機関(現地シオニスト代表組織)との協力により、ユダヤ人移住の恒常的維持を保証し、その「民族的郷土」建設のための「民族自決権」の数的基礎づけによって、アラブの民族運動に楔を打ち込み、これを制圧するものだった。ヒトラー政権成立後反ユダヤ主義が激化した中・東欧からのユダヤ系移民は著増し、彼らによるアラブ農民からの土地略取は、特に一九三五年からしばしば武装テロによって強行されるようになっていたため、アラブ諸政党による請願がなされたのである。三六年に入るとパレスティナは激動の様相を見せ、四月九日にはアラブ側によるゼネストと一斉蜂起がおこり、アラブの労働者・商店ストライキ、交通通信機関の襲撃、ユダヤ人農場焼き討ち等がおこなわれ、英軍による弾圧を招来した。ヒトラーは、依然、ハアヴァラ協定を承認していたが、パレスティナへのこの移転政策が支障なく続行されればユダヤ人国家の前提が作りだされるおそれもあった。ナチ党対外政策局長ローゼンベルクはこのシオニズムによる危険を三六年一月の党機関紙で警告。これに呼応するかのように、外務省ドイツ局のエーミール・シュムブルクは、ドイツからの全面的出国が完了してもユダヤ人問題の内政面が解決されるにすぎず、外政的にみれば、ユダヤ人がドイツの外で組織され、独自の国家にまとまり始めるまさにその時点からドイツはユダヤ人に対する防御闘争を余儀なくされると警告した。

三　再軍備と戦争への布石

再軍備への道――ラインラント進駐

ナチ新体制下の財政支出・公共発注による雇用創出政策、軍備拡張による軍需市場の飛躍的拡大、農業の組織化・市場統制（「国民の血の源泉としての農村住民の福祉維持と食糧安全保障」のための全国食糧身分団法・世襲農場法等）は、工業原料需要と食糧の消費需要を急速に増大させ、工業原料・農産物輸入の激増による外貨需要の圧力をさらに強め、重大な外貨危機を招いていた。一九三五年秋、農業不作を契機とする深刻な農業生産の危機に直面し、農産物輸入によってこれを緊急解決しようとした食糧農業相ダレは、輸入用外貨の追加割り当てをシャハト（五月「軍務経済全権」、七月にはシュミットにかわり経済大臣も兼務）に要求したが、軍備政策のテンポ維持の観点からは認められないとして、シャハトはダレの要求を拒否した。三五年末にはあと五〜六カ月分になっていた工業原料備蓄はさらに減り続け、三六年三月になるとストックはわずかに一〜二カ月分を残すのみとなった。シャハトは軍備のテンポを緩めるよう要請し、外貨問題の根本的解決をはかるためにも国内生産の重点を民需輸出品に移す必要を説いたが、ヒトラーと国防軍にとって一時といえども軍備政策を遅滞させることは、絶対に考えられない選択肢だった。

三六年三月七日、ヒトラーはラインラント非武装地帯へ国防軍を侵入させるにいたった。ラインラントを再占領することによってドイツ全土にわたる国防主権を回復し、一七年前に連合国が強制したヴェルサイユ条約のみならず、ドイツ自ら一九二五年一〇月に進んで結んだロカルノ条約をも一方的に破棄することを行動で示したのである。折しも防衛力整備段階から攻撃力強化段階への過渡にあった国防軍にとって、ラインラント再武装化それ自体が軍備政策の新たな飛躍のためには不可欠の前提になっていた。だが、もしフランス軍が攻撃してくれば、ドイツ軍は一戦も交えず後退しなければならず、軍事的敗北のみならず、士気の上でも致命的な影響をこうむることは避けがたいとされた。しかもヒトラーの決断は、前年の国際秩序の著しい不安定化、フランスの内政の混乱に乗じ、フランス軍が今回進撃してくることはまずないという信念にのみもとづくものだったから、ドイツ軍のこの軍事行動は、戦争のリスクを当面は最小限にしなければならない対外政策の要請と全く相矛盾する危険な賭けとなった。フランス参謀本部がマジノ線(対独国境に構築していた仏軍の要塞ライン)へ一三個師団を派遣したためドイツ政府はパニックに陥ったが、ヒトラーは決意を翻さず、はったりは成功した。仏英は、独軍の撤退を要求し、国際連盟も全会一致でドイツの条約違反に抗議したが、結局それ以上の措置はとらなかった。「生涯においてラインラント進駐後の四八時間ほど神経がずたずたになったことはなかった」とヒトラー自身述懐したように、政権掌握以来、今回の挙が最も危険な政策であったことを独裁者みずから自覚していた。もし仏英軍が行動していたら、この時点でヒトラーの支配は終わりを告げていただろう。しかし前年三月の徴兵制導入のとき同様、仏英にあっては結局言辞的対応しかなされず、ヒトラーに対する誤った評価を覆す千載一遇のチャンスは逸せられた。三月二九日の国会選挙を通じて投票者の九九％がヒトラーの政策を承認した。

1936年，国防軍幹部を迎えるヒトラー．左からブロンベルク(軍務相)，三軍各総司令官ゲーリング(空軍)，フリッチュ(陸軍)，レーダー(海軍)

ダレとシャハトの対立の調停をすでにゲーリングに委ねていたヒトラーは、三六年四月四日彼を原料・外国為替委員に任じ、問題の解決にあたらせた。ここに輸入原料節約のための、代用原燃料あるいは国内産原燃料の生産が大きな政治問題として浮上することになった。五月にゲーリングが設置した「原料ならびに外国為替問題審査委員会」はじめ一連の会議においてシャハトは、輸出拡大が当面は望めず、したがって外貨獲得の可能性もなく、また軍備続行もありえない、と説いたのに対し、ゲーリングやケプラーは、代用原燃料生産のコストを顧慮しない拡張強化による問題の解決を強力に主張した。こうした、かなり切迫した危機の雰囲気の中でヒトラーは四カ年計画の覚書を作成した(四七歳)。覚書が参考にしていたのは、ゲーリングのもとに設置された原料・外国為替委員部に「研究開発」課長として就任したIGファルベン《イーゲー》(ヨーロッパ最大のドイツ化学コンツェルン)のカール・クラオホが作成した国内産原燃料諸計画であった。ヒトラーはこの覚書のなかで、経済の課題は「民族の自己主張」のための前提であり、将来の軍事的対決に耐えるのに必要な軍事能力を準備することにあるとしながら、ドイツの経済力と空間の狭隘さのために、最終的な保証は結局「生存圏ないし原料および食糧基地の拡大」によってはじめて可能になる、としていた。経済の機能も軍の再軍備に合わせ、包括的な経済的再軍備も、経済政策の個々の措置も対外膨張という最終目的に従わせようとしていた。この過渡的プランは最重要領域で遅くとも四年以内に実現さるべきアウタルキー(自給体制)の道を示していた。九月九日ニュルンベルク第八回全国党大会開会後、大管区指導者ヴァーグナーが代読した総統大布告のなかに「ドイツ軍は四年後には戦闘能力をつけていなければならない。ドイツ経済は四年後には戦争能力をつけていなければならない」という有名な四カ年計画が含まれていた。一〇月一八日ヒトラーはゲーリングを「四カ年計画全権」に任じた。だが新しい「四カ年計画庁」の実権は「化学生産特別問題全権」に任命されたクラオホの握るところとなる。計画全投資の三分の二はIGファルベンに割り当てられ、この新官庁もIGファルベンの職員で占められた。

四カ年計画覚書が作成された三六年八月には陸軍の新編制計画が陸軍総務局長フリードリヒ・フロ

ムによって作成され、野戦軍一〇二個師団(約二四二万人)建設を目標とするこの計画は、同年一二月最終的に決定された。いずれにしてもシャハト方式の軍備拡張政策では、三五年三月のヒトラーによる再軍備宣言以後急速に本格化した軍事力増強政策にもはやついてゆけなくなったことが三六年を通じて露呈された。

同時期、列強の力関係を変える新兆候が現れた。一九三六年二月に成立していたスペインの人民戦線政府に対して軍は七月一七日反乱をおこした。ドイツは反乱指導者フランシスコ・フランコ将軍の要請を受け早速支援に乗り出し、「コンドル軍団」と名付けられた特別編制部隊(ピーク時六五〇〇名)を派遣した。ここでもナチ党外国組織、ドイツ外務省、国防省(徴兵制導入後軍務省と改称)、空軍、さらには軍防諜部等出先機関が入り乱れ、権限をめぐる激しい角逐を繰り広げ、介入の思惑や動機も錯綜した。共和国側にはソ連が武器の供与をおこなっており、「ボリシェヴィズムの脅威からスペインを守る」というのが、ナチ・ドイツの大義名分であったが、当時四カ年計画をめぐる権力闘争を勝ち抜いたゲーリングが内戦介入でも主導権を握り、軍備経済的利害とりわけスペインからの原料輸入に対する関心を肥大化させた。

パレスティナ政策の再考――ハアヴァラ協定をめぐって

一九三七年に入ると外務省ドイツ局はユダヤ人問題に携わっている国家諸官庁・ナチ党諸機関に対

してドイツのパレスティナ政策の再考を促した。在イェルサレム総領事のヴァルター・デーレもハアヴァラ協定が今やドイツの政治的経済的利益に適合しなくなってきていると強調、ドイツにおける雇用創出、ドイツ商品ボイコット阻止という当初の旨味がなくなる一方、パレスティナへの商品輸出が外貨獲得につながらず、この貿易がシオニスト関連会社ないしユダヤ機関のイニシアティヴでなされ、ドイツの利益以上にユダヤ人の利益を促進している等、難点を多々あげ、「パレスティナへのユダヤ人移送と定住化のみに関心を寄せ、他の重要な諸利害を考慮していない」と批判した(三月二七日)。さらにドイツ局局長ヴィッコ・フォン・ビューロ゠シュヴァンテはパレスティナにおける国家創設へのユダヤ人の要求がますます明確にまた自明のものとして正当化されてきていることに注意を促し、「世界ユダヤ人」の分散化、パレスティナ以外の地域へのユダヤ人出国を提案した(四月二七日)。六月の彼の覚書では、ハアヴァラにもとづかない、むしろ反ユダヤ主義立法の峻厳化による出国促進の必要性を訴えた。

七月二九日にはハアヴァラをめぐる関係各省会議が外務省のイニシアティヴで開かれた。この会議では外務省ドイツ局やナチ党外国組織が期待していたようなパレスティナに対する出国政策・経済政策の「新機軸」そのものに関して合意が形成されず、従来の政策の修正可能性の分析・検討にとどまった。その三週間前にハアヴァラ続行支持の意思を表明していた内務省が、この会議でも、ヒトラーの希望、すなわち出国政策をさらに進捗させ、しかもパレスティナを出国先から外さないという彼の希望を根拠にして会議を最初からリードしたことが大きかった(ヒトラー四八歳)。

九月二一～二二日、今度は外務省通商政策局の呼びかけで関係各省会議が開かれた。協定変更派は今回デーレの出席により、またゲーリングのテコ入れによって戦線を強化して会議に臨んだ。会議では、現地ドイツ人(植民者)、アラブ人への商品輸出はテンペル銀行(ドイツ系)を窓口とするという具体的解決案がはじめて承認された。ハアヴァラ維持という立場だった経済省や外務省通商政策局も、こうした形での一部手直しを認めざるをえなくなった。一〇月に入ると内務省もこれまでの協定維持路線をはっきり軌道修正するようになる。

パレスティナでは、アラブ側が再開した激しい抵抗闘争のために英委任統治政府もユダヤ人移入を制限せざるをえなくなっていた。三三年から三六年までにパレスティナに送り込まれた「ドイツ・ユダヤ人」は計三万三〇〇〇名にのぼったが、三七年前半期はわずか一八一四名にとどまった。移送政策推進者が移送の展望について激しく問責されかねない状況になっていたともいえるが、三七年一〇月一八日内務省内関係部局会議では、ドイツから移送された人的・物的資源が、パレスティナにおけるユダヤ人の「民族的郷土」建設に最も役立ったと事態は総括された。いずれにしても最早協定を従来の形のままでは維持しえないという結論を導き出した内務省は、外務省や党外国機関の協定変更派をむしろリードする形で協定維持派、特に経済省への批判に乗り出し(シャハトはすでに九月五日から無期限休職に追い込まれていたが、一一月に経済相の職を解かれた)、三七年一二月には、協定変更に関するヒトラーの最終決定を引き出そうとはかった。

ところが、ヒトラーの出した結論は、意外なことに、これまでどおりあらゆる手段をもってユダヤ人出国を促進すべきであるという簡単なものだった。しかもこの決定は、党対外政策局局長ローゼンベルクとの面談で明らかにされ、この口頭命令は、文書化されずに、ローゼンベルクを通じて外務省その他関係各省各機関に伝達された。

ヒトラーがなぜこのような決定を下したかについては、以下のような、より重大な事情が背景にあったと考えられる。(第二次世界大戦後のニュルンベルク戦犯裁判で初めて明らかにされた)三七年一一月五日のいわゆる「ホスバハ覚書」が示すとおり、ヒトラーはオーストリアおよびチェコスロヴァキアに対する侵略計画をすでに軍務相、陸海空三軍の総司令官、外相に秘かに明らかにしていた。当時ヒトラーの第一の関心はこのプランの実行にあり、パレスティナ問題は二の次だったといえよう。

侵略計画の構想

際限のない軍備拡張に対して半年前の三七年五月には鉄鋼消費の割当制が導入され、三軍と重工業の間のみならず、三軍相互の間でも配分をめぐって激しい対立が生じ、ヒトラーに調整を求めた一一月五日の秘密会議で、彼は(二人の閣僚、三人の総司令官、計五人に対し)思いがけなく、好戦的な「ドイツ生存圏問題解決」の三戦略方式を明示した。その三番目が、イタリアと英仏との間で軍事的衝突が生じた場合、「側面脅威」を除去するため、三八年中のオーストリア・チェコの「電撃的スピードによる」圧服打倒という、中欧の軍事行動についてであった。それを局地化しうるとしたヒトラーの楽観的見通しには、ブロンベルク軍務相、ヴェルナー・フォン・フリッチュ陸軍総司令官がはっきり疑念を表明、英仏をドイツの敵たらしめてはならないこと、仏軍が伊軍の動きにたとえ拘束されても西部国境での仏軍の優位はかわらないことを強調した。さらにブロンベルクはチェコの要塞の強固さについても注意をうながし、外相コンスタンティーン・フォン・ノイラートも伊・英仏間で衝突が差し迫っているわけではないと異議を唱えた。軍備問題については、ブロンベルクがゲーリングの職務執行(資源配分の偏向)を激しく非難したといわれる。総統付き国防軍副官フリードリヒ・ホスバハ大佐がメモを残し、これが戦後のニュルンベルク国際軍事裁判でヒトラーによる侵略計画開陳の証拠とされた。この秘密会議において異議・疑念表明・警告をおこなった将官二人がゲーリング、ヒムラー、ハイドリヒの陰謀によって翌三八年一〜二月辞任に追い込まれた事件は、軍全体を揺るがした「ブロンベルク＝フリッチュ危機」として知られてきたが、従来取り沙汰されたヒトラーの直接関与は最近では否定されている。三六年八月駐英大使に任命されていたリッベントロップは同年一一月末の日独防共協定締結に際し、ドイツ側を代表して調印し権勢を示していたが、三八年二月四日辞任させられたノイラートにかわり外相に就任した。ベルリンの警察リストにも名があがった売笑婦と知らずに再婚してスキャンダルの犠牲となったブロンベルクにかわり、三軍に対する直接指令権をになうにいたったのはヒトラー自身であった。彼のもとに新たに国防軍統合司令部(OKW)が設けられ、その長官にはヴィルヘルム・カイテル、作戦指導部長にはアルフレート・ヨードルが据えられた。「男色の汚名」を着せられて放逐されたフリッチュにかわり、陸軍総司令官のポストにはヴァルター・フォン・ブラウヒッチュが就いた。これに伴う軍の大人事異動は、はじめて軍を国政指導部の執行機関たらしめることによって、「国家の中の国家」といわれていた政治的影響力を国防軍から奪った。

オーストリア併合

内政のこの大変動が、ナチ・ドイツの対外膨張の最初の突破口となった。パーペンの肝煎《きもいり》による独墺「和解」協定を経て、オーストリアはいつでも圧力をかけられる対象になりつつあった。英伊両国が相互には対立しながらもオーストリアを見限る兆しをみせる中、機が熟したと判断したヒトラーは、ドルフースの後に政権をになっていたクルト・シュシュニクを三八年二月半ばにオーバーザルツベルク(アルプス、ベルヒテスガーデン)の山荘に招いて、オーストリア・ナチスに対する禁止解除、特赦、公職復帰措置、入閣等を要求。ゲーリングの息のかかっていたケプラー(オーストリア党問題特別全権)が同月下旬にはオーストリア経済政策のグライヒシャルトゥング計画を明らかにした。特に鉄・金属・木材にねらいを定めた四カ年計画全権ゲーリングのイニシアティヴが際立ったが、三月九日になってシュシュニクはオーストリアの独立を賭けた国民投票を急遽実施すると発表したため、ヒトラーは一一日早暁、即席の侵略計画「オットー」を発令した。一一日深更、シュシュニクにとってかわったアルトゥール・ザイス＝インクヴァルトによるナチ政権が誕生し、オーストリア・ナチスが各地で権力を掌握した。ヒムラー配下のSSによる政敵追及、ユダヤ人狩りが始まり、国防軍の進撃が開始された。一三日、新政権は（ヴェルサイユ条約の禁止した）独墺合邦を宣言、同日リンツに到着したヒトラーはマルクト広場で一〇万人の大歓迎を受けた。イタリアの承認をじりじりしながら待っていたヒトラーは「あなたがオーストリア問題を解決したやり方に祝意を表する」というムッソリーニの祝電に「私はこのことを決して忘れない」と負けず劣らず短い返電を感謝の念をこめて打ち、オーストリアをドイツと「再統一」しドイツの一州にする「合邦法」に署名した。翌日ウィーンに入ったヒトラーは、英雄広場で二〇万人の大歓呼を浴びつつ意気軒高の演説を繰り広げ、今こそこの国の新たな使命を私は宣言する、ドイツ民族の最も古い東の辺境《オストマルク》がこれからは最も若い防塁になってほしい、何世紀にもわたる東方からの攻撃は古《いにしえ》のマルクの国境で粉砕されたからである、などと呼びかけた。こうして「東の辺境」を意味する古名が合邦後の名称となり、ヒトラーは首相ザイス＝インクヴァルトをオストマルクの「国家総督」に任命した。合邦を確認する国民投票については、三五年一月ザール復帰住民投票で重要な役割を果たしたザール＝プファルツ大管区指導者ヨーゼフ・ビュルケル（一三日オーストリア全権に任命）にすでに委ねていた。四月一〇日の国民投票で合邦が九九・七％の支持を得ると、ヒトラーはビュルケルを「オーストリアとドイツとの再統合」国家委員にあらためて任じた。ゲーリングとビュルケルの間で妥協が成立する一方、併合以前の国‐州関係の空洞化をおそれた内相フリックは、ビュルケルに対する監督・掣肘を強めようとしたが果たせず、ザイス＝インクヴァルト、ケプラー、ビュルケル三つ巴の権力闘争で結局勝ち残ったのはビュルケルだった。

オーストリア併合におけるユダヤ人移送問題

オーストリア併合によってドイツ「第三帝国」はさらに約二〇万名のユダヤ人を抱えこむことになった。この間の対ユダヤ人政策の動きの中で注目されるのはSS、なかんずく保安本部であった。特にユダヤ人問題課長アードルフ・アイヒマンは実際の出国処理の集約化をはかりながら、出国そのものに関してシオニスト側のこれまでの主導性を奪おうとする志向を強めていた。従来パレスティナへの移送促進という点では一致していた経済省との対立を深めたのも、ハアヴァラにおけるシオニスト側のイニシアティヴを経済省が承認していたからであった。シャハトの経済相在任中にすでにボイコット運動の昂進が部分的に経済の「アーリア化」(＝非ユダヤ化)現象を生み出していたが、シャハト辞任後ユダヤ人の経済生活奪権化は堰を切ったように進行していった。ニュルンベルクでシュトライヒャーによってクリスマス前に組織されたボイコット運動に対し中央からブレーキはかけられなかった。三七年にドイツになお残留していた約三六万のユダヤ人中九万人が生活保護を受けなければならない状態に追い込まれていった。出国政策をドイツ「非ユダヤ化」の唯一可能な選択肢とした保安本部は出国促進のために三七年の第一目標としてユダヤ人の生活基盤そのものを奪っていく政策を提言していたが、ユダヤ人の経済的逼迫は移住を困難ならしめる結果となった。入国受け入れ条件として資産移転をセットにするのはパレスティナに限られなくなり、特にラテン・アメリカ諸国が難色を示し始めていた。パレスティナではアラブ人の根強い抵抗が続いており、委任統治政府も三八年三月まで上限を八〇〇〇名とした。三七年を通じてパレスティナへ渡った「ドイツ・ユダヤ人」は三八二六名で、前年の半数にもみたなかった。保安本部は、ハアヴァラの下、英政府の出方とパレスティナの不安定な状況に拘束されている限り、独自のイニシアティヴは取れず、また大量移送も望めないことを確認せざるをえなかった。一九三八年一月のアイヒマンの情勢報告は、保安本部の焦慮を十二分に表わすもので、移送促進政策を阻む党諸機関・国家官庁に対する保安本部の呪詛が表出されていたが、一方では党側の盲目的で非現実的な反ユダヤ主義宣伝、他方では経済省が特に槍玉にあげられていた。

こうしたディレンマから脱するチャンスは独墺合邦によって到来する。ヒムラー、ハイドリヒから委任を受けてウィーンに乗り込んだアイヒマンは、ハアヴァラのオーストリアへの適用を拒み、オーストリアにおいては、保安本部の同意なしには移住のための資本移転を認めず、ウィーンのロートシルト家から奪った邸宅に「ユダヤ人出国中央本部」を置き、ドイツにおける担当諸官庁・党諸機関の錯綜した手続きを意識的に排除し、出国処理を保安本部に統合集中する「ベルトコンベヤー方式」を採用。豊かなユダヤ人だけが先に移出しがちだったハアヴァラの轍《てつ》を踏まぬよう、かかる社会層から没収した資産を貧困層の移送にあてる一方、残留を望もうと望むまいとおかまいなしに、テロから財産剝奪にいたるまで五年間に積み重ねてきたありとあらゆる抑圧手段を用いてオーストリア・ユダヤ人の移送を促進した。ユダヤ人をパニックに陥れるこうした峻厳なやり口で、アイヒマンは三八年八〜一二月の短期間にオーストリア・ユダヤ人のほぼ三分の一にあたる計六万六八四八名の出国を可能にした。かかる画期的「成果」は、ヒムラー、ハイドリヒの威信を高め、三八年末にヒトラーをしてSSにユダヤ人政策執行の実質的独占権限を承認決定せしめるのに大きく寄与したことは疑い得ない。

チェコスロヴァキアと「ズデーテン」問題

オーストリア併合によって中欧の政治軍事状況は根本的に変化し、特に「オストマルク」がドイツ国防軍の発進基地化することでチェコスロヴァキアの戦略状況は決定的に悪化した。三八年四月二一日、ヒトラーはカイテルにチェコに対する攻撃(作戦計画「緑」)の下準備を命じた(四九歳)。サン＝ジェルマンとヴェルサイユの講和条約によって、チェコスロヴァキア共和国に(自ら同意することなく)編入されたズデーテン地方在住ドイツ人(三二二万人)の約三分の二の支持を得たコンラート・ヘンライン指導下のズデーテン・ドイツ人党(チェコ議会三〇〇議席中、四四議席獲得)は、四月二四日、ドイツ人の同権化・専用居住区承認、大ドイツ主義表白の自由等、チェコ政府にとって受け入れがたい要求を提示した。チェコ国境方面での独軍動員情報が飛び交う中、五月二〇日チェコ政府は「部分動員令」

を発し、ズデーテン・ドイツ人の活動が激化、二一日のデモ隊に対する警官隊の発砲でドイツ系住民の犠牲者も出た。二五日には独政府側がチェコの国境侵犯を非難し、緊張はにわかに高まった。五月二八日、政府・党・国防軍の高官たちの前でヒトラーはチェコ粉砕の決意を明らかにしたが、対チェコ攻撃がもたらす西欧列強の反応をはかりかね、陸軍参謀総長ルートヴィヒ・ベックも軍備・経済的基礎の不備を理由に繰り返し懸念を表明した。

翌日ゲーリング主催の関係省庁会議が開かれ、ひと月前の「五〇〇〇ライヒスマルクをこえるユダヤ人資産の財務当局への申告義務化」に続き、ユダヤ人財産の国有化＝「ドイツ経済の完璧且つ最終的な非ユダヤ化」が本格的に検討された。三八年春を通じてナチスが一挙に爆発させたオーストリアの反ユダヤ主義運動の波は、ドイツに逆流し〈六月行動〉をよびおこした。首都のベルリンはじめ党機関がボイコットからテロにいたるまで公然と組織化をおこない、都市によってはシナゴーグ（ユダヤ会堂）をダイナマイトで破壊するという事態にまで発展した。オーストリア併合後の三月下旬、米大統領フランクリン・ローズヴェルトが提唱していたユダヤ系難民問題協議のための国際会議は、七月六日南仏エヴィアンで三二カ国が参加してようやく開かれたが、一〇日間にわたる会議で難民国際委員会が設置されたものの、統一的な具体的解決案は決定されえず、集団移住問題は殊に資金調達方式をめぐって難航し結局挫折、ユダヤ人移送の国際的調整は、問題になりえなくなる。

八月に入ると世界の関心はますます〈ズデーテン問題〉に注がれた。ドイツの政策が当時なぜチェコ

ミュンヒェン会談中のムッソリーニ(右)とヒトラー(後ろ姿)．左にゲーリング(1938 年 9 月 29 日)

スロヴァキア打倒に向かい、ユダヤ人排除に駆り立てられていたのだろうか。ドイツ国内では、極秘裡のヒトラー政権打倒、対英工作の動きも出てきていたが、英政府はむしろヒトラー政権との了解達成をめざしていた。ドイツ国内では、八月二七日には国防軍参謀総長ベックが辞任、後任にフランツ・ハルダーが就任した。財務大臣も、ヒトラー宛て緊急書簡で「ドイツは重大な財政危機にはまりこんでおります。その兆候はすでに国外ではわれわれの経済軍備のどこが弱体かを詳細な検討を開始させ、国内では不安をひきおこし信任喪失をもたらしています」「九月中に国庫の蓄えは底をつきます。新たな起債も現時点では不可能です」と訴えていた。政府は国家破産を国民に見透かされないよう躍起になっていた。この危機を脱するには闇雲に行動するしかなかった。「大ドイツ」を掲げた九月六日からのニュルンベルク党大会でヒトラーは、ズデーテン・ドイツ人に軍事援助を与えるという重大な威嚇演説をおこなったため、英首相ネヴィル・チェンバレンは、一五日(オーバーザルツベルクで)、二二～二三日(バート・ゴーデスベルクで)と、精力的にヒトラー説得を試みた。

一〇月一日を期限に軍を動かそうとしていたヒトラーをなだめるべく九月二九～三〇日には英仏独伊四カ国首脳によるミュンヒェン会談がおこなわれた。ムッソリーニの仲介とチェンバレンの譲歩によって三〇日未明成立したミュンヒェン協定は、チェコ共和国面積の五分の一、三六三万人(共和国人口の四分の一に相当し、チェコ人含む)のズデーテン地方をドイツに割譲することを決定した。一〇月一日から独軍の段階的占領が実施され、ヒトラーによってヘンラインがズデーテンラント大管区指導者に選ばれ、同時に国家委員に任命された。ミュンヒェン会談とその帰結は、ヒトラーの国際的威信をさらに高めることになった。ドイツ・ユダヤ人もいよいよ追い詰められていくことになった状況は、会談後仏エドゥアール・ダラディエ政権が独外務省に宛てた覚書の一節に端的に示されていた。「唯一ドイツ政府主権行使下にあるドイツ国籍所有者の特定集団に対しドイツ政府が措置を講じ得る無制約の権利をどの国も否定しておりません」。一〇月半ばにはズデーテンからユダヤ人が放逐され、どこにも受け入れ国を見出せずドナウ川の艀船《はしけぶね》に放置される事件もおこっていた。

「水晶の夜」

一九三八年一〇月二八日、ドイツ国内在住のユダヤ系ポーランド国籍所有者一万五〇〇〇名に退去命令が発せられ、彼らはドイツ＝ポーランド国境まで強制移送された。一挙に強制移送されたスケールではこれまでの最大の規模であった。すでにポーランド政府は当時ナチ政権以上にアクティヴにユダヤ人出国政策を進める一方、三八年三月末新国籍法を公布、五年以上パスポート更新に本国へ帰還していない国外在住ポーランド国籍所有者(なかんずくユダヤ系)に対し一〇月三〇日をもって国籍抹消措置を講じた。国籍喪失者のドイツからの移出は不可能であり、これら大量の人びとの永住をもとより認めるはずがないヒトラー政権は、ハイドリヒに命じてポーランドへの追放措置を強行した。ポーランドの国境警察からも受け入れを拒否され、独ポ国境無人地帯で行き場を失った大量難民が寒さと飢えにさらされたまま放置された。こうした状況の下で一一月七日、パリのドイツ大使館館員エルンスト・フォム・ラートが一七歳の(パリ在住ユダヤ系ポーランド人)ヘルシェル・グリュンシュパンに射たれるという事件が発生した。犯人のこの少年の両親も独ポ国境で棄民された人びとの中に含まれていたといわれる。事件発生の時点ではニュースは目立たない形で扱われた。二年前の一九三六年二月四日には、ナチ党外国組織スイス支部長ヴィルヘルム・グストロフがクロアチア出身のユダヤ医学生にダヴォスで射殺される事件もおこっていた。グストロフは故郷シュヴェリーンで国葬に付されたが、三六年はベルリン・オリンピック挙行予定だったため「報復」等は政府・党指導部によって極力おさえられた。しかし今回は対応が全く異なる事態となった。

重篤だったラート死亡のニュースがヒトラーのもとに届いたのは折しもミュンヒェンの旧市庁舎で党やSAの幹部が、古い同志を集めヒトラー一揆一五周年を偲ぶ記念行事催行中の三八年一一月九日夜であった。ヒトラーとゲッベルスの間でごく短時間の協議がおこなわれヒトラーが会場から姿を消すと、ゲッベルスは激しい挑発演説を開始、反ユダヤ・デモの組織化を示唆し、居並んだ各地の指導者たちがそれぞれの権限でそれ相応の措置をとるよう要求した。毎年この日は一揆で斃《たお》れた犠牲同志を追悼する行進がミュンヒェンに限らず全国各地でおこなわれ、夜は行きつけのビヤホール兼集会場で痛飲するのを常としていたから、夜一〇時から一二時にかけて指令が入ったところでは、深夜から暴力行動が開始された。こうしてドイツ全土で二八一のシナゴーグ、七〇〇〇をこえる家屋・店舗が破壊・放火・略奪の対象になり、九一名(党裁判所公式確定数ながら、実数は数倍)のユダヤ人犠牲者が虐殺された。このいわゆる「水晶の夜」(一一月のポグロム)と呼ばれた組織的蛮行は、それまでのポグロムやテロの規模と広がりをはるかに超えていた。SSはゲッベルスの挑発に対応するため、約三万五〇〇〇人のドイツ・ユダヤ人を強制収容所に送り込み、無条件の国外移住誓約を条件に釈放を認めたが、その際万一再帰国の場合は無期懲役に処すると恫喝した。

一一月一二日、ゲーリングのイニシアティヴで「ユダヤ人問題」に携わる全ての省庁・党機関代表を集めて、この大ポグロム処理をめぐる合同会議が開催された。冒頭、ゲーリングは、ヒトラーが問題に鑑み〝決定的な措置を中央にあって統括する〟権限をゲーリング自身に与えたことを明らかにした。こうした権限委任は「非ユダヤ化」政策が今やはっきり軍備政策に組み込まれるに至ったことを示していた。会議では、まず第一にグリュンシュパンの犯罪に対する懲罰としてユダヤ人全体に一〇億マルクの課徴金が決定された。第二にドイツ経済の〈アーリア化〉を本格化させるためにユダヤ人企業の接収が決められた。第三にゲッベルスの提案にもとづき、全ての劇場、映画館、曲馬場、浴場、森林公園へのユダヤ人の立ち入り禁止、また客車内「ユダヤ人コンパートメント(個室)」設定等、人種差別措置が承認された。第四に、以上の諸政策の行き着く目標がユダヤ人のドイツからの出国でなければならないことが確認された。ハイドリヒはこれに関連してアイヒマンのウィーンでの「成果」をあらためて誇示し、ドイツでなぜこれほどの成果が出せないのかについて触れ、ドイツにも出国中央本部を設けることを要求し、ゲーリングに直ちに承認された。

チェコ併合、独ソ不可侵条約

一九三九年年初に国立中央銀行理事会は「(国防軍による)国家支出の際限ない膨張がどんな予算整序化の努力も破産に追い込み、……国家財政を崩壊の淵に立たせています」「この破壊的影響を隠蔽する手立てはありません」とヒトラーに申し込みをおこなった。メフォ(偽装会社の略称)発行の手形振出し(トリック金融操作)等による秘密再軍備資金調達が債務政策を長引かせたうえ破綻した末の抗議であり、事実上のシャハトの辞任の弁であった(二週間後にヒトラーはシャハトを中央銀行総裁のポストからも解任)。ヒトラーは自らと取り巻き指導部には周知であったこの崩壊瀬戸際の国家財政状態を、ユダヤ人と被占領地住民数百万人の肩に背負わせる戦争行動に飛び移ることで隠蔽しようとしていた。

一九三九年一月三〇日の政権掌握六周年記念国会演説でヒトラーは「もしヨーロッパ内外の国際ユ

ダヤ金融資本が、諸国を再び世界戦争の淵に突き落とすのに成功するようなことがあれば、その結末は世界のボリシェヴィキ化、つまりユダヤ人の勝利ではない。むしろヨーロッパ・ユダヤ人種の絶滅に終わるだろう」と述べた。二月に入ると残存チェコ国家解体の大宣伝キャンペーンの開始をゲッベルスに命じ、チェコ中央政府と対立を深めていたスロヴァキアの民族主義運動を支持、三月一四日にはスロヴァキア民族党指導者ヨーゼフ・ティソ神父にベルリンで独立宣言をさせ、スロヴァキアをドイツの保護国とした。チェコ中央政府に対してはエミール・ハーハ大統領を呼びつけ、脅迫によってチェコの主権を奪い(一五日独軍プラハ占領)、三月一六日ベーメン＝メーレン(ボヘミア＝モラヴィア)帝国保護領としてドイツに編入した。一八日には外相辞任後無任所大臣だったノイラートが総督に任命された。英チェンバレン首相は、「これがドイツの最後の領土要求である」と一再ならず「最後」を繰り返したヒトラーの不誠実を想起させつつ、やむところを知らないドイツの膨張をはじめて非難した(三月一七日のバーミンガム演説)。三月二二日、リトアニア政府は独軍が侵入占領したメーメル地方のドイツ復帰を承認した。三月末英政府は、(ドイツが国民国家原理にもとづく「修正」の口実を利用し得る最後の国となった)ポーランドの独立が脅かされれば全力をあげて支援する旨、保証した。

一九三九年春、戦争に対するドイツの財政的準備は具体的段階に入り、財務省は「戦後に期待される将来の国家収入を先取りすることによって、戦時支出を賄うというコンセプトを、戦時財政立法に導入する」(具体的には一律二五％国防税課税)としていたが、国政指導部は「国防軍の需要をみたすためには、ボヘミア＝モラヴィア保護領や今後出兵征服の対象となる領域の経済力に費用を負担させる」道を選ぶことにしたのであった(五月末)。

これまでの対独宥和政策のみならず、英仏ソ相互援助協定締結交渉の段階(四月一八日)にいたっても、なお他方で対独交渉の道を閉ざさないイギリスの態度にソ連は不信を募らせていたが、五月の独ポ関係の破綻後、特にマクシム・リトヴィノフにかわってヴャチェスラフ・モロトフが外務人民委員(外相)に就任して(五月三日)からは、はっきり対独接近の態度を強めていった。ドイツ側では対ソ交渉はリッベントロップによって、対英交渉はゲーリングによって、並行して追求されたが、独英妥協はならず、八月一九日には独ソ通商条約調印の運びとなり、二三日にはモスクワを訪れたリッベントロップと、ヨシフ・スターリン、モロトフとの間で合意をみた独ソ不可侵条約と秘密付属議定書の調印がおこなわれた。議定書がポーランド分割線、フィンランド、バルト三国、ベッサラビアに関する相互の勢力圏を画定したものであったことは、戦後ニュルンベルク裁判によって明らかにされたが、議定書の存在そのものをその後も否定し続けたソ連は、一九八〇年代後半からのグラスノスチ以後、ようやく認めた。ヒトラーはこの不可侵条約によって西側列強からソヴィエト・ロシアの支援可能性を奪ったことで対ポーランド戦争が局地化されると判断し、国防軍に八月三一日正午過ぎ、翌朝の攻撃開始を命令した(五〇歳)。

第5章

「天才的将師」から地下要塞へ

―第二次世界大戦とホロコースト―

作戦会議中のヒトラー，（その肩の奥，眼鏡をかけた）ヴァイクス，（ヒトラーの右）パウルス，（右端）ボック

一　史上最高の将帥《グレーファッツ》

ポーランド侵攻

一九三九年九月一日、急遽召集した国会でヒトラーは、前夜独ポ国境付近でポーランド軍による一四の侵犯事件が発生したとの事態説明をおこなった。特にグライヴィッツ、ホーホリンデン、ピーチエンの三カ所で重大な侵入の動きがあり、独軍は今朝五時四五分から反撃中である、との弁だった。宣戦布告なき対ポーランド戦争は、こうして正当化された。独グライヴィッツ放送局襲撃をはじめとするこれら一連の事件が、ハイドリヒ指揮下の保安警察・SS保安部(SD)から編制され、ポーランド兵制服で偽装したコマンドによって演出されたこと、しかもこの襲撃事件で遺棄された死体が強制収容所の被収容者あるいはSSに拘束されたドイツ在住ポーランド人であったことなどが、戦後ニュルンベルク裁判の場で初めて明らかにされた。「タンネンベルク作戦」と実行者たちの間で秘かに称されたこの謀略については、ヒトラーもあらかじめ承知していたが、対ポーランド攻撃一〇日前の八月二二日、国防軍高官たちを前にして「戦争開始を正当化するため、あらゆる宣伝の機会を逃さぬことが肝要であって、大義名分が真実かどうかではない」と端無くも述べている。勝利が全てであって、開戦の正当事由自体の闡明《せんめい》など問題外だという、なりふりかまわぬ戦争観をあらわにしていた。

ほぼ三週間で勝利した対ポーランド戦に現れたヒトラー・ドイツの戦争方式は、機械化された機動部隊による、敵抵抗の即刻粉砕をめざした攻撃であった。「ブリッツクリーク」(電撃戦)はそれ以降頻繁に用いられるようになり、空軍と陸軍(わけても装甲部隊)の一挙投入による速攻で最短期間に勝利を導こうとする奇襲作戦を強くイメージさせる言葉として定着したが、長期総力戦の準備がなされぬまま戦争に突入したというのが、独軍の実情であった。

九月三日、対独宣戦布告をおこなった英仏側も、ポーランドに対する武力援助は間に合わず、九月中旬にかけてザール方面での仏軍の小攻勢がみられただけで、以後軽度の局地的砲撃戦以外、結局翌年春まで大攻勢はかけられなかった。

ヒトラーは九月下旬、SS全国指導者兼ドイツ警察長官ヒムラーを新たに「ドイツ民族強化全権」に任じた。またほぼ同時に、ゲスターポ(秘密国家警察)を核とする保安警察とSDとを新統合した「国家保安本部」の責任者に、保安警察兼SD長官ハイドリヒを就任させた。これは新たに占領下においたポーランド各地の民族ドイツ人(中東欧に散在した、ドイツ国籍を有しないドイツ系住民のこと)およびポーランド系ユダヤ人の移動権限をSSのリーダーとその腹心に委ねる重大決定であった。ハイドリヒはチェコ侵略のときからすでに発足させていたゲスターポ・保安部要員を核とする行動部隊《アインザッツグルッペン》を動かし、三九年九〜一二月の間にポーランドの知識人(主に大学教授)・カトリック聖職者・貴族・

退役軍人・ユダヤ人名望家としてリストアップした「上層」民間人計四万人を殺害した（コード名「民族の耕地整理」）。ヒトラーの意思を「忖度」した忠実な部下による典型的な「作戦」行動であった。

ヒトラー暗殺未遂事件

一一月八日、ミュンヒェン一揆一六周年記念集会の夕べに赴いたヒトラーは、一揆ゆかりのビヤホール「ビュルガーブロイケラー」で、すんでのところで爆殺されそうになる。ゲオルク・エルザーという無名の家具時計職人が、戦争状況は「現在の指導者を廃することによってのみ変えられる」と考え、単独でひそかにビヤホール演壇背後の柱に時限爆弾を仕掛けたのだった。ヒトラーはこの日幸運にも、例年よりずっと早く二一時七分に演説を切り上げ、ミュンヒェン駅に向かった。そのわずか一三分後に爆発がおこり、ウェイトレス一名とナチ古参闘士七名が爆死し、六〇人以上が重軽傷を負う重大テロ事件となった。スイスへ脱出しようとして同日深夜国境でたまたま捕まったエルザーは、取り調べの拷問で自白を強いられたが、彼一人による実行だったことがヒトラーたちには信じられないまま、行動の全容は極秘にされた。かわりに英工作員による犯行と大々的に喧伝され、総統が無事だったのは神意によるものとされた（エルザーは終戦間際、強制収容所で殺害されている）。西部戦線で静謐《せいひつ》を保てるかぎり新たな攻撃を始めることに慎重だった陸軍将官たちは、ヒトラーの排除を狙ったクーデタさえ計画していたが、この爆弾テロ事件に驚愕し中止。ヒトラーは、将官たちの西部攻勢開始への消極的態度を敗北主義と難じ、軍の士気を再度鼓舞しながらも、三九年冬の不順な気象条件のせいで攻撃を翌年春まで延期せざるをえなかった。宣戦布告がなされ、しかも国境をはさんで独・英仏軍が対峙していたにもかかわらず戦闘が生じなかったこの半年間は、「奇妙な戦争」と呼ばれる。

西部での「電撃戦」

一九四〇年四月、独軍はデンマーク、ノルウェーに侵攻。五月のベネルクス三国侵入を経て、六月にはフランスを降伏に追い込み、西部攻勢に大成功をおさめる(ヒトラー五一歳)。独軍の、特に対仏攻勢を電撃戦として理解する従来の見方は、カール＝ハインツ・フリーザー『電撃戦という幻』(原著一九九五年、邦訳二〇〇三年)以来、疑問視されてきている。独軍は将校の数も仏軍の一〇分の一に満たず、装備も貧弱で「自動車化」もままならず、昔ながらの陸軍が九割を占め、空軍パイロットの数も足りず、その技術も付け焼刃だった。それなのに、独軍はなぜ勝てたのか。フリーザーによれば、戦力はこの西方戦役の勝敗を左右する決定的要素ではなかった。鍵は仏軍側の泣き所を見逃さなかった独軍内部少数派の戦術にあり、部隊の動き方にあった、というのが彼の結論である。

ここでは、以下の点を強調しておきたい。まず西部攻勢引き伸ばしは、装備・部隊訓練の改善のみならず作戦計画の根本的な改変をもたらすことになった。これが独軍に多分に幸いした。最終的な作戦プランは、陸軍総司令官や参謀総長にとって賛成しかねたA軍集団参謀長エーリヒ・フォン・マン

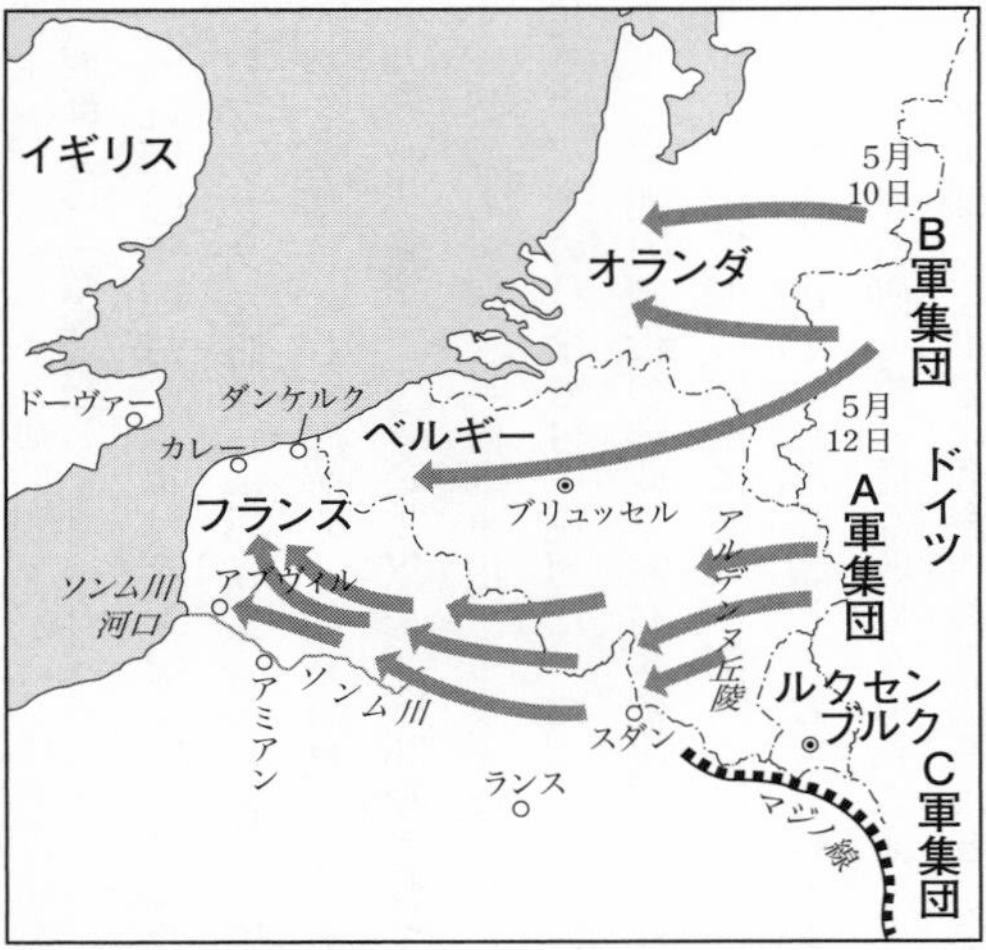

マンシュタインの作戦（西部戦線，1940年5月）

シュタイン中将の発案をヒトラー付き陸軍副官ルードルフ・シュムントが取り次ぎ、それをヒトラーが思い切って採用するという経緯があった。西部侵攻任務の独軍は、主攻勢をゆだねられアルデンヌ方面に向かうA軍集団、オランダ・ベルギー進撃をになうB軍集団、スイス・ルクセンブルク間の防御に携わるC軍集団から編制されていたが、B軍集団のベルギー西部への進攻は、第一次大戦時のシュリーフェン計画《プラン》を独軍が踏襲してオーソドックスな作戦を展開すると英仏軍に思い込ませる陽動作戦であり、実際の主要攻勢ポイント（マンシュタイン計画の要）は、アルデンヌ丘陵の森林地帯を通過し、マジノ線の手薄な地点を突破して一気にソンム河口＝英仏海峡まで進撃、敵軍を分断包囲してしまうことにあった。

ドイツA軍集団の先頭を進む第二装甲師団は、一九四〇年五月二〇日ソンム河口港湾都市アブヴィルに突入し、ベルギー軍、英派遣軍、仏三個軍が巨大な包囲網に封じ込められた。中南部残存部仏軍からの完全切断を成しえた独A軍集団は英仏海峡に面したダンケルク(英本土まで一五キロ)に連合軍部隊を追い詰めていったが、昼夜をわかたず猛スピードで進撃していた陸軍部隊の消耗や疲労度を勘案したヒトラーは、五月二四日前進停止命令を下した。この偶発的状況にも助けられ、六月四日までの間に民間船舶まで総動員したチャーチル政権は、計約三四万人の英仏軍兵員の決死の回収とイギリス本土への撤退に辛うじて成功した(英側コード名「ダイナモ作戦」)。

マンシュタイン元帥.「フューラーのフューラー」(ヒトラー総統の導き手)とまで称された

六月一六日、抗戦派ポール・レイノー仏首相にかわり首班となった和平派フィリップ・ペタンとの間で始まった休戦交渉に際し、ヒトラーは、第一次大戦の休戦協定調印がおこなわれたコンピエーニュの森の同じ場所に、一九一八年当時使用されその後博物館に陳列されていた特別列車をわざわざ引き出してきて、仏休戦交渉団メンバーの列席を強いた。ドイツの第一次大戦敗北の屈辱への遺恨を示威的に晴らしてみせたのである。イタリアはこれに先立ち、急遽独側に付いて参戦していた。予期しなかったこの大勝利にドイツ国民は沸きに沸き、ＯＫＷ（国防軍統合司令部）長官カイテルも「史上最高の将帥」（Größter Feldherr aller Zeiten）とヒトラーを最大の賛辞で讃えた。この略称「グレーファツ」（Gröfaz）は、一九四〇年夏以降独国内ではヒトラーの代名詞になった。新語・流行語大賞が仮にあったとすれば、間違いなく一九四〇年の受賞対象になっていたと想像できるほど、この言葉は大ヒットした。もっともこの新語は、三年後のスターリングラードにおける致命的敗北によって、ヒトラーへの秘かな冷笑的呼称に一変するのだが。

一九四〇年夏の状況に戻ると、中欧・北欧・西欧のヨーロッパ大陸を占領支配したヒトラー・ドイツに対して孤立するイギリスは、ウィンストン・チャーチルのリーダーシップのもと、アメリカからの物資援助を頼りに独軍の猛攻に耐え抜いた。海軍力の不備から対英上陸作戦（アシカ作戦）に踏み切れず、バトル・オブ・ブリテンで英本土上空の制空権もついに奪えなかったナチ・ドイツは、イギリスの屈服を全ヨーロッパ大陸の制圧に賭け、対ソ戦を本格的に視野に入れ始める。

対ソ戦の構想

ハーグ陸戦規則は、被占領国に対し占領費を課してもよいとし、それに対応する軍税を占領国が要求することを認めていた。ただ独軍が被占領国に課した額は、陸戦規則第五二条にいうところの相当原則（バランスのとれた適切なものでなければならない）に全く合わない額であり、独軍はこの「わずらわしい国際法規定」を「あまりに窮屈で使い物にならない」とみなし、無視した。ドイツの国家戦時収入は、こうして外国から徴収した占領費に加え、戦費分担金（ドイツへの同盟国スロヴァキア、ブルガリア、ルーマニア等からの対独軍兵士報酬金も含む）として回収した分と、ポーランド人やフランス人はじめ各国出身の兵士捕虜、その他強制連行外国人労働者やユダヤ人、国家の敵と宣告された人びとから搾り取った部分で構成されていた。

一九四〇年秋、独ソ関係はバルカンやフィンランドをめぐって悪化しつつあった。ヒトラーにとって東方におけるドイツ民族のための「生存圏」獲得は、「生涯最も神聖な使命」とされていたが、具体的な戦争政策の問題として対ソ攻撃が日程にのぼってくるのは四〇年七月末のオーバーザルツベルクにおける作戦会議からである。ここでヒトラーは「イギリスの希望はロシアとアメリカである」とし、ソ連が支えてくれるというイギリスの期待を潰えさせ、その抗戦意志を挫いてしまうべく、アメリカがヨーロッパ戦争に介入しないうちに対ソ戦を断行し、ソ連を「片づける」決意を示したのであった。すでに独自のプランニングを試みていた陸軍参謀総長ハルダーはヒトラーの指示を得て第一八軍参謀長エーリヒ・マルクス少将に命じ、モスクワ占領に重点をおいた本格的な対ソ作戦計画を立案させた。作戦開始の翌一九四一年五月までに陸軍を総勢四九〇万、一八〇個師団に増大させるOKW命令が出されていたが、三国同盟を、ソ連を加えた四国同盟に拡大すべしとの思惑を有する反英・親ソのリッベントロップ外相にも勧奨されて、ヒトラーは一一月一二日、モロトフ外務人民委員（外相）

をベルリンに招いた。しかし同日一方で「指令第一八号」を出して対ソ作戦準備を急ぐよう促しており、結局ベルリン会談で独ソ関係は改善されなかった。アメリカの積極的介入の時期を一九四二年と踏んでいたヒトラーは、英米との消耗戦を勝ち抜くためには、これまで戦勝成果として獲得した領域的・軍事経済的基盤では不十分と判断し、ソ連からの原料・食糧輸入に依存しない唯一の解決策を、電撃戦による四一年中のソ連征服に見出した。東方におけるドイツの「生存圏」獲得、「ユダヤ・ボリシェヴィズム」の根絶、スラヴ人に対する人種的優越にもとづく大陸帝国支配という世界観的・綱領的戦争目的は、ヒトラーにとって、本来ならば西部戦線という背面を憂うることなく達成されるべきものであったが、いまや対英戦争の泥沼から這い上がるため必須の戦略手段ともなっていた。

一九四〇年一二月一八日、ヒトラーは「対英戦終了前にもソ連を素早い攻撃で打倒する準備をすべし」とする指令第二一号「バルバロッサ作戦」に署名、準備完了期限を四一年五月一五日とした。この作戦コード名は、一一九〇年聖地イェルサレム奪回のため十字軍が東方へ進撃した際に不慮の死を遂げた神聖ローマ皇帝フリードリヒ一世のあざな「バルバロッサ」(赤ひげ)にちなんだもので、危難に陥ったドイツ国民救済のためバルバロッサが必ずや甦るという中世以来の伝説にあやかっていた。

対ソ戦がこれまでの戦争と決定的に異なっていたのは、次の点にあった。四一年三月一三日、OKWは「二つの全く相対立する政治体制が最終的に決着をつけるこの戦争から生ずる」特別任務をSS全国指導者ヒムラーに課し、彼が陸軍作戦地域で「独立して自己の責任において」その任務を実行することを承認した。これによって人種的政治的に「望ましくない分子」(ユダヤ人や共産党活動家)を一掃するハイドリヒ傘下「行動部隊」(アインザッツグルッペン)のおそるべき跳梁が可能になった。ヒトラーは三月三〇日将官クラスの軍人を集めて演説し、対ソ戦が「二つの相対立する世界観の戦争」であり、「社会的犯罪集団に等しい」ボリシェヴィズムは殲滅すべきであり、自分たちが闘う相手＝共産主義者を同じ「兵士」「軍人」と考えてはならない、ソ連軍部隊付き共産党委員(コミッサール)やインテリゲンツィヤからまず片づけていくべきこの戦争それ自体「絶滅戦争」であると強調した。

五月二一日の各省次官会議では、対英戦開始(三九年九月)以来「三年目を迎えた戦争は、全ドイツ国防軍がロシアから食糧を確保してはじめて継続できる。この場合われわれに必要なものをロシアからとりあげるのだから、(ロシア人)数千万人が飢え死にすることは疑いをいれない」が、無論この計画を断行することで一致した(ヒトラー五二歳)。この間バルカン方面の戦いに部隊と時間を費やして延引されていた攻撃開始日は、最終的には六月二二日と決定された。六月六日には、開戦後獲得されるはずのソ連軍捕虜から共産党委員を見つけしだい隔離してただちに殺害せよという命令(「コミッサール命令」)が発せられた。もちろん捕虜を扱うのは国防軍の管轄であり、人種イデオロギーにもとづく忌まわしいこの犯罪的な絶滅戦争に、軍そのものが決定的にコミットすることになった。こうしてバルバロッサ作戦は、ヒトラーによって、開戦前すでに道義性をかなぐり捨てた無法の性格を刻印され、形式的には戦時法規にしたがったそれ以前の戦争とは著しく様相を異にするものとなった。東部に第二の戦端を開くことには、外務次官エルンスト・フォン・ヴァイツゼッカー（一九八四～九四年に連邦共和国大統領を務めたリヒャルトの父）、駐モスクワ大使フリードリヒ・ヴェルナー・フォン・デア・シューレンブルクやエルンスト＝アウグスト・ケストリング将軍などから反対の声があげられたが、反対派は少数にとどまった。

ヘスの渡英事件

これらに先立つ五月一〇日、党総統代理ルードルフ・ヘスは、メッサーシュミット機を単独操縦して突然敵地スコットランドに飛び、英国防市民軍兵に身柄を拘束され取り調べを受けたが、知人ハミルトン公ダグラス・ダグラス＝ハミルトンを介して責任ある英政治家との接触をはかろうとした。ヒトラーの了解は得ずに、講和が今こそ最も賢明・得策であると説き、イギリスの植民地の保全とひきかえにヨーロッパ大陸でのドイツのヘゲモニー承認を求める和平案を提示したとされる。第一次大戦独空軍経験者であり、地政学者カール・ハウスホーファーの弟子をもって任じたヘスのこの現実離れした英独和平論は、英首脳には全く相手にされず失敗に終わった（ヘスは終戦まで英国で拘禁されることになる）。この事件をめぐっては、ヒトラーがヘスの行動を事前に知っており、秘かに使嗾《しそう》さえしたのではという見方がこれまで絶えなかった。しかし以下の諸点に鑑みて、こうした疑いは適当でないと思われる。

すなわち、翌日になってヘスの総統宛て書簡をヘスの副官がヒトラーに届けたとき、ヒトラーのパニックぶりが尋常ではなかったことや、ヒトラーがただちにゲーリング、リッベントロップ、ゲッベルスを呼び、事件後想定される諸事態を検討させたこと、一二日夜のラジオ放送で「ヘスの遺した手紙は精神錯乱を証明する」とのヒトラーのコミュニケが伝えられ、「総統代理が妄想の犠牲になった」と日記にも記したゲッベルスが「重大な、耐えがたい一撃」「総統に次ぐナンバー・ツーが精神錯乱とは、世界の人びとにとって何たる眺めだろうか」「まさに戦慄の、想定外の光景だ」と嘆いていること、一三日にヒトラーは党全国指導者、大管区指導者をオーバーザルツベルクの山荘ベルクホーフに召集し、この事件の背景説明とあらためての忠誠誓約要求をおこなっているが、ウィーン大管区指導者・総督バルドゥル・フォン・シーラハ（ヒトラー・ユーゲント全国指導者を「卒業」）が、三日たってもショックで打ちひしがれ興奮で声を震わせているヒトラーを目撃していた事実など……以上を考量すれば、ヒトラーにとって事件は青天の霹靂《へきれき》だったのではなかろうか。極秘で準備していた対ソ奇襲攻撃に

“ハインケル He 111”を見学中のヘス（真ん中）．最新型の航空機について定期的に情報を得ていた

ついて、ヘスから英政府がもし聴き知るようなことがあれば、自らの企図は全て水泡に帰すことをヒトラーは最もおそれなければならないはずだった。ゲッベルスの日記は、当時のナチ党内のディスコミュニケーションの惨憺《さんたん》たる状況を映し出していたが、ヒトラーの承認も同意も欠いたヘスのミステリアスな総統「向け」行動は、極度の「忖度」の行き着く先も暗示していた。同様に寝耳に水だったムッソリーニと伊政府に対して、リッベントロップはじめ独外務省は事態説明に追われながら、直近の対ソ攻撃をぎりぎりまで伏せていた。

バルバロッサ作戦

イギリスは、実はヘスからでなく暗号解読チーム「ウルトラ」による探知を通じてソ連に独軍の攻撃が近いことを警告した。だが、スターリンはこの警告はもとより東京の(スパイ)ゾルゲからの情報も信じないまま、六月二二日を迎えた。バルバロッサ作戦の攻撃開始時、独軍は二一個装甲師団を含む一五二個師団、三六〇万人(このうち六〇万はフィンランド、ハンガリー、ルーマニア、スロヴァキア、イタリア軍兵士)の部隊、三六四八両の戦車、二五〇〇の空軍機が参加、北方・南方・中央の三つの軍集団編制で進撃した。一方、国境方面のソ連軍は、総計一四九個師団、二九〇万人、一万五〇〇〇両の戦車、八〇〇〇をこえる空軍機という勢力であったが、不意を衝かれ、初日だけで一八〇〇機が(そのうちほとんどは発進もできず地上で)失われた。一〇月二日ヒトラーは「最後の大決戦」モスクワ攻撃

1 北方軍集団　2 中央軍集団　3 南方軍集団

バルバロッサ作戦(1941年6月)

開始を指令、「冬に入る前に敵を粉砕すべき最後の激烈な突貫攻撃」を鼓舞し、翌日にはベルリンのシュポルトパラスト（スポーツ宮殿）で「ソ連は打倒された。もはや立ち上がれないだろう」と大見得を切った。一〇月半ばには中央軍集団がモスクワ西方一五〇キロのビアズマ、ブリヤンスク付近で赤軍を包囲壊滅させ、六七万人の捕虜、一二四〇両の戦車、五四〇〇門の大砲を獲得、これで独軍にとらえられたソ連軍兵士捕虜は総計で三〇〇万をこえた。一〇月一六日にはソ連政府機関、外交団がモスクワを退去、クイビシェフに疎開した。しかしながら一〇月上旬すでに降雨降雪が始まりロシアは秋の泥濘《でいねい》期に入っており、陸上輸送はもとより空輸による補給も困難になりつつあった。装甲師団の稼働率も三五％に落ち、冬の装備さえ不十分なまま、一一月一五日にヒトラーの再度のモスクワ攻撃命令を受け取った中央軍集団が、モスクワ西方五〇キロ、北方三〇キロまで迫ったとき、マイナス三〇度の大寒波におそわれた（のちにはマイナス五〇度の極寒を経験）。中央に兵力を優先投入していたため、独軍の南北二つの軍集団も当初の目標を達成できないまま「冬将軍」を迎えてしまい、独軍の進撃は頓挫した。

ヒトラーは一一月一九日、ハルダーに「来年の課題はまずカフカース（コーカサス）。目標はロシア南部国境。時期三～四月」と述べ、カフカースの油田獲得を目指す一方、いよいよ始まりつつあった南部での英米の武器・戦略物資輸送を切断せんとする意向を示した。これは対ソ戦の長期化を認めるものであり、電撃戦の失敗を告白したに等しかった。その一〇日後には兵器弾薬相フリッツ・トートが「軍事経済上戦争は敗北しました、政治的に直ちに戦争を終結すべきです」と進言したといわれる。これをとりあげなかったヒトラーも、すでに打倒されたはずの赤軍が一二月五日反攻を開始し、その先鋒部隊が独軍深部にまで突入して深刻な打撃を与えた事態に直面するに到っては、部隊に休養と回復の機会を与え、来年の大攻勢遂行のため、「防御への移行」を命じざるをえなかった。一二月八日（日本時間）に日本は対米戦に突入しており（真珠湾攻撃）、その三日後、ヒトラーは対米宣戦布告をおこなった。

二　絶滅収容所の開設

ユダヤ人大量虐殺の開始

独軍がソ連占領地域でとった現地調達主義の過酷な食糧政策は、既述のように住民の厖大な餓死を前提にしており、ロシア民衆を結果的にはパルチザン組織のほうに追いやってしまうことにもなった。ソ連軍兵士捕虜の処遇についても「飢えさせ凍死させてかまわない」とし、一九四一年一二月初めですでに一四〇〇万人が犠牲となっていたが、翌年二月一日までに三三〇〇万人中二〇〇〇万人（約六〇％）が独軍捕虜収容所で、また輸送中に死亡した。ユダヤ人に対する扱いはさらに目を覆わしめる未曽有のもので、行動部隊による組織的殺戮によって対ソ戦開始後四二年春までの九カ月間に、少なくとも七〇万人が射殺された。この行動部隊の犯行には、特別行動隊4aによる四一年九月二九・三〇日ウクライナ近郊バビヤール峡谷での大量虐殺（三万三七七一名）も含まれるが、眼前で一気に大量射殺する方法はあまりにセンセーショナルで、実行者自身にもやがて心理的抵抗をひきおこすことになる。

対ポーランド戦終了以後ドイツの占領・支配下におかれたユダヤ人の数が、ドイツ本国のそれを一挙に数倍も上回るものとなった段階で、ユダヤ人問題の最終解決がナチ党・国家機関のさまざまなレベルであらためて求められた。対仏戦勝利後、一時は仏領マダガスカルへの移送策さえ浮上したが、一九四〇年夏以降、わけても英本土上陸作戦が断念されてからは、ヨーロッパ外への移住（つまり英仏の植民地をその候補地とする案）は望み薄となり、東部での「領域的」解決が要請されるようになっていた。ポーランドではハイドリヒがすでに三九年一一月二一日、当時二五〇万人をこえたポーランド・ユダヤ人をヴァルテラント（三九年ポーランド侵攻によりドイツに編入された地域。帝国大管区の一つ）および総督府（独軍が占領したポーランド領のうち、ドイツに併合されなかった地域にドイツが設立した統治機関）の都市に集めねばならないと告示していた。特にワルシャワやウーチなどの大都市を中心に、外界から隔絶されたゲットーに各地から駆り立てた人びとを押し込み、極限状況に追い込んでおきながら、食糧「闇」取引、伝染病蔓延、労働嫌厭、治安紊乱《ぶんらん》をユダヤ人に許しておくわけにはいかないという声をナチスは強め、より「根本的な解決」を求める雰囲気をしだいに醸成していった。縦四キロ横二・五キロの空間に約四七万人がおしこめられていたワルシャワ・ゲットーでは一九四一年だけで五万人が死亡した。

一九四一年七月三一日付けで、軍備の総責任者ゲーリングはハイドリヒを「ドイツのヨーロッパ勢力圏におけるユダヤ人問題全体的解決準備全権」に任じている。これによりハイドリヒはポーランドとソ連でユダヤ人処遇をめぐって展開されつつあった事態を総体的に解決する任務を委ねられた。八月半ばには国家保安本部刑事警察の責任者アルトゥール・ネーベに対し、無差別大量射殺に代わる、目立たぬ効果的な方法の本格的な検討が依頼され、九月半ば一酸化炭素ガスによる虐殺を可能にするガストラックの開発や、ツィクロンB(青酸ガス)を用いたガス室での人体実験が試みられた。九月一七日ヒトラーは大ドイツ国家領域(ドイツ本国、オーストリア、ボヘミア・モラヴィア保護領)から東方へのユダヤ人強制移送を認めた。翌日ヒムラーはヴァルテラント指導者アルトゥール・グライザーに「ヒトラー総統は西から東に向けて、ユダヤ人を大ドイツ国家領域からできるだけ早く立ち退かせ、彼らから解放されることを望まれている」と伝え、四一年内にヴァルテラントへできるかぎり送るとしていた。一〇月半ばからの強制移送の続行にたまりかねたウーチの行政当局のはげしい抗議を受け、直接ソ連占領区に送られたユダヤ人は、リガ、ミンスク、カウナス等で射殺された。次の輸送でドイツ本国諸都市から計二万人のユダヤ人が送られてきたとき、ウーチから北西五五キロのヘウムノにおいて、毒ガスを使用したものでは初となる大量殺害が、ゲットーからの労働不能者除去を口実に実行された(一二月初旬)。このヘウムノ絶滅収容所の設立にはヘルベルト・ランゲSS中尉が指揮する特別行動隊が深く関与していた。三九年末からポーランドや東プロイセンでの障害者殺害のための移動ガストラック開発にもかかわったランゲは、収容所司令官に就任し、監視のためにドイツ都市通常警察も動員し、遺体の片付け等にユダヤ人労務班を用いた。

この絶滅収容所の場合は、中庭を持つ城館と四キロ離れた巨大な遺体遺棄場所としての「森の収容所」とを往還するガストラックがつなぐ移動式殺人だったのに対し、四一年一〇月半ばには、恒久施設としての絶滅収容所の建設がポーランド総督府東部ルブリン地区に地区SS・警察高権指導者オデイロ・グロボチュニク中将の主導の下、進められていく。ベウジェッツで一一月はじめから建設が始まり四二年三月始動、五月ソビブル、七月トレブリンカにおいて順次開設、フル展開されていった。この三つの絶滅収容所でのガス殺は、一九四一年八月までドイツ国内で敢行されていた、障害者をガス殺する「安楽死」(T４)作戦と密接に関係していた。一九三九年秋以降、一酸化炭素ガスをドイツの精神障害者約七万人に用いて殺害した、この「安楽死」作戦については、ミュンスターの司教クレメンス・アウグスト・グラーフ・フォン・ガーレンによる批判を契機に国内世論の動揺をおそれたナチ党指導部が一部施設での中止を決めた。しかし、その後も秘かに継続され、作戦にかかわった組織・スタッフが東部からの要請をうけて派遣されるという経緯があった。のちにハイドリヒのファーストネームを冠して「ラインハルト作戦」と称されたこの絶滅作戦は、史上最大の絶滅収容所として一一〇万人を殺害したアウシュヴィッツに先行し、少なくとも総計一七五万人のユダヤ人をガス殺した事実だけ勘案しても、看過できない作戦だった。

ヴァンゼー会議――ユダヤ人問題の「最終解決」

一九四一年一一月二九日ハイドリヒは「ヨーロッパにおけるユダヤ人問題の全体的解決」についての会議を一二月九日開催するため、関係中央省庁と東部占領行政代表者たちに招待状を送ったが、真珠湾攻撃による日米開戦を受けてヒトラーが対米宣戦布告をおこなう緊急事態となったため、会議開催は延期され翌四二年一月二〇日となった。ヒトラーは一二月一一日の国会演説で対米宣戦布告を表明した際、「ドイツにとって戦争は今や世界戦争になった。これによって一九三九年一月の演説通りの状況が現れた」と述べ、「ローズヴェルトの背後にユダヤ人戦争推進勢力がいる」と発言した。ヒトラーの見方では、ドイツの手中にあるユダヤ人は、アメリカも支配している「世界ユダヤ人」に対する人質の意味合いがこれまでは強かったが、独米戦争に突入してしまえば、米政府を脅迫しうる取引手段としての重要性を失ったに等しかった。

「ヒトラー総統はユダヤ人問題を片づける決意を表明された。ユダヤ人が(先の大戦に加えて)もう一度世界大戦をひきおこすようなことがあれば彼らは絶滅に遭うと総統は(一九三九年)予言された。これは空言ではなかった。いよいよ世界戦争になったのだ。ユダヤ人の絶滅は必至、当然の帰結でなければならない」とゲッベルスはすかさず日記にしたためている。

ベルリン南西郊外ヴァンゼー湖畔のSS保安部休養施設内でハイドリヒが主催した一月二〇日の会議には、政府官房、外務省、内務省、四カ年計画庁、東部占領地域省、ポーランド総督官房、ゲシュタポ、ナチ党官房、SS人種植民本部、総督府保安警察・SD、ラトヴィア・東国全権区同警察・同部等一五名(中心は次官クラス)が集まった。国家保安本部のアイヒマンが議事録を残したこの会議は、歴史上「ヴァンゼー会議」と呼ばれている。ヨーロッパの「ユダヤ人問題の最終解決」に関して国家保安本部主導を確認し、出国政策にかわり東方への強制移送を認めた総統の意思を受けて、今後の

「最終解決」に重要な意味をもつ実践経験を集め(例えば、ガストラック開発者ランゲSS大尉(当時)の会議出席にも象徴される)、諸問題を調整した。議事録は「特別措置」といった偽装語に満ちているが、アイヒマンが一九六一年イェルサレムで裁判前の取り調べでも認めているように、「労働可能」なユダヤ人には奴隷的労働による過酷な搾取と「自然的減少」の運命を、「労働不能」なユダヤ人にはガス殺による即刻殺害という選別計画を、ヴァンゼー会議は了承した。会議は「最終解決」の対象範囲としてイギリス、アイルランド、ポルトガル、スウェーデン、トルコのヨーロッパ部分も含む全ヨーロッパ・ユダヤ人一一〇〇万人が考慮されねばならないとしていたが、かかる考え方は、対英支配の可能性さえ全く遠のいたこの時期、遠大な目標にすぎなかった。要するにヴァンゼー会議は、ここ数カ月間のユダヤ人問題の「最終解決」の趨勢、つまり絶滅政策を認め、ユダヤ人の追放政策から計画的な大量殺戮政策への転換を確認したのであった。

ヴァンゼー会議以前の東部へのユダヤ人移送は、受け入れ地域の抗議、移送手段の困難を伴い、緊急逼迫状態が絶えず喧伝されていた。だが、ヴァンゼー会議以降、受け入れ地域、移送の調整がおこなわれ、すでに始動していたヘウムノ絶滅収容所を含め、ラインハルト作戦によるベウジェツ、ソビブル、トレブリンカ、また強制収容所を兼ねたマイダネク、アウシュヴィッツ(後の二収容所ではツィクロンBをガス殺に使用)という計六つの絶滅収容所が起動する。

一九四二年春には国立中央銀行(ライヒスバンク)総裁ヴァルター・フンクとヒムラーの間で、SS

が殺害したヨーロッパ・ユダヤ人の金、宝石、現金を中央銀行に引き渡す協定が結ばれた。中央銀行は、黄金、金貨、外貨の対価をドイツ国庫本部の特別口座に払い込んだ。ヴァンゼー会議に代表が出席していなかった中央銀行、財務省、経済省、さらに秘密国家予算から大半を得ていた軍も、絶滅政策に決定的に関与していたことは明白である。例えば、独軍はセルビアでパルチザン戦に手を焼いていたが、独軍兵士に死者が一人出れば人質にしたセルビアの住民一〇〇名を殺害、負傷者が一人出れば五〇名を殺害するというやり方で、ユダヤ人、共産主義者、民族主義者の順に、その家族ごと「片付け」ていった。こうしてユダヤ人が一掃されたセルビアでは、軍政を敷いた独陸軍がホロコーストを主導したと言える。

ハイドリヒはヴァンゼー会議後ボヘミア＝モラヴィア保護領に戻り、大ドイツ国家領域になお生き残っているユダヤ人の確実な追跡・拘束に辣腕をふるっていたが、五月二七日亡命チェコ政府がロンドンから秘密裡に派遣した暗殺コマンドによってプラハの公道で襲撃され、六月四日死亡した（ヒトラー五三歳）。ヒトラーの計らいによる国葬後、国家保安本部も自ら暫定指揮したヒムラーは一九四二年七月一七〜一九日三つの絶滅収容所を回り、ユダヤ人の選別とガス殺害を検分。そのうえでポーランド総督府全域に権限をもつSS・警察高権指導者フリードリヒ＝ヴィルヘルム・クリューガーに対し、総督府ユダヤ人全住民の「再定住」を一二月末までに終了するよう命令した。「再定住」は当時殺害を含意した隠語であった。各絶滅収容所の受容規模（殺害キャパ）に重大な関心をもっていたヒムラーの巡回以降、かつてない大規模な強制移送がおこなわれていく。七月二二日からはワルシャワ・ゲットーのユダヤ人がトレブリンカへ強制移送されはじめ、九月末までに九〇%がガス殺された。ヒムラーのこの巡回は、ポーランド・ユダヤ人だけでなくヨーロッパ・ユダヤ人の絶滅を本格化させていく重大な画期となった。

三　独ソ戦の帰結

対ソ戦の再開――「青」号作戦

一九四二年の東部戦線は、アメリカの軍事的潜在力がヨーロッパ戦場で実際の効果を発揮する前に「ソ連になお残存している防衛活力を最終的に殲滅し、可能なかぎり、最重要の戦争経済力の源泉をソ連から奪ってしまわねばならない」(第四一号、四月五日総統指令)というヒトラーの企図に規定された展開をみせる。アメリカの参戦を四三年と踏み、欧州に「第二戦線」が形成されドイツが二正面作戦を強いられる状態になるまでに数カ月とみたヒトラーは、その前に東部戦線で夏季大攻勢を展開して片をつけるしかないと判断した。ドイツが長期的にもちこたえられる体制を構築するには原料基盤、わけても石油資源が長期保証される必要があった。また想像を絶する規模で人的・物的資源をのみこんでしまう東部での戦いそのものに決着をつける必要にも迫られていた。

南方軍集団参謀部で六月一日開かれた会議の席上、ヒトラーは「マイコープとグローズヌイの石油が手に入らなければこの戦争を終わらせねばならない」と述べた。東部戦線に当時配備された独軍勢力は、歩兵一八五個師団、自動車化歩兵一六個師団、装甲部隊二五個師団、後方警備用二六個師団、計二五二個師団であった。特に攻撃の中心となる南方軍集団には、兵員・装備の上で北方軍集団・中央軍集団に比べ優先権が与えられていた。第二軍、第四装甲軍、第六軍、第一装甲軍、第一七軍の計五個軍(総勢八〇個師団)に加え、四個空軍編隊、さらにハンガリー第二軍、イタリア第八軍、ルーマニア第三・第四軍(外国支援軍総計二五個師団)が参加していた。もっとも、「モスクワの冬が、兵員、馬匹、車両に与えた打撃は甚大であり、結局わが軍は失ったスタミナを回復しきれなかった」と参謀総長ハルダー大将が述べていたように、独軍の全体的戦闘能力の低下自体は否定しようもなかった。一九四二年三月の時点でそのまますぐ投入可能な師団は実際のところは独軍全体の五%にすぎなかったと、代表的な独ソ戦研究者B・ヴェークナー(ハンブルク連邦軍大学名誉教授)も指摘している。南方軍集団が危険になったとしても、(北部・中央軍集団からの救援は期待できない状態で)ソ連軍撃破と石油獲得に乗り出す「青」号作戦は、四二年六月二八日開始された。

スターリンは、独軍のこの作戦をどこまで察知していたのだろうか。ソ連軍は今回もたちまち防御線を突破され、潰走した。スターリンないしソ連軍最高指導部は、一年前の「バルバロッサ」作戦の轍をまたしても踏んだことになる。ソ連側は、主要攻撃が首都モスクワに集中すると予想していた。

作戦実施の九日前に独軍の一機の偵察機がソ連側の対空砲火に遭って撃ち落とされた事件については、二一世紀になってはじめて光が当てられるようになった。証明された事実は概略以下のとおりである。この機には独軍少佐(ほか一名)が搭乗しており、独軍側は彼の遺体のほかに遺品回収にも必死になったが、彼の書類カバンの中にあったはずの所属師団進撃計画(クルスクの南北両方面から進みヴォロネシを占領する作戦)の関係書類が見つからず、ソ連軍側が先に奪ったことが推察された。たしかにスターリンにまでこの新情報は届いていたが、彼はこれを独側の惑わし戦術とし、モスクワを主目標にしている独軍の真の狙いから目を逸らさせる策略だと信じ、側近将官たちも敢えて異を唱えなかった。一方独軍側は、四一年五月のヘス事件のとき同様パニックに陥り、作戦を中止するかどうかの賭けに追い込まれたが、ヒトラーは予定を変更することなく作戦実行に踏み切った。そして第四装甲軍と第二軍がヴォロネシに向かい、作戦スケジュール通り、「青」号作戦発動九日目の七月六日、ヴォロネシ占領に成功する。ヒトラーは立て続けに得られた戦果に気をよくし、ソ連軍の抵抗の弱さを、「敵は混乱分解のさなかにある」と見て、戦略計画を変更するにいたった。すなわち、まずスターリングラード、次いでカフカースと段階プラン的に設定されていた目標対象が、同時並行的に追求されることになった。ヒトラーは七月九日、南方軍集団をA軍集団(ヴィルヘルム・リスト元帥指揮)とB軍集団(フエードア・フォン・ボック元帥指揮)の二つに再編、前者をロストフ、ドン川方面からカフカースに向かわせ、後者にはドン川湾曲部とヴォルガ川に挟まれたスターリングラードへの進撃を命じた。

七月一三日のソ連最高軍司令部会議では、ヴォルガ川に戦略的後退をおこなうことを決定。兵士間の敗北主義を苦難に耐え抜く勇気と戦意にかえる教育を徹底しながら、次の抵抗線スターリングラードに向かって後退していった。ヒトラーは七月二一日、戦争遂行指令第四四号を発し、「〔セミョーン・〕ティモシェンコ（ソ連南西方面軍司令官）軍に対する作戦の予想外の急速且つ有利な進展は、近い時期に、最も重要な資源たる石油と米英の補給輸送路とともに、カフカースの奪取を期待させるものである。これは、全ドネツ工業地帯の喪失と合わせ、ソ連にはかり知れぬ結果をもたらす大打撃となろう」と述べていたが、事実、広大なドネツ盆地全体を失ったことは、モスクワをめぐる攻防同様、ソ連を重大な危機に追い込んでいた。続く七月二三日の第四五号指令では「過去三週間の作戦において、私の設定した東部戦線南部の広範な目標は、大部分が達成された。ティモシェンコ軍のほんの弱小部隊だけ

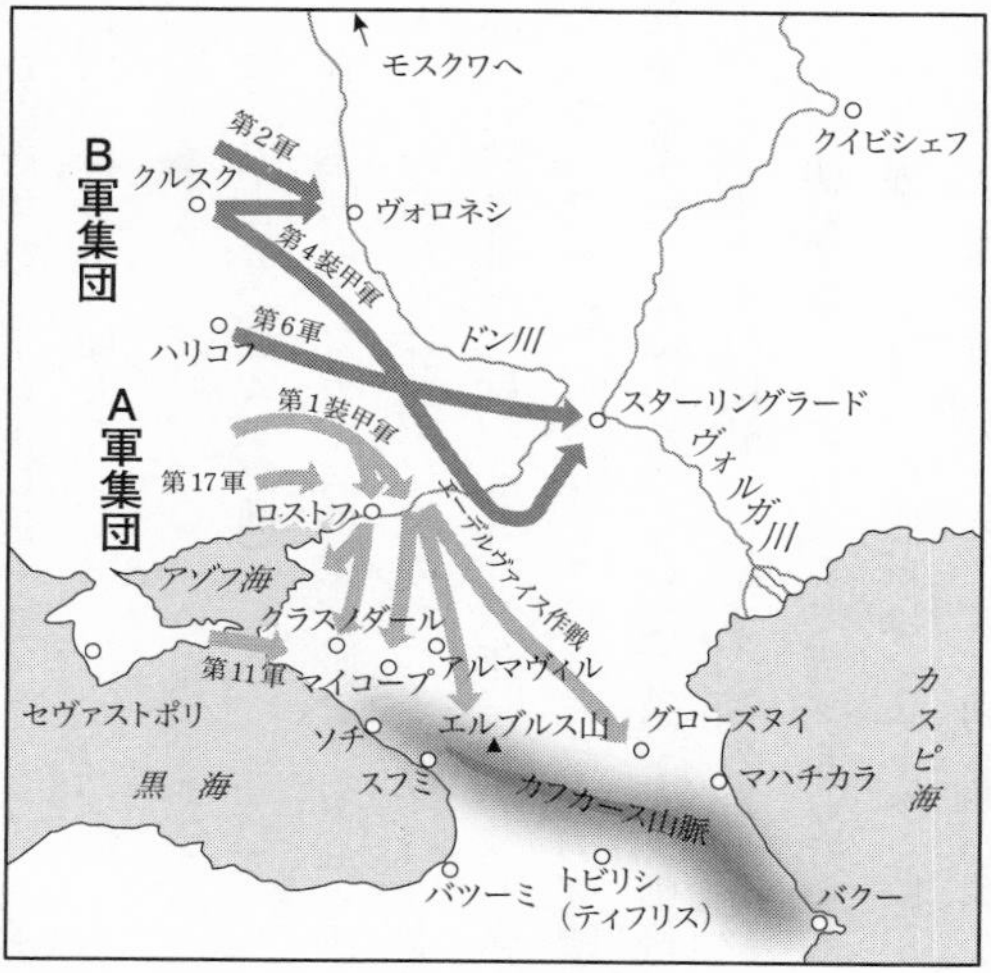

「青」号作戦

が包囲を免れ、ドン河に辿り着くことができたにすぎない」とし、「青」号作戦が成功に近づいたと自信のほどを吐露した。

カフカース進撃(A軍集団)

A軍集団のカフカース進撃作戦(コード名「エーデルヴァイス」)はバクーを目指していた。第一次大戦末、このあたりは独軍に縁のない土地ではなかった。最高統帥部のルーデンドルフ将軍が推進した東部「新秩序計画」は、一九一八年三月のブレスト゠リトフスク条約以後、譲歩に譲歩を重ねざるをえなくなったロシア・ボリシェヴィキ政権の弱腰を見越してかなり実現され、バクーの石油の二五％を独軍は獲得するにいたっていた。第一次大戦後まだ駆け出し政治家だったヒトラーは、大戦の英雄ルーデンドルフとの接触を通じて、このヨーロッパ最大の油田地帯がいかに重要か、また今後の戦争遂行が石油資源なくしてはまるで考えられないことを認識させられていた。

一九四二年七月二三日独軍はロストフを陥落させた。独軍のドン川渡河とロストフ占領は、それぞれヴォルガへの道、カフカースに到る門が開かれたことを意味した。ソ連指導部にとってカフカース、ヴォルガ一帯を失うことは問題外の事態だったから、戦略的後退もここまでであった。これまでソ連軍の後退に同意していたスターリンも、七月二八日、次のような命令を発した。「いまや予備兵力においても穀物備蓄においても、われわれが独軍より優位に立つことはなくなった。これ以上の後退はわれわれの没落に等しく、祖国を失うのと同義である。われわれがいま占めている地歩を一歩でも失えば、それは敵の強化、われわれの防衛、祖国の弱体化を意味する」「一歩たりとも退くな」。同時にスターリンは「パニックを引き起こす輩《やから》、臆病者は、その場で直ちに射殺せよ」と命じていた。実際、第二次世界大戦の決戦となったスターリングラードの戦いで、こうして「処断」された人は一万三五〇〇名にのぼった。

八月九日にはマイコープが攻略されたが、ソ連軍は撤退時に採掘製油設備等を徹底破壊、独軍にとってはインフラ使用不可となり、進軍自体も停滞を余儀なくされる。たくさんの河と支流で分断されたカフカースの地形は、これまでになく戦闘を長引かせながら、退却する敵を利し、進出に見合うだけの補給も追いつかず、とりわけ燃料補給・輸送の問題が深刻化しつつあった。間伐さえおこなわれず、人が通った跡のわずかに残る道なき道をたどって原生林をくぐりぬけ、雨になれば氾濫する大小無数の河川を渡河して進軍しなければならなかった独軍の困難は、計り知れぬほど大きかった。こうした地相は逆に、防御側にはカモフラージュ、壕・陣地構築、奇襲等で利点を与え、しかもソ連軍は不退転の決意で持ち場を死守した。独第四九山岳兵軍団は困難をしのぎながらカフカース大山脈に入り、その中のバイエルン出身の一隊は、八月二一日、最高峰エルブルス山(五六四二メートル)山頂に達した。カフカースをこえて西側での黒海沿岸スフミ(アブハジアの中心地)への進出、東側でのカスピ海沿岸マハチカラ、さらにバクーへの進出を焦っていたヒトラーは、このニュースに接し「A軍集団の目的はソ連軍撃滅にあり、断じて登山にあらず」と激怒した。独軍部隊の一部はスフミから四〇キロの地点にまで達していたが、疲れ果て、それ以上の進軍歩兵に必要な物資輸送の騾馬《らば》などの調達もかなわなくなっていた。

リスト元帥は山岳兵師団のスフミ攻撃が無理であることを訴え、ヒトラーの怒りを買って、九月九日解任された。九月初週、カフカース戦線の全体的停頓に気づいたヒトラーは、一九四二年中と設定した戦略目標が達成されないと悟っただけではなかった。対ソ戦そのものの勝利ももはやおぼつかないと直覚したのではなかろうか。ヒトラーにしてみれば、その全責任はA軍集団が負うべきであった。彼は軍集団のリアルな状況を伝えなかった陸軍幹部だけでなくOKWに対してもこれまでにみられなかったような不信感を募らせた。お気に入りだったOKW作戦部長ヨードルを九月七日にA軍集団本営に派遣したが、ヒトラーの意に反してリストの軍況報告をヨードルが支持したからである。戦後のニュルンベルク裁判でヨードルは、ドイツの大戦敗北の決定的時点がいつだったかについては厳密に確言しなかったが、「独軍の将帥のなかで、誰よりいち早くそれを察知したのはヒトラー総統自身のはずだ」と意味深長な証言を遺している。

スターリングラード進撃（B軍集団）

すでに七月二三日からB軍集団は軍備・交通要衝の都市スターリングラードに向けて進撃を開始し

ていた。既述のように、この都市は独軍にとって本来永続的占領の対象ではなく、南方軍集団をA・B二つに分割する以前は、カフカースへ侵攻するためのむしろ起点となるべき早期段階の作戦目標となるはずだった。だが、しだいに敵の最高指導者の名をおびたスターリングラード（「グラード」は、都市を意味するロシア語「ゴーラト／ゴロド город」の古語「グラート／グラド град」に由来）の占領自体に、軍事的意義のみならず政治的にも重大な意味が賦与されていくことになる。

B軍集団編制四日後、作戦計画が予想通りには進行しておらず、ソ連軍が巧妙な撤退を繰り返しており、自らのマスタープランが台無しになっていると感じたヒトラーは、遅滞の原因は作戦に批判的なボック元帥にあるとみなして罷免。マクシミリアン・フォン・ヴァイクス大将をB軍集団司令官の後任に据えたが、作戦の遅滞そのものにはその後も苛立ちを隠せなかった。八月二三日には独空軍六〇〇機が猛烈な空爆攻撃をおこない、スターリングラード市民四万人が殺戮された。九月四日には第六軍がスターリングラード市内に侵入し、死守を決意したソ連第六二軍と工場設備や住宅地区の一軒々々をめぐる一進一退の激戦に突入した。

敵に背面を衝かれかねないカフカース攻勢の危険をはやくから強く訴えていたハルダーは、A軍集団の攻勢が九月初め機能停止したことを受け、スターリングラードにおける正面攻撃による消耗、側面不安のままの楔形突出隊形の危険性について、特に第六軍の動きに警告をやめなかった。だがヴァイクスB軍集団司令官は、九月一一日ヒトラーに対し、一〇日以内に市内攻撃は完了しますと述べていた。すでに南方軍集団のA・B軍集団への分割について、兵力の極度の消耗の危険を訴えていたハルダーをヒトラーは九月二四日ついに解任、かわりに四月西部方面の陸軍部隊を再編し大西洋沿岸防備の構築に功があったクルト・ツァイツラー陸軍少将(ゲルト・フォン・ルントシュテットD軍集団参謀長)を歩兵大将に昇格させ、新陸軍参謀総長に抜擢した。

ヒトラーによる軍指導部の一連の首のすげ替えは、戦争準備期一九三八年二月の「ブロンベルク＝フリッチュ危機」に劣らず、軍にとっての重大な危機であり、この一九四二年「九月危機」は、戦時期政軍関係の観点からは、ヒトラーによる「軍に対する権力掌握」を意味したが、同時にドイツ国家の東部における戦争遂行全体の危機でもあったことを再確認しておきたい。

ラッテンクリーク(ネズミの戦争)と包囲網

九月末ヒトラーは東部からベルリンに戻り、シュポルトパラストで一万二〇〇〇名の若手将校たちに演説し「スターリングラードはすぐに陥落する。そうすれば冬の間にもカフカースへの進軍を再開できる」と豪語した。だが、第六軍司令官フリードリヒ・パウルスは一〇月六日、全軍の疲弊を理由に攻撃の一時停止を報告、ヒトラーはB軍集団の主目標としてスターリングラードの「完全占領」を命じた。一一月八日恒例のミュンヒェン一揆記念演説で、彼は再びスターリングラードでの勝利が近いとの見通しを述べたが、スターリングラードでは何週間もの間、独第六軍はほとんど前進できず、前進距離も一日数メートルと微々たるものになり、工場や家屋だけでなく地下室や下水道の一角をめぐる「ラッテンクリーク」(ネズミの戦争)とさえ称される凄惨な闘いの様相を呈するようになっていた。

こうした白兵戦の中、都市北部方面での不穏な敵兵力の大集結について、各所から警告が発せられていく。「われわれは(側面防衛の)ルーマニア第三軍に対する早期攻撃を予想しなければなりません」(東部軍情報部長ラインハルト・ゲーレン大佐)という不吉な報告から一週間後の一一月一九日払暁、市北西方向からのソ連軍によるルーマニア軍攻撃が始まり、防衛軍はたちまち圧倒的多数の敵に粉砕された。短い休養をとるためにバイエルン・アルプスの山荘、ベルヒテスガーデンのベルクホーフに戻っていたヒトラーは、ルーマニア軍が総崩れ状態との連絡を受け、事態の重大さを認識した。ヒトラーは独軍の戦車部隊(フェルディナント・ハイム中将指揮第四八装甲軍団)によるソ連軍の進撃阻止を期待しつつ、B軍集団司令官に直ちに第六軍のこれまでの攻撃を中止し、突破された側面へ部隊を移動せよと命じた。翌日には市南部のルーマニア第四軍が防衛する戦線の脆弱部を突破され、北西・南西からのソ連軍の挟撃攻勢が強まる中、ヒトラーは第六軍全体が包囲される深刻な危機に直面していることを悟った。

ヒトラーは、北方軍集団への派遣を予定していたマンシュタインを急遽スターリングラード内外戦域を統括する新設ドン軍集団司令官に任ずることを決める一方、ソ連軍による包囲がここ数日中に成ると直覚し、スターリングラードへの空輸の可能性を空軍に照会した。昨冬(四一～四二年冬)のソ連軍による大反攻によって、ドイツ東部軍全体が潰走しかねなかった一大危機において、全軍が踏みとどまれたのは、将兵の士気によるよりもむしろ「持ち場死守」を厳命した自らの指揮力によると信じて疑わなかったヒトラーは、さらに四二年二月までソ連軍の包囲を受けたノヴゴロド州デミヤンスクにおける独軍六個師団救援成功のケースを思い起こしていた。当時も悲観的な予想をした将軍たちに対し、今回もまた自分の的確な判断が実証されるはずだと感じていたし、外から包囲を解くのに成功したデミヤンスク作戦を、より大規模にスターリングラードで再現しうるものと考えたのであろう。

ヒトラーは第六軍への空輸補給の可能性についてゲーリングに照会したが、折しもベルリン、カリンハルで会議の主催中だったゲーリングにかわって、空軍参謀総長のハンス・イェショネク上級大将が、デミヤンスクでの一〇万人将兵救援に続き今回も空軍は輸送作戦をなしとげてみせますとヒトラーに保証した。

デミヤンスクでは一〇万人将兵のために一日三〇〇トンの物資空輸をおこなった経験から、単純計算でスターリングラードの二五万人将兵のためには一日七五〇トンを運ぶ二・五倍の輸送機が必要であると、当初見積もられた。しかし出撃・発着基地環境や条件、迎え撃つソ連空軍の力量も、スターリングラードの場合について徹底して比較考量されることはなかった。ヒトラーもイェショネクも、今回の空輸作戦がデミヤンスクの規模や期間にはわたらないであろう、常勝将帥のマンシュタインがすぐソ連軍の包囲を解いて南部戦線を立て直してくれるから、しばらくの間第六軍は空輸に頼っていればよい、くらいにしか考えていなかったふしがある。二一日午後、ヒトラーは第六軍司令官パウルスに対し「第六軍は一時的にロシア軍に包囲されている。……この困難な状況下で第六軍が勇敢に耐え抜くだろうと分かっている。第六軍は私が助けを差し伸べ、救出に全力を尽くすと心得よ」と告げていた。その日遅く空軍の現場の将校からは、まるまる一個軍に空輸補給することは考えられない、北アフリカ戦線でも困難な補給戦に直面させられている独空軍にとって余裕はないとされ、空からの第六軍全体への補給は実行できそうもなく、過度の期待を抱かれても困るという警告が、第六軍の参謀長アルトゥール・シュミット中将に発せられた。南部空域担当第四航空軍司令官ヴォルフラム・フォン・リヒトホーフェン(「レッド・バロン」の異名をもつ第一次大戦の英雄マンフレートの従弟)からも、スターリングラードでハリネズミ防衛(要塞型防御作戦)をとることは狂気の沙汰であり、空軍の現状からすればかかる第六軍を支え続けられる能力はもちあわせていないとの現状説明が、ベルリンのゲーリング、東プロイセンのツァイツラー、ベルヒテスガーデンのイェショネクに対してなされたが、ヒトラーにまでは届いていなかった。パウルスはB軍集団司令官ヴァイクスに対し、唯一意味のある決定は西方に向かっての第六軍の突破であるが、B軍集団には第六軍の動きに呼応して外側から包囲ソ連軍に対し攻勢をかけていただきたい、突破の前提となる燃料が不足しているのもどうにかしてほしいと訴えた。

空輸作戦をめぐって

一一月二二日午後、発動から三日目を迎えたソ連軍の大規模な挟撃作戦「ウラーヌス(天王星)」は第六軍全体をすっぽり包み込み、包囲網の輪閉じに成功した。この輪の中に独軍二〇個師団、ルーマニア軍二個師団(約一万三〇〇〇人)、現地民対独協力者・捕虜等(二万人)総計二六万人(さらに馬五万頭)が封じ込まれた。

同日、スターリングラードの第九高射砲師団長ヴォルフガング・ピッケルト少将が第六軍参謀長シュミットに内部からの突破以外に方策はないと提案したところ、シュミットはヒトラー総統からは踏みとどまれとはっきり命令されている、脱出のための燃料も不足しており、一万五〇〇〇名の傷病兵も遺棄することはできないと応えた。パウルスは黙っていたが、シュミットと同意見であった。戦線の補給がいかに困難かを知る空軍の戦区司令官たちの声を聴いたB軍集団司令官フォン・ヴァイクスは、第六軍が二〇個師団から構成されていることを思えば、天候含めどんなに好条件が揃っても、空輸量は必需の一〇分の一しか満たせないという理由で、即時撤退命令をOKWに要請した。

スターリングラードの独軍内では、ピッケルトとシュミット、パウルス間での話し合いと並行して、グムラクで軍団司令官数名による協議もおこなわれていたが、それをリードしていたのは、第五一軍団司令官ヴァルター・フォン・ザイトリッツであった。彼は、四月ソ連軍の包囲を解く解囲作戦を成功させ砲兵大将に昇進していた〈デミヤンスクの英雄〉であり、半年前(五月初旬)には、戦果報告を兼ねた「御進講」をなすべくベルクホーフのヒトラーから一度限りの直接謁見の機会を得ていた。そのときザイトリッツは、ヒトラーが「柔軟」防御の必要性を理解せず、どんなに兵士の犠牲を払っても「占領地」の確保・維持にこだわるタイプで、場合によってはそれを放棄する覚悟も必要といった指導者としての判断力・器量をもっていないように感じたという(ザイトリッツ『書簡集』)。

それと同時に、OKWや陸軍最高司令部の面々について、反対意見を嫌うヒトラーが少しでもそうした見解を示されると激怒するのをおそれて沈黙しているのに、ザイトリッツ自身憤りを感じたようだ。退出時に、「きみと見解を同じくする」とOKW作戦部長ヨードルから囁かれ、気骨あるヨードルでさえこの有様かと驚いた、とのちに述懐している。六月に第五一軍団長として第六軍に配属され、その五カ月後には包囲されたスターリングラードの中で今回は外からの解囲作戦を待つ身になりつつあったザイトリッツは、第六軍の破局を避けるには内部からの包囲突破しかないと、誰よりも早く脱出作戦を企図・主張した。

一方空軍参謀総長イェショネクへの照会後、ゲーリングからもあらためて空輸による補給が可能であると連絡を受けていたヒトラーは、二二日ベルクホーフでゲーリングと直接面会し、空軍が間違いなくその任務を果たすという確約を得た。しかし実のところゲーリングは、イェショネクの総統への進言内容を吟味せず、当該戦区の空軍司令官たちとも協議しないまま、空手形を切ったにすぎない。彼は英本土上陸の前哨戦「バトル・オブ・ブリテン」後結局制空権をイギリスから奪えず、他方で連合軍の空爆によるドイツ諸都市の破壊蹂躙《じゅうりん》を防止しえない独空軍の総指揮官としての失地回復・名誉挽回の機ばかり窺っていたが、ヒトラーへの確言後は当時最も関心を注いでいた美術品略奪作戦のためそそくさとパリへ旅立った。ヒトラーも列車でパウルス等と連絡をとりながら東プロイセン・ラステンブルクの総統本営に向かった。

「もちこたえよ」という総統の厳命に対して抗命を口にすることを何よりおそれていたパウルスは、スターリングラード内の軍団司令官たちの早急な包囲「突破」を求める声も無視できず、二二～二三日は態度が決まらず動揺を繰り返すことになった。スターリングラードの戦況報告(いざというときの自由行動請願付き)をヒトラーに伝えると、軍集団司令部からは「踏みとどまれ」命令が伝えられたが、軍集団司令部自体は、「再構築」という名の「突破作戦」を計画、ヴァイクスの戦況報告とパウルスの自由行動請願を直接ヒトラーに試みている。しかし総統の考えを変えさせることはできなかった。ヨードルに支持され、見栄をはったゲーリングの口約束にもとづき、ヒトラーは救援部隊が到着するまで完全籠城の第六軍に空輸補給する決定を下した。総統の決定は一一月二四日朝、第六軍とB軍集団司令部に伝えられた。ザイトリッツはこの決定が下される前、すでに独自の行動をとらざるをえなくなっていた。第六軍司令部からは突破準備中止命令がいったん出されていたにもかかわらず、むしろ司令部に突破の決断を促すように二二日夜半から傘下部隊を動かし北部包囲線からの撤退をひそかに始めていたザイトリッツの部隊は、二三日朝突如ソ連軍戦車部隊の攻撃を受けて多大の損害を出した。ヒトラーは北部防御線の要塞化を命じ、よりにもよってザイトリッツにこの突出部分の死守を命じたが、ザイトリッツは、スターリングラードを維持することは不可能であり、ただちに突破作戦開始が必要であるとする覚書をあらためて提出。パウルスには二〇万人をこえる兵士の命がかかっている危機的状況下、突破の行動を選ぶという選択肢が提示されていたが、この責任を自ら担う決断ができなかった。総統命令にあくまで忠実たらんとする第六軍参謀長のシュミットは、ザイトリッツの独断専行が解任に値するだけでなく重大な軍規違反に相当するとみなし、パウルスに処分を要求したが、パウルスは戦局改善まで軍事裁判を延期することにした。ザイトリッツは最悪の結末を想定し、ヒトラーがスターリングラード第六軍への空輸補給作戦命令を下した二四日付けで妻あてに覚悟と訣別の手紙を書き送っている。

第六軍がしばらくもちこたえれば「マンシュタインはすぐに包囲を破り、南方の戦線を回復する」とヒトラーが期待していたように、一九四〇年対仏戦大勝利以来、負け知らずの知将として高名だったマンシュタインは、ヒトラーにとって「奇蹟の武器」とも称されたコンビ相手だった。包囲された第六軍を含む、新しいドン軍集団の主要目標は、カフカースのA軍集団へのルートを守り、スターリングラードの南と西の脆弱な戦線に梃子《てこ》入れをはかることだったが、マンシュタイン元帥は第六軍救出のため解囲をめざす、ヘルマン・ホート将軍の第四装甲軍も指揮していた。マンシュタインは、ヴァイクスやツァイツラーたちが、第六軍自身による早急な包囲突破作戦実施をヒトラーにラストチャンスとして要請する方策には同調しなかった。ヒトラーの意志を変えることは無理と見ており、ゲーリングの口約束を信じ、十分な空輸によって第六軍の戦闘力はなお保てるとしたのである。こうしたマンシュタインの判断を裏書きにして、彼を信頼していたヒトラー自身の見解が補強された点は否めない。「第六軍将兵は私が全力をあげて救援しようとしているのを知らなければならない。いずれ私の命令が届くであろう」というヒトラーの言葉を受け入れながら二四日の総統命令までなお遅疑逡巡していたパウルスが、「貴官をこの苦境から救い出すために全力を尽くす」とマンシュタインに励まされたことで、ヒトラーの許可なしに突破口を開く計画を放棄してしまった面も否定できない。

マンシュタインの予測とは裏腹に(ザイトリッツのほうは予見していたとおり)、ゲーリングは約束を守れなかった。第八航空軍団が補給のためにあてがわれたのは約四〇〇機で、これをフル回転で操業させれば、一日七五〇トンを空輸できると当初見積もられていた(その後最低五〇〇トン必要と下方修正された)が、実際に投入出撃可能な機は三五%ほどだった。ソ連空軍の攻撃力ならびに防空体制の精度もデミヤンスクのときとは比べ物にならぬほど増しており、二四日には二二機の独軍機が、翌日はさらに九機が撃墜され、二五日に第六軍に届いた食糧と武器は七五トンに過ぎなかった。吹雪をはじめ冬の悪天候にも妨げられ、包囲期間中実際の補給量は目標値の七〜二〇%しか達成できず、平均で一〇〇トンにもみたなかった。しかも弾薬や燃料が最優先され、食糧配給は一一月二六日から五〇%削減された。マンシュタインもリヒトホーフェンから独空軍の実際の力量と制約を聞かされ、楽観的観測を徹底修正せざるをえなかった。

「冬の嵐」救援作戦

一二月はじめに予定されていた「冬の嵐」と名付けられた救援作戦は、一二月一二日ようやく開始された。これ以前にすでにドン軍集団全体の状況もますます悪化していたのだが、スターリングラードで包囲された独軍将兵にとって唯一希望を託せる指揮官はマンシュタインだった。「耐え抜け、マンシュタインが血路を開いて助け出してくれる！」。これが第六軍将兵全体の合言葉となったが、現実にマンシュタインが自由にできたのは、必要な兵力量にほど遠いごくわずかの部隊だけだった。このうち第六軍救出のため解囲をめざす第四装甲軍を指揮していた司令官ホート上級大将が使えたのは、第五七装甲軍団(フリードリヒ・キルヒナー装甲兵大将指揮)であり、この軍団の中でも、なお戦時編制を充足させ、一六〇両の戦車・突撃砲を保持していたのは唯一第六装甲師団(エアハルト・ラウス少将指揮)だった。敵の抵抗が増し、天候悪化の中、一週間でラウス軍の先鋒は八〇キロに及ぶ突破をなしとげ、スターリングラードまであと五〇キロの地点に橋頭堡を築くにいたった。スターリングラード内の独軍観測兵にも救援軍の砲火がかすかに見え、他の少なくない兵士がその轟を耳にしたと思った瞬間だった。救援軍接近により第六軍が解囲行動に出られるようになる好機、いまこそ連結作戦が実行可能と判断したマンシュタインは一二月一八日第六軍に突破を命じる権限をツァイツラー経由でヒトラーに請願した。総統は突破提案を再度却下した。マンシュタインは一九日午後六時ドン軍集団命令をパウルスに発し、第六軍に自力突破による救援作戦寄与を指示したが、第六軍の致命的燃料不足を訴えた参謀長シュミットの指摘にも促されたのか、パウルスは自軍に移動命令を発しなかった。兵員補充と物資補給がなされなければ突破遂行は不可能と判断されたのである。マンシュタインも突破遂行で押し切ろうとはしなかった。解囲独軍に対してはこれを阻止しようとした約二〇個軍ものソ連軍部隊の大集団が、独軍ドン軍集団自体にとって危険な攻撃ポテンシャルをなすのみならず、カフカースに大部分まだ留まっているドイツA軍集団をも切断しかねない不気味な勢威を示していた。すでに一二月一六日以降ドン川方面のイタリア軍、またハンガリー軍も潰走させた赤軍は、独軍の南部戦線全体を脅かし不安定化させたため、マンシュタインは一二月二三日、スターリングラード解囲作戦継続をついに断念し、ホートの装甲軍部隊を南部前線に転用せざるをえなかった。一二月末までに、圧倒的なソ連軍によって第五七軍団は攻撃起点まで押し戻され、すべての希望がかかった救援作戦はこうして挫折。スターリングラードで包囲された部隊の戦闘能力も年末までに急速に低下していった。

第六軍の惨状と「狼の巣」

餌を与えられなくなっていた五万頭の馬はすべて処分され兵士の食糧にあてられたが、一二月中に最初の餓死者が出て、第六軍では戦闘によらない死者のほうが増大するようになっていく。凍死はもとより、肝炎、赤痢、チフス等の伝染病の蔓延に加え、従軍医師が謎の疾患として「第六軍の心臓〔の急停止〕」と呼んだような、極寒下の消耗と栄養失調による突然死が急増していった。馬肉も食べつくすと犬や猫、さらにはハリネズミまで食して飢えをしのぐ兵士の姿がめだっただけでなく、斃《たお》れた兵士を埋葬する余力もなく陣地内の到るところに死体が散乱する惨景まで出現した。一九四三年の年初にパウルスは、「わが第六軍の勝利への意志は、不屈である。さすればこの新しい年は必ずやわが軍の解放をもたらすであろう。それがいつかはまだ確言できないが、総統が約束を守られぬことはなかったし、今回も果たされよう」と述べていた。

一月一二日にパウルスの副官ヴィンリヒ・ベーアがマンシュタインに第六軍の惨状を報告したところ、マンシュタインは即座に総統のもとへ直行させ、ベーアに寸分かわらぬ報告を繰り返させた。しかしベーアの報告に接したヒトラーの反応は、一二月はじめに第六軍が三日しかもたないとすでに聞いていたが、六週間経過してももっているではないか、武装SS数個師団を救援軍として派遣するからもう数週間もちこたえよというものだったという(SS装甲師団部隊出動が準備万端整ったのは実際にはようやく四三年三月のことであった)。人里離れたラステンブルクの要塞本営「狼の巣《ヴォルフスシャンツェ》」にこもり、周囲には一種の「自然公園」をめぐらして、敵と接触することなく身の危険を少しも感じないまま、親しい側近ばかりを配し、ゲーム感覚で戦況報告を受けていたヒトラーにとって、そこから一歩でも外に出て最前線に身をさらすことなど、まるで考えられなかった。作戦マップの駒とミニチュアの旗ばかりを見つめ、まるで現実感覚を失ったヒトラーの姿に直面して、ベーアはもはや戦争に勝てないと直感した。

しかし、第六軍が緩慢な大量死を終わらせうる可能性もすでに出てきていた。一九四三年一月九日にはソ連軍から最初の降伏勧告があり、ソ連軍ドン軍戦線コンスタンチン・ロコソフスキー中将は、第六軍全将校・兵士の生命と安全、戦後の独本国への帰還、制服と階級章の非剝奪、傷病兵の公正なケア・医療支援を保証していた。パウルスは降伏勧告の受け入れは拒否しながら、ヒトラーに行動の自由を求めたが、ヒトラーは拒絶。一月一〇日には、ソ連軍による北西・南部戦線に対する大攻勢が開始された。一週間後に包囲の輪は三分の一の大きさに狭まっていた。包囲されていたスターリングラードへの物資発送地の一つ、タジンスカヤの独空軍基地もすでに前年クリスマス・イヴにソ連軍戦車によって蹂躙され、七二機が破壊され、補給は一層難渋していた。独空軍がスターリングラード空輸作戦で失った空軍機数は総計五〇〇近くにのぼった。

降伏――スターリングラードでの敗北

一月二二日、南西戦線で独軍が深甚な侵入を被ると、パウルスは戦闘停止を照会し、マンシュタインもこれを支持したが、ヒトラーの答えは断じて否で「第六軍の降伏はすでに名誉の観点からして考えられない」と述べた。ソ連軍は二五日には西から第二一軍が、東からは第六二軍が輪を狭めた包囲網の中心に向かって圧力攻勢を激化させ、翌日には雪崩をうつように両軍が合流した結果、独軍の残存戦闘部隊は南北に分断された。三〇日には市内中心部にあたる「赤の広場」にソ連軍戦車が到達した。最後の抵抗を続けていた第六軍司令部に対し、ヒトラーはパウルスを陸軍元帥に昇格させたが、それはおためごかしにパウルスにピストル自決を促す暗黙の合図でもあった。パウルスは同日ヒトラーに政権掌握一〇周年の第六軍祝電を送っているが、同時に個人的なメッセージとして総統の甥レオ・ラウバル(三一年死亡したゲリ・ラウバルの兄)が負傷したことを知らせた。包囲された部隊兵員中、四万九〇〇〇名ほどのオーストリア出身の軍人の一人だった彼を飛行機で後送致しましょうかとの問いに対し、ヒトラーの答えはノーであり、戦友たちのそばにとどまるべきであるとしたのだった。一月三一日、パウルス、シュミットをはじめ分断された南部独軍の孤立部隊は降伏、カール・シュトレッカー上級大将麾下第一一軍団ほか北部残存部隊も無意味な戦闘をなお二日間続けたのち、二月二日降伏した。生き残り九万人を下らぬ独軍将兵が捕虜となり、のちに故郷に還ってきたのはわずか六〇〇〇人ほどであった。独軍にとってスターリングラードは、包囲されてから七二日後に一個軍が全崩壊・消滅するという、前代未聞の大失態となったが、その間約一五万人の無駄な大量死が続いたことになる。軍事的な判断としては包囲開始前後間髪を入れず突破作戦を敢行すればかかる厖大な犠牲が出来することはなかったし、クリスマス前に解囲作戦が失敗したときに降伏することが、兵士の命運を握る軍司令官の責務だったであろう。

スターリングラードの独国防軍捕虜は、当時ソ連軍側が数えた概数より実際には多く、一〇万七八〇〇名であったことが最近あらためて確認されたが、これら捕虜のうち一年も生き延びられなかった者が八万四〇〇〇名にのぼったことも判明した。オーストリア出身軍人中故国に帰還できたのはわずかに七〇〇〇名ほどであった。収容所生活一二年を経て一九五五年に戻ってきたレオ・ラウバルもその一人であった。

四　敗戦の足音

姿を見せぬ総統

連合軍によるドイツ本国への空襲は、西部ドイツを中心にすでに一九四〇年から始まっていたが、一九四二年二月以降、特にエッセン、ケルン等ルール、ライン下流の工業都市に対する空爆を強化するにいたり、同年夏には空爆による月平均死者数が七五〇名(それ以前は二二〇名)に急増、四三年には七〇〇〇名にはねあがった。空襲の影響は、ナチ体制に対する国民の忠誠心を破壊する方向に作用したが、ヒトラーが公に姿をあらわすのをはばかるようになったのも心理的には容易に説明がつく。スターリングラード敗北の報のショック以来、ヒトラーに対する批判の声は初めてあからさまになり、総統が人前に出れば、不満や怒りの表明の標的になることを恐れなければならなくなっていた。はたしてヒトラーが空襲で破壊されたドイツの街を慰問するようなことも皆無であった。

世界戦争に突入して以降のヒトラーは、対ポーランド戦争開始二カ月後に爆弾テロに遭遇しそうになったものの、自ら積極的に大衆に演説のカリスマをアピールすべく努めていた。だが、戦争が長引いて、最終的勝利がますます遠のいていくにつれて、公衆を前にした華々しい登場の形を避けるようになり、従来のような大演説はなくなっていく。「グレーファツ」としてのヒトラー人気のピークと思われる一九四〇年には九回、一九四一年は七回、一九四二年は五回、一九四三年はわずかに三回、一九四四年はたった一回(党設立記念日二月二四日時の演説)と、直接国民大衆ないし党大衆の前にも出なくなっていった(もっともラジオ演説自体はその後も続けられた)。

独裁者が公の場にほとんど姿を見せなくなることは、ナチ支配体制の深甚なる危機を示すものであった。支配の受容はこのカリスマ的指導者が動員調達しうる国民の同意に依存していたからである。ヒトラーにとっても喝采を得る機会の漸次喪失は、大衆に対する自らの権威が致命的に揺らぎだした兆候と映った。大観衆の前での演説によってかきたてられえた熱狂の嵐から幾度となく自己確認の力・自己の存在証明を引き出していたからである。彼と大衆の間で継続的にとり交わされたエネルギーこそ最大の強みであったものが、スターリングラード後はほとんど経験されなくなったのである。大衆演説家としての役割が演じられなくなったときが、彼の支配の重大な曲がり角だったことは明白であろう。

スターリングラード敗北後、世捨て人同然にひきこもって不健康な生活を送っていたヒトラーについては、マンシュタインからその頃彼に紹介された側近将校アレクサンダー・シュタールベルクが、まずヒトラーの口臭のひどさに驚き、閉口しながらも細心の注意を払って次のように活写しているのが印象的である。「彼のありさまに衝撃を受けた。肌は黄色がかって弛《たる》んでいる。ひげも剃っておらず、ダブル〔ナチ高官のダブルブレスト型制服〕の灰色〔ナチ党の制服は元々褐色だったが、国防軍軍服を意識し、ヒトラーは総統服の色を開戦期以降グレーに変更〕の〔襟の〕折り返しには、あきらかに食べこぼしとわかる染みがついていた。姿勢を見ていても不安な気分にさせられる。頭を肩から前に突き出し、放埒《ほうらつ》の果てということなのか、腹が突き出ていた。疲れ切った男、病人だ」。

スターリングラード敗北の影響

スターリングラード破局のニュースはドイツ国民にこれまでにない衝撃を与えた。第六軍兵士の留守家族を中心に、犠牲者や捕虜の運命と犠牲の厖大さに真っ先に関心が集まったが、スターリングラードをめぐる攻防がどうしてこのような帰結を導いたのか、かかる膨大な犠牲がはたして必要だったのか、スターリングラードからの撤退や解囲の試みが失敗したのはなぜか、スターリングラード戦の敗北によって戦争全体の帰趨はどうなるのか、これは終わりの始まりではないか、等々、数かずの問題意識や疑念の声が国民のあらゆる階層の間で高まったことも、SS情報組織SDの全国極秘情勢報告は伝えている。

スターリングラードの独軍敗北によって、無謬無傷と思われたヒトラーの軍司令官としての名声・栄光が剝がれ落ちるとともに、それまで体制と国民をつないでいた信頼の絆が損なわれていったことは見てきたとおりであるが、軍指導層のなかだけでなく、一般軍人兵士の間でもこれまでの「グレーファッツ」としてのヒトラーの令名は動揺させられた。さらには、彼の軍事的センス、能力そのものに対する疑念をも生じさせる、重大な契機となったことも指摘しておかねばならない。この深刻な戦争遂行と軍事指導・作戦の危機は憂国軍人たちの間にヒトラーを最高司令官の地位からひきずりおろす、さらには物理的に除去せんとする企図をひそかに進行させていった。他方ではナチ党幹部の間で「すべてにわたって総統をわずらわすことはできない」「総統が国民革命に勝利するのを助けた人びとは、今こそ彼が戦争に勝利するのを助けなければならない」とするゲッベルスを中心に、国民総動員体制構築に向けたリーダーシップ補塡の動きも活発になっていた。

スターリングラード戦没者のために三日間の服喪を発表したゲッベルスは、四三年二月一五日に、勝利のための完全動員を要求する布告をナチ党の全国政治指導者および大管区指導者、それにすべての軍司令官に向けて発し、その三日後にはベルリンのシュポルトパラストで信頼のおけるナチ党員一万五〇〇〇名を前にした大集会で「諸君は総力戦を欲するか」と題する演説をおこなった。だがこれは細部まで演出された催事で、党員は制服ではなく私服を着て参加し、聴衆が一般民衆であるかのごとく装われたものだった。彼らの歌う歌、承認の叫喚、同意の合唱は見事に統制がとれていた。彼はレトリックを駆使して聴衆を熱狂の極みに駆り立てた。「総統とともに、そしてわれわれとともに、ドイツ国民の最終的な全面勝利を諸君は信じるか？」「総力戦を諸君は望むか？」「もし必要ならば、今日想像できる以上の全体的かつ徹底的な戦争を諸君は望むか？」とゲッベルスが声を張り上げて問いかけると、会場からは力強い「ヤー（然り）」の轟がかえり、「戦争努力を妨害する者は死に値することを承認するか」という質問にも熱狂的大合唱で「当然」という答えがこだました。

同日ミュンヒェンでは、ハンス、ゾフィーのショル兄妹が「ドイツ抵抗運動のビラ」を大学キャンパスで配布して逮捕され、グループの摘発がなされた。四二年六月以降ミュンヒェンでは「白バラ」と題するパンフレットが出回り、その中では占領地人民に対するドイツ人の犯罪、特にポーランド人、ユダヤ人に対する犯罪行為がナチ・ドイツの戦争政策とともに痛烈に弾劾され、ドイツ国民に対して今こそ「目覚める」必要性が訴えられていた。ショル兄妹の逮捕から四日後の二月二二日には、ベルリンから飛んできた民族裁判所長官ローラント・フライスラーによって、被告人の二人は死刑を宣告され、仲間のクリストフ・プローブストともども即日ギロチンで斬首された。「連座」した友人のアレクサンダー・シュモレル、ヴィリー・グラーフ、さらにミュンヒェン大学哲学教授クルト・フーバーもその数カ月後に処刑された。

独軍の反撃と英霊追悼の日

一九四三年二月、独軍は前年夏攻勢を開始した線まで押し戻されていた。独軍の東部戦線南翼全体が崩壊しかけているような情勢で、ソ連側に楽観が拡がった。ソ連軍は、独軍の決定的弱体化を引き起こすために作戦休止期間をおかず新攻勢を実行すべしと矢継ぎ早に作戦を繰り出し、二月九日までにベルゴロド、クルスク、その数日後にはその南のハリコフの奪還に成功した。二月一二日、マンシュタインは解隊された独B軍集団も編入し、ドン軍集団改め「新南方軍集団」の指揮官に任ぜられた。ヒトラーとOKW、陸軍総司令部の将官たちのあいだで、バルバロッサ、「青」号作戦に続く第三の戦略的東部大攻勢はもはや展開しえないとのコンセンサスが、この間できあがりつつあった。だがそんな中でも、戦争に最終的な〈勝利の講和〉をもたらす意味で、マンシュタインの攻勢・作戦は再び期待と注目を集めていた。マンシュタインは、意気消沈状態から(薬物効果もあって)活気を取り戻したヒトラーの反撃命令を引き出し、三月はじめにはドネツ川とドニエプル川の間に展開されたソ連軍の攻勢を食い止めてこれに打撃を与え、三月半ばにはハリコフを再奪取した。

「英霊追悼の日」(第一次大戦も合わせた戦没者を祈り偲ぶ日とされた)は復活祭五週前の日曜日に粛々と挙行され、総統も短いスピーチを(一五〜三〇分間)おこなうのが恒例だった。この年はヒトラー自身の意向によって、復活祭四週間前となる三月二一日(日曜)開催に変更されはしたものの、既述のごとく公の場での演説を避けるようになっていたことからすれば意外にも、ヒトラーは自ら進んで首都の公の場で演説しようとした。そこには東部戦線におけるこのハリコフ奪回という直近の勝利を「グレーファァツ」としての自らの威信回復に結びつけたいという思いが強く働いていた。お気に入りの最精鋭武装SS装甲師団投入によってハリコフを取り返したことも大きかった。もちろん、ヒトラーの厳密な演説予定時刻は英爆撃機に狙われかねず、発表されていなかったが、中央軍集団司令部のヘニング・フォン・トレスコ大佐を中心とする軍の抵抗運動グループは、演説がおこなわれる軍事博物館「ツォイクハウス」(ベルリン旧武器庫)の対ソ戦獲得兵器展示自体にも一枚かんでいたため、参加軍人の中に運動メンバーのルードルフ・フォン・ゲルスドルフ中佐をすべりこませることが可能となった。

ハイドリヒ暗殺以後、要人警護が強化されており、ヒトラーをピストルで狙うような方法は考えられなくなっていた。新しい方法として、演説後、博物館展示を見て回るヒトラーにできるだけ接近して自爆テロを敢行するという新しい襲撃方法が採用された。愛する妻を亡くしたばかりのゲルスドルフならではの覚悟のアプローチだったが、その日に限って一二分の短いスピーチ後、博物館の観覧を数分で端折ってヒトラーが急遽退去したため、爆弾をコート下に着装しすでに一〇分後爆発するようセットしてしまったゲルスドルフは、誰もいなかったトイレに飛び込み、あと五秒というすんでのところで自爆を免れたという。

党関係者を集めてのものを除けば、これがヒトラーの公衆を前にした最後の演説となった(約一万人を集めた)。この日の演説は、かつてに比べると比較的地味で即物的であり、独軍が四二・四三年冬の赤軍攻勢の危機を耐え、もちこたえたことを称えたが、この間の緊迫した戦局に対応して、過度の楽観とは無縁の内容であった。当日の宣伝・告知が遅れたため、最初のラジオ放送を聴き逃した聴衆に向けて、夜にもラジオの再放送が行われた。巷《ちまた》では総統は御病気かあるいは負傷されたのではという噂がさかんに流れていたから、国民の間ではたちまち風評がやむことになった。

折しも春の雪解け(泥濘期)が始まり、天候の急変もあって独ソ両陣営とも機動作戦が実行不可能になっていたが、部隊の疲弊と損耗、予備兵力の不足、わけても東部戦線全体における統合的計画の欠如のため、独軍もこれ以上戦果を拡げていくことはできなかった。ヒトラーと独軍将官たちの間で、カフカース、スターリングラードでの敗北のあとは、ドイツを勝利に導く戦略的攻撃の可能性は残されていないという判断においては一致していた。

マンシュタインは、中央軍集団と密接に協力しつつ、クルスク西方に張り出したソ連軍の突出部の排除撃破をねらって「ツィタデーレ」(城塞)作戦を四月半ばに策定し、独軍の起死回生をはかる挙に出ようとしていた。

パルチザンとの攻防

しかし春から六月にかけて、独軍は様々な事情から攻撃発動延期を繰り返さざるをえなかった。パルチザン制圧問題もその一大要因であったことが最近再認識されている。従来この時期については、ゲットー解体、わけてもポーランド総督府下のワルシャワ・ゲットーに対するヒムラーの四三年四月一九日（ヒトラー五四歳誕生日の前日）の解体命令発動が、ユダヤ人側の抵抗運動を激化させた経緯は知られている。なお七万人ほど生き残っていた人たちの中で二〇〇〇名をこえる若者が主体となり、ほとんど武器らしい武器もなくゲリラ戦を開始した。このユダヤ・ゲリラ戦の拡大を粉砕すべく、ユルゲン・シュトロープSS准将指揮下の部隊にヒムラーは徹底的掃討作戦を指令、SSは一六名の「戦死」者、九〇名の負傷者を出したものの、五月一六日にはゲットーを完全に破壊し、捕捉された五万六〇〇〇人のユダヤ人の大半を射殺するか絶滅収容所送りに処した。

この事実がよく知られている一方、ソ連占領地域でのパルチザン制圧にこの時期独軍が大いに悩まされ、「ツィタデーレ」作戦の実際の開始を大幅に遅れさせるほどの要因になったことは、従来看過されてきた。一九四一年冬のソ連赤軍の反撃に対し巧みな防衛戦を指揮して戦線安定に貢献していた第九軍司令官ヴァルター・モーデル麾下歩兵第七師団は、暗号名「ツィゴイナー（ジプシー）男爵」作戦で代表して語られる「匪賊《ひぞく》討伐作戦」を展開した。東部戦線決着までのパルチザン戦全体では五五万人の犠牲者（うち独軍側犠牲者は五万人）を出したとされるが、その大半はむしろ独軍とパルチザン双方に挟まれた村落住民で、しかも独軍側は襲撃したソ連村民の生存者を「捕虜」扱いして、強制労働のためにドイツ本国へ大量移送した（三九万人）。しかし四三年前半、特にパルチザン軍による独軍鉄道関連施設への攻撃は二月から六月までに八四〇〇回を数え、部隊や兵器の輸送にも支障をきたし、独軍側の輸送の遅滞は兵員三〇万人、戦車(含自走砲)一〇〇〇両にまで及び、クルスクへの進撃開始延期にも重大な影響を与える結果となった。

これまでは、ヒトラーが「目下世界最高の戦車」たる「ティーガー」や重戦車「フェルディナント」(ポルシェ社開発、のちの「エレファント」)や新型主力戦車パンター等を奇蹟の兵器として投入することにこだわった点がむしろ「ツィタデーレ」作戦開始遅滞の要因だったと強調されすぎるきらいがあった。もちろんこの要因を全く否定するのも妥当ではないが、唯一の理由でないことは確かである。

ツィタデーレ作戦(クルスク戦)をめぐって

ツィタデーレ作戦の開始日をソ連指導部は探知していた。一九四三年七月五日、ソ連軍が兵員数で三・二対一、戦車で三対一、大砲で五対一、航空機で四・三対一と圧倒的優位にありながら独軍は攻撃を開始。双方を総計すると約二〇〇万の兵員、戦車・突撃砲七四〇〇両、航空機五〇〇〇機がクルスク周辺の広大な戦場に投入された。兵力劣位にあった独軍はソ連軍の地上目標に対し、新開発収束爆弾(クラスター爆弾)の初使用も試みた。五月四日の会議ですでにヒトラーは兵力比に対する懸念を述べ、強力な火力支援がなければソ連軍の縦深多層陣地の突破は不可能であるとし、ツィタデーレ作戦発動を確定する前に、地中海戦域の戦局好転を待つのが妥当ともしていたが、五月一三日にはチュニジアのボン岬半島に追い詰められた枢軸軍部隊が降伏し、アフリカ大陸は連合軍が支配するところとなった。六月半ばにＯＫＷは、ツィタデーレ作戦が大幅に遅れたことで、予想される地中海での連合軍の攻撃と時期が重なるおそれが高まってきたため、作戦中止を勧告。陸軍総司令部との見解対立もあらわになり、最終的に作戦発動が七月五日にようやく確定したのも、そのわずか一〇日前の六月二五日だった。始まってみると史上最大の激烈な戦車戦が一週間以上続いた。しかし七月一〇日、英米連合軍は一四〇機のグライダーと空挺部隊三〇〇〇名の降下を口火として作戦「ハスキー」(シチリア島上陸作戦コード)を発動し、バーナード・モントゴメリー大将指揮の英第八軍が艦隊の支援を受けながらシラクサ付近に上陸、ジョージ・Ｓ・パットン将軍指揮の米第七軍四個師団も島の東南部ジェラ付近の上陸に成功した。七月一三日ヒトラーはマンシュタインとギュンター・フォン・クルーゲ(ボックにかわって四一年一二月中央軍集団司令官に就任)を呼び、ツィタデーレ作戦中止の断を下した。独軍のシチリア失陥は確実とみて、バルカン西部かイタリア南部への連合軍上陸という次なる脅威への対処には新たな軍が必要と判断したのである。それが得られる唯一の源泉が東部戦線であれば、ツィタデーレ中止もやむをえぬという決断であった。クルスクで成功がえられなかったことについて、マンシュタインは回顧録『失われた勝利』で、作戦発案者本人にしては詳細な説明を省きつつも、奇襲効果の欠如、兵力不十分、攻勢発動の度重なる遅延等を淡々とした調子であげている。クルスク戦以降、東方戦域の主導権は不可逆的にソ連側に移り、ドイツ軍は退勢に追いやられるがままになっていく。

一九四三年後半、わけてもアルベルト・シュペーアの軍需生産体制の革新によって、兵器生産を中心に増産が目立っていたが、装輪・装軌車両(戦車、装甲車など)の補充はひっきりなしの損失に追いつけなかった。クルスクで大きな打撃を受けたものの、ソ連軍の諸部隊、特に戦車・機械化師団はたちまち戦力を回復した。しだいに能力を増していく敵に対する独軍側の作戦状況はますます深刻化し、より受動的になる一方、軍内には「受容しうる」戦争終結を導くような軍事的成功を得る機会を増やすため、軍指導部を大幅に更迭するか最高指導機構改革の必要があるとする見方をはじめ、〝何かがなされねばならない〟という雰囲気が醸成されつつあった。

ドイツ国内の反体制派や抵抗運動にとって、ナチ体制の転覆にドイツ国防軍の協力は不可欠であり、国防軍をそのために決起させるには、全軍が忠誠を誓っている国防軍最高司令官ヒトラーを除去することが必須だった。だが、軍の抵抗運動に対するその姿勢の典型として、プロイセンの軍人は反逆しないという見方が当時広く流布していた。ナチ体制が侵略・戦争を通じて中欧・バルカン・東方へ進出膨張していったことも、ドイツの軍人貴族たちの二〇世紀における新たな社会的上昇を保証する動因になっていたのである。

イタリアの停戦——ムッソリーニ失脚

イタリアについてヒトラーは、君主主義者と貴族たちが最初から戦争遂行に傾ける努力を怠っていたと考えていた。伊国王ヴィットーリオ・エマヌエーレ三世は、その国家元首としての権力は名目的なものながら、ムッソリーニにかわる隠然たる忠誠の拠り所であり、彼をとりまく反動勢力が、ムッソリーニらの革命的ファシズム勢力に勝利してしまうに違いないと、ヒトラーは危惧していた。四三年七月の連合軍シチリア上陸成功後、同月一九日のムッソリーニとのフェルトレ会談で、ヒトラーは初空襲によるローマ市民パニックの報を耳にし、ファシスト政権が崩壊の淵にあるという認識を強めた。さらに会談翌日にはヒムラーから、ムッソリーニにかえてピエトロ・バドリオ元帥を首班に据えるクーデタ計画の情報を受け取った。

シチリア上陸という連合軍の伊国内への侵攻と伊軍敗北を降伏の契機とみなした伊軍首脳部は、イタリアが単独で和平交渉を開始せざるを得ない旨、会談でヒトラーに伝えるべきだと進言していたが、ムッソリーニは却下していた。七月二四日の(戦争初期以来初の)ファシズム大評議会で、国王に全権を返還するようムッソリーニに迫る動議が圧倒的多数で可決され、翌日の会見で国王からムッソリーニ本人に首相解任とバドリオの首相任命が伝えられるとまもなく、ムッソリーニは逮捕された。バドリオはイタリア軍参謀総長を務めた軍人で、一九四〇年にムッソリーニと対立して退役していた。当日夜の総統大本営の作戦会議中に事件を知ったヒトラーは、怒りをあらわにし、イタリアの「明白な裏切り」をゆるさないとし、明日にも部隊を派遣して伊政府関係者、国王、皇太子、バドリオ、「他の一味全員」をつかまえると息巻いた。王や王族(その後はさらにバチカンまで含め)のことを、ヒトラーが「ゲジンデル」という独語(下層の輩《やから》、クズの意)まで使って口を極めて罵ったことは、注目に値する。

七月二六日にヒトラーは総統本営で、どうして二一年間も権力の座にあったファシズム政権がこれほど迅速に内部から転覆されえたのか、ゲッベルスやゲーリングと意見交換している。イタリアでは、全土で反ファシストのデモがおこった。バドリオは首相就任直後に戦争継続声明を出したが、ドイツの伊駐屯軍は和平の動きを警戒し、増強された。伊国民の大部分は、ムッソリーニ失脚で戦争終結への道がようやく開かれたと感じていたにもかかわらず、伊外務省と伊軍部は相互に連絡もとらず連合国との和平交渉を並行的に展開する混乱状態が続いた。

ドイツ国内では(七月二四日からの英空軍による「ゴモラ」作戦で四万人をこえる犠牲者がハンブルクで出たのをはじめ)これまでで最も激しい空襲被害を受ける中、ドイツ国民は、イタリアのファシズム体制がひと晩のうちに崩壊した事態を衝撃的に受け止めた。「二〇年以上存続した政権でも、数時間で倒壊することがありうるという現実に直面し、ナチ党のみならず国民層の少なくない部分で意気消沈がみられ、ファシズムの命運が尽きたのは明らかとみる住民は津々浦々存在する」とSS保安部(SD)の全国秘密情勢報告は伝えている。北独ロストックの路面電車の中で、ドイツも早晩そうならねばならないし、総統は退任の必要がある、戦争はもはや勝利し得ないのだから、と述べた一人の参事官が密告され、民族裁判所で八月下旬にはやくも死刑判決を受けたケースもSD同報告はとりあげていた。

いずれにしてもムッソリーニの失脚がナチ党にとっても重大な曲り角であったことは間違いない。イタリアでは軍部が最終的に主導権を握り、一九四三年九月三日降伏協定に調印し、停戦は八日に決定、同日夕方にはドワイト・アイゼンハワー連合軍総司令官がラジオで停戦を告げた。バドリオは翌早朝ローマが独軍に包囲されつつあることを知り、急遽国王と政府の脱出を敢行、政府と軍部双方の要人は、行政機構と軍に何の指示も与えず首都を退去した。国土は連合軍と独軍に二分され、占領された。国内軍は四散、ロシアからバルカン、フランスにいたるまで展開されていた伊軍部隊は、ほぼ抵抗なく独軍に武装解除され、六〇万以上の兵士が戦争捕虜としての資格を認められぬまま、強制労働者としてドイツへ移送された。

ヒトラーは九月一〇日ラジオ演説を行い、ドイツではイタリアのような事態はおこりえない、元帥・提督・将軍たちを十分信頼しうるからである、としていたが、ドイツを類似の事態から守るためのあらゆる措置をとったとも述べており、かつて統治をおこなっていたドイツ王家・王族のメンバーを国防軍から遠ざけ、ファシスト大評議会がムッソリーニの転落に決定的に関与していたことを重く受け止めて、国会議員を監視状態におくことにした。九月一二日には落下傘部隊コマンドを率いたSS将校オットー・スコルツェニーが海抜二一一二メートルのグランサッソのスキー・ホテルに幽閉されていたムッソリーニの救出に成功、「総統がこうして友情を示してくれるだろうとは初めから確信していた」と感謝したムッソリーニは、「共和ファシスト党」として再生させた党を中心に、ローマ以北の独軍占領地区に「イタリア社会共和国」を樹立することを宣言(九月一八日)、イタリア国家を崩壊に導いた国王の裏切りを難じ、祖国の名誉挽回と国土防衛のため武器を取るよう国民に訴えた。

独軍への降伏時に武装解除命令を嫌って山岳地帯に入った兵士やイタリア人捕虜収容所から脱走した者たちは、逆にソ連人やユーゴ人に倣った「反ナチ」パルチザン闘争を展開し、北伊各地のレジスタンス運動と合流し、活潑なゲリラ活動を展開する。

カリスマ性の喪失

東部戦線では八月九月、ソ連軍の圧倒的攻勢で、南方軍集団および中央軍集団が西方へ押し戻された。撤退行動は円滑に進まず、ヒトラーの命令遅滞のため、ドニエプル河西岸で当初安定した防衛線を形成しようとしていた狙いとは裏腹に、九月末にはソ連軍の橋頭堡がいくつも築かれるにいたった。第一次大戦でルーデンドルフ麾下の独軍がこだわった〈勝利の講和〉がヒトラーの狙いでもあったが、その前提となる占領地があらためて失われていくにつれ、「焦土作戦」が実行されていく。

この間、噂にとらわれやすい国民の心理傾向は空襲の影響の深刻化とともに強まっていた。ゲーリングがヒトラーにとってかわろうとして逆に倒されたとか、政権の交代を要求する英米の最後通牒が発せられ、八月一五日までにこれが遂行されなければ、(ハンブルクのように)ベルリン、ライプツィヒ、ミュンヒェンその他大都市も灰燼《かいじん》に帰すことになる等の流言が広がるなか、「ドイツ式挨拶」(ハイル・ヒトラー!)が目立って交わされなくなっているという報告が全国からあがってきていた。

一〇月七日にはドニエプルとアゾフ海でロシア軍の新攻勢が始まり、一一月はじめにはクリミアで独軍部隊が切断され、ドニエプル戦線が一五〇キロの幅で突破され、キエフもロシア軍数個師団によって奪還された。そんななか、一一月の一揆記念日にミュンヒェンで、ヒトラーは「オールドガード」(党の最も信頼する古参闘士)を前に「信じようと信じまいと諸君の勝手であるが、報復のときは迫っている」と訴えた。「報復」は連合軍の空襲に対し、同様の惨害や苦痛を連合国国民にも与えるべく文字通り「仕返し」をするという意味において、敵をおびえさせ自国民をおちつかせるプロパガンダの効果が大きかった。だが、しだいに(とりわけ夜間の)空襲に対する空軍の反撃や高射砲による迎え撃ちが無力化し、敵の対独包囲網も強化されていく中で、その当初の意味合いを大きく変えるにいたっていた。危機的状況から国民を脱出させ、敵に空襲をやめさせるだけでなく、戦局そのものを決定的に打開し、敵(なかんずくイギリス国民)に致命的打撃を与え、数日あるいは数週間のうちに講和の席に引きずり出せるような劇的勝利を呼び込む「**奇蹟**」の**報復**を意味するようになっていたのである。ドイツの住民たちの間では、この奇蹟の報復が技術的・具体的にはミサイル型の無線誘導兵器であることも、ひそかに囁かれはじめていた。ヒトラーはキリスト教のモラルから「報復」を問題視する熱心なクリスチャンをも無視したかのように「ゴットグロイビヒ」(gottgläubig＝ナチの非クリスチャン性を強調する語〝ドイツ民族至上の神を信ずるわれらの宗教性〟)を珍しく強調し、この演説でさらに、「ドイツの降伏はない」「一九一八年は繰り返さない」と再度宣言した。加えて、政権転覆を意図する発言や敗北主義的な言説を口にした(特に責任ある部署に就いている)「戦争犯罪人」を厳罰に処すると言い渡した。戦争犯罪人とは、ナチのあいだでは国家に対する「裏切者」を含意していた。壊滅した都市ハンブルクに対してゲッベルスのみならずハンブルクのナチ指導者カール・カウフマンからも見舞訪問を懇願されながらも空襲被災地を絶対に訪れなかったヒトラーが、このオールド・ナチ向け演説では、戦争勝利後には破壊された諸都市の再建復興を最短期間で実行すると約束していた。

一九四四年の住民の噂から――SD報告

西方では、より重大な危険が浮かび上がりつつあった。最高司令官として戦争五年目のクリスマスを目前にしていたヒトラーは、英米軍の西部侵攻が二月半ばから三月はじめにかけての間に行われると踏んでおり、年明けの声明では「一九四四年はすべてのドイツ人に過酷で困難な要求を突きつけるであろう。恐るべき戦争の経過が今年は危機に近いものになろう」とし、西部侵攻への備えが最優先課題であること、侵攻直後に訪れる重大局面が戦争の雌雄を決することを指導部の間で確認した。

ソ連は、一九四一年六月のナチ・ドイツの不意打ち攻撃以来、西側諸国による対独第二戦線の形成を要求しており、一九四三年一一～一二月のテヘラン会談で一九四四年五月の西側連合軍北仏上陸作戦開始の確約を得ていた。一九四四年はじめにヨーロッパ大陸の航空優勢が連合軍に傾き、大陸反攻もようやく現実の日程に上ってきていた。

一九四四年一月のナチ党官房への保安部報告「敵のラジオ放送・パンフレット・国内敵の密かな口

こみデマからよみとれる今後の展望」では、「外国の敵と国内の悲観主義者・懐疑論者たちによって以下のような見方がまことしやかに広まっており、体制を揺るがすような、全般的危機には至らずとも、個々のレベルではますます浸透度を増して無害のものとはいえなくなってきている」状況が強調されていた。口コミで広がっているデマとして、「戦争は今日すでにドイツにとって敗北したものとみなしうる。ドイツは、東部、南部、そして間もなく西部からも侵攻してくる敵を永続的にくいとめることはできなくなっている。連合国英米ソ三国は、無尽蔵の軍需物資・軍事力の源泉を有しているのに対し、ドイツの資源エネルギーのポテンシャルは連合軍空襲の影響でたえず減衰していくばかりだ。ドイツ側犠牲者数だけですでに第一次大戦を上回っている。敵空襲は敗北を促進した。したがって戦争継続は無責任だ。日本を除き、言うに足る価値の同盟国はもはや存在しない。これまで参戦が期待されながら決意がはっきりしなかった中立国は、ますますドイツから離反している。ウクライナの大部分の喪失によって欧州最大の給養基地もいまや失われた。ナチ党が宣揚した民族共同体も存在しない。総力戦の負担と総動員による犠牲を払わされるのは一般大衆だ。金持ちで高位顕職にあるものが有利だ。党のボスたちはかつて同様今も健在だが、変名が流行っている」など。ほかにも、兵役免除の優遇特権化、国家支配上層のお歴々用の絶対安全な防空壕、欠乏物資のための暴利価格払い、不正取引に闇商売の横行、女性の労働配置における不公正・不公平などが報告されている。

ドイツ国民の戦時生活が戦局に関する陰鬱なイメージによって大きく影響されはじめ、敵の宣伝の好餌になりやすい危険について、この報告は同時に警告していたことになる。敵ラジオ放送の傍受や体制批判のうわさをすることが命がけだったドイツとは全く異なっていたイタリアのコミュニケーション状況、すなわち北伊を支配する独軍と半島南部から北上しようとしていた英米軍とに国土が二分されながら、各種連合軍放送が全伊に筒抜け状態であり、辛辣な政治ジョークも無制限に囁かれている状況を、SDの報告者はドイツにも波及するかもしれないという危機感をもって引き合いに出していたが、ヒトラーの側近には受けとめられず、したがってヒトラーにも届いていなかった。

二月になると連合軍の空襲、わけてもイギリスによる「空爆テロ」に対して、英殲滅という報復しか独救済の道はない、総統は容赦なくイギリスの「殲滅」をはからねばならない、なぜ一挙にガスでかたづけないのかとする極論が被害住民を中心に出てきていることも報告されていた。保安部はSS全国指導者のヒムラーが前年一〇月四日、ポーゼン(ポズナニ)で中将より上のSS将官を集め、「ユダヤ人の強制移送・絶滅を口にするだけならたやすいことだ。〈ユダヤ人を根絶してやる。……さあ、みんなでやろう〉とはナチ党員誰しも云々するところだが、かくいう党員の中で(われわれSS隊員以外)誰も実行を心掛けた者はいなかったし、誰もこの実行に耐えられなかった」と(自分たちこそが真の不言実行者であり、耐え難い任務に耐えたのだという自負をあらわにした)極秘演説をおこなったことも、オットー・オーレンドルフはじめ保安部要員は十分承知していた。住民のなかの過激な分子には、密かにこの虐殺犯罪を承知し、ユダヤ人だけでなく英国民の殲滅までも夢想する者がいたことがわかる。

だが、「背後の橋は落とされた、前に突き進むほかない」とナチ党指導者たちを叱咤激励していたヒトラー自身、住民たちの言説の過激化を知ったとすれば、少なからず驚いたであろう。

三月には、住民市民の間では、各種新聞やラジオの政治解説も、自分たちの運命に直接かかわる内容でなければ関心興味が失われつつあると保安部報告は見ていた。ハンガリーが連合国と密かに交渉し、戦線離脱を試みているという独諜報機関の情報を根拠にホルティ(・ミクローシュ)政府を咎めたドイツは、三月一九日ハンガリーを占領した。このナチ・ドイツによる最後の侵略によって、約七五万人が所属した未だ無傷のハンガリー・ユダヤ人共同体の命運(死地アウシュヴィッツへの強制移送)が決まったことに、ドイツ国民は全く無関心だったように見える。一方、それとは対極的に、第一次大戦を上回る損失をすでに出していた東方での闘いで捕虜となった自国兵の運命には関心を集中させた。とりわけ、その消息が明らかにされるのを期待すると同時に、捕虜の中でもSS隊員は処刑される運命であり、まず助からないものとみなされつつあった。

三月下旬、消耗した二一個師団を有する第一装甲軍は、カメネツ＝ポドリスキーを中心とする包囲下にあり、まさにスターリングラード規模の破局に直面していた。この第一装甲軍の西方突破を求めたマンシュタインに対し、ヒトラーは意外にも同意を与えたが、「貴官がとりわけその資質を発揮したような大規模な作戦を行う機会はもはやなくなったがゆえに、軍集団を他の者にゆだねることに決した」と三月三〇日宣告、解任命令をもって応えた。総統はマンシュタインの軍人としての能力を認めており、激しいやりとりや緊張が走ることはあってもこれまでも例外的に丁重な扱いを続けてきたが、実質的にかつての決断の誤りを認めるよう強いられ、その忍耐も尽き果てていた。その根元には、貴族による参謀本部支配に代表されたプロイセン・ドイツ将校階級への深く根差した不信からくる憎悪や、彼らのナチズム大衆運動への真の共感を示さない知的態度に対する嫌悪が抜きがたくあった。

一九四四年のイースターから五月にかけては、透視能力者・占星術師・ロマ占い師・カバラ占者等ありとあらゆる種類の予言流行現象がみられたことも、SDの極秘報告は伝えている。「六月二六日にはスターリンが殺害され、七月三日独軍による英国占領、三日後の七月六日にはロシアとの講和が成り、一一月には遂に大戦終戦を迎える」といった類のまことしやかな予言が囁かれていた。だが、列車を狙った急降下爆撃はもちろん、農産物の収穫や畜産放牧のため野良仕事に出ざるをえない農民に対する敵の低空攻撃も激化し、英国南部港湾への艦船の大集結情報が伝えられると、連合軍による西部侵攻が単なる噂ではなく、現実のものとしていよいよ迫りつつあることを独国民はいやでも直覚せざるをえなくなっていく。

連合軍侵攻作戦への備え

一万五〇〇〇のトーチカ構築をはじめ、いわゆる「大西洋の壁」強化に努めていた独軍は、連合軍の侵攻作戦開始を五月半ばと予想、波打ち際の地雷埋設を増加させるなど全力で上陸阻止準備をはかったが、予想日が無事経過すると、六月初めも悪天候や高波予想のため上陸はしばらく考えられないとの判断を下していた(ヒトラー五五歳)。四三年一一月以降、海岸線防衛強化のためイタリア方面軍から急遽異動させられていたエルヴィン・ロンメル元帥もベルヒテスガーデンのヒトラーへの防御作戦進講のため独本国へ呼び戻され、帰国したほどだった(ロンメルはその際、誕生日を迎える妻のために、ウルム近郊のヘリンゲンの自宅に立ち寄っている)。四二年春以降、独軍西部方面軍総司令官のポストに就いていたルントシュテット元帥は、英本土から英仏海峡を経て最短距離にあるパ・ド・カレー地域を警戒し、しかも連合軍をいったん上陸させたあと集結敵を機動力で撃滅する「防衛第二線」構想を立てていたが、西部防衛準備総監に任じられたロンメルは、ノルマンディーを上陸地点と予測、しかも連合軍を水際で撃滅すべきであると主張した。ヒトラーは当初ロンメルの見方に傾いたともされるが、反対意見との妥協をはからざるをえず、装甲部隊四個師団は、ロンメルの期待に反しノルマンディーの前線ではなく、上陸地点が他の場合にも対処しうるようOKW指揮下の予備軍として留めおかれた。こうして初動の遅れは致命的な帰結をもたらすことになった。六月六日未明、連合軍の第一波攻撃が開始され、米英カナダ軍将兵一七万六〇〇〇人、艦艇五三〇〇隻、航空機一万四〇〇〇機が参加、「史上最大の作戦」と呼ぶにふさわしいスケールでノルマンディーへの上陸作戦が展開された。独軍側は空軍と海軍の戦力低下が著しく、指揮能力や戦力投入の面でも効果的な対応を示すことができず、強大な補給力・制空権に支えられた連合軍に圧倒された。

前年のクリスマスには連合軍に対するブラフ(はったり)だと国内から非難さえ受け始めていた「報復」については、五月一六日に無人ロケットの新兵器「V1号」(=宣伝相自身が命名した報復兵器一号の略称)を投入したロンドン大空襲をヒトラーが命じたことでようやく実現され、人びとは望みをつないだ。六月一二日、一〇発のロケット弾が発射台から放たれたと独新聞は大々的に報じ、数日中に戦争に勝てるかのような印象さえつくられたが、実際には五発だけがロンドンに着弾、わずかな被害を与えただけに終わった。ヒトラーは、連合国のたゆまぬ進撃とV1号がもたらした新しい展望に駆り立てられ、六月一六日の晩、現地司令官ルントシュテットおよびロンメルと協議するため、カイテル、ヨードル、その他の参謀とともにベルヒテスガーデンから西部戦線に飛んだが、六月二七日には要衝シェルブール港駐屯の独軍が降伏した。

七月二日までにノルマンディーに上陸した連合軍兵力は約一〇〇万人に達し、陸揚げした物資は五七万トン、種々の車両は一七万台という莫大な量に達していた。

作戦「ヴァルキューレ」

六月六日の上陸当日、もしロンメルが最前線にいたら……といまだに回顧されることがある。当時も連合軍の進撃を鈍らせられるのは彼だけと、なお期待されていたロンメルだが、七月一七日前線に向かった際、急降下攻撃を受け重傷を負った。すでに六月末、東部でも中央軍集団が崩壊しており、軍内の抵抗グループは、七月二〇日にヒトラーを除去し、新国家元首にベック退役上級大将を据えようとするクーデタ敢行を計画していた。彼らはロンメルの決起・決断を期待していたものの、それもかなわなくなった中で、二〇日正午過ぎ東プロイセン・ラステンブルクの総統大本営でのヒトラー爆殺計画実行に踏みきった。爆弾を仕掛け、反乱推進の中心的役割を担ったのは、三六歳の優秀な参謀将校で、一九四三年北アフリカ戦線で左目と右手を失い、左手も薬指、小指をもぎとられる傷を負ったあと驚くべき意志の力で軍に復帰した国内予備軍総司令部幕僚長クラウス＝シェンク・フォン・シュタウフェンベルク大佐だった。彼は爆弾炸裂直後ヒトラーの死亡を確認しうる余裕もなくベルリンにとってかえし、夕刻ようやく「ベンドラー・シュトラーセ」(軍務省ビル、かつての国防省の建物で、国内軍総司令部も同ビル内にあった)から「ヴァルキューレ警報」(SSやナチ党の幹部逮捕の命令)が反乱グループによって発せられた。事前に情報を得ていながらクーデタに参加するかしないか、なお態度をはっきりさせていなかった国内軍総司令官フリードリヒ・フロムは、総統大本営への電話でヒトラーの無事を知り、すでに「ヴァルキューレ」が発令されたことに気づくや、その撤回を命じようとしたが、パリではカール＝ハインリヒ・フォン・シュテュルプナーゲル司令官が、(現地のユダヤ人を大量に収容所送りにした)SS・警察高権指導者カール・オーベルクや保安警察・保安部長ヘルムート・クノッヘンなどを逮捕し、反ナチ行動は成功したかにみえた。しかしヒトラーが奇蹟的に助かったことが反乱鎮圧命令とともにヒムラー、カイテルを通じて各軍管区に伝達されると、軍の将官たちのほとんどが反乱派を見棄て、首都ベルリンでオットー・エルンスト・レーマー大佐ら親ナチ派部隊の巻き返しも始まって、反乱はその夜のうちに挫折した。

爆殺失敗にはいくつかの偶然も作用していた。この日はムッソリーニのラステンブルク訪問のため、作戦会議開始が一二時半に前倒しとなり、シュタウフェンベルクと副官ヴェルナー・フォン・ヘフテンは二つの時限爆弾を準備しながらセットの時間を切り詰めざるをえなかった。しかもカイテルの指示を受けた下士官が会議室へ急ぐよう促しにやってきたため、結局シュタウフェンベルクは一つの爆弾しかカバンに入れられなかった。また当日の暑気のため窓が開け放たれ、しかも彼が席を途中で立つ際、カバンは机の下でなく外側において出ざるをえず、しかも爆発の際ヒトラーは作戦地図を見ようとテーブルを覆うように屈《かが》んだために爆風をもろに受けなかったことなどが指摘されている。二四名の会議出席者中、一一名が重傷を負い、三名がほぼ即死、ヒトラー自身は両耳の鼓膜が裂け、右腕が腫れたままだらりと下がり、両手両足に火傷を負ったが、奇蹟的軽傷で済んだ。ヒトラーへの爆弾テロ成功後にクーデタを開始するという手筈だったが、作戦全体がひとえにヒトラーの死にかかっていたので、すでにこの時点で反乱は頓挫を余儀なくされたといえる。

シュタウフェンベルクやフリードリヒ・オルブリヒトら中心的リーダーたちはフロムによる即決軍法会議で処刑され、ベックも自殺した。クーデタ成功の暁には国防軍総司令官就任を予定されていた元西部方面軍司令官エルヴィン・フォン・ヴィッツレーベン元帥はじめ事件連累者に対するヒトラー

1944年7月20日事件の後．包帯を巻いたヨードル将軍とヒトラー(左にマルティーン・ボルマン)

の報復は苛烈をきわめ、逮捕者も七〇〇〇名にのぼったが、民族裁判所で裁かれた人のうち死刑判決を受けた二〇〇名の多くがベルリン北西プレッツェンゼーで絞首された。軍人以外の参加者のなかには、保守派の政治家で元ライプツィヒ市長カール・ゲルデラー(首相候補)、元駐伊大使ウルリヒ・フォン・ハッセル(外相候補)、元駐モスクワ大使フォン・デア・シューレンブルク(やはり外相候補)、社会民主党の元ヘッセン内相ヴィルヘルム・ロイシュナー(副首相候補)、元国会議員ユーリウス・レーバー(内相候補)、また神学者ディートリヒ・ボンヘッファー(すでに一九四三年四月逮捕)やイエズス会のアルフレート・デルプ神父、さらに法律家のヘルムート＝ジェイムズ・フォン・モルトケ(四四年一月逮捕)やペーター・ヨルク・フォン・ヴァルテンブルクなど、反ナチを掲げた「クライザウ・サークル」グループの人びとも含まれていた。

七月二〇日事件は、プロイセンの伝統的貴族はじめ軍事・政治・経済・社会あらゆる分野のエリートたちに重くのしかかっており、ヒトラーに対する忠誠問題とその決着を象徴的にあらわしていた。

事件関係者に対する同情・共感も存在するには存在したが、反ヒトラーの抵抗運動には広範な基盤がなかったというのが現実で、総統に対する「爆弾テロ」のニュースは国民の大部分に憤激を巻き起こした。二〇日夜遅く、ヒトラーはラジオで国民に呼びかけ、「野望を抱いた残忍な将校たちの小集団、頭のおかしな犯罪者どもが、私、さらには私もろともOKWスタッフを一掃しようとする陰謀を企てた。私が助かったのは、これまで同様、わが人生の目的を追求せよとの神意が証明されたものとみなしうる」と断言した。シュタウフェンベルクの同志、フォン・トレスコは翌二一日早朝ポーランド・ビアウィストク近郊で自殺したが、以下のような言葉を遺している。「いまや全世界がわれわれにおそいかかり非難するであろう。しかし私は依然われわれの行動が正しかったと固く信ずる。ヒトラーはドイツの敵のみならず世界の敵である」「ドイツの抵抗運動は世界と歴史に決定的一石を投じたのであり、他のすべてのことは二の次にすぎない」。

ヒトラーの政権獲得に深くコミットしたパーペンの秘書官を務めたシュタールベルクが一九九三年八月二日ドイツ連邦共和国軍参謀将校コッホ中佐に提出した報告によれば、第二次世界大戦開始から七月二〇日事件当日までの一日平均ドイツ人犠牲者数(兵士・民間人合わせた数)は一五五八人であるが、七月二〇日からドイツ降伏二日前までのそれは一万六六四一人だったという。一日平均で一〇倍以上となるこれら犠牲者は、もし事件によってヒトラーが除かれ和平に到っていれば、出さないですんだはずであった(この犠牲者のなかにはユダヤ人は含まれていない)。

事件後ヒムラーは、フロム(翌二一日逮捕され、結局陰謀加担の嫌疑を晴らせず四五年三月処刑)の後釜として国内予備軍総司令官に任命されて軍にもにらみをきかせ、四三年にフリックを追い落として得た内相ポストとあわせ、絶大な権力をもつにいたった。四四年九月二五日総統指令によって、これまで召集を受けていなかった一六〜六〇歳の男子すべてに義務化された「郷土防衛」「国民突撃隊《フォルクスシュトルム》」の軍事的指揮も、ヒムラーの担うところになった(政治的・組織的指導はマルティーン・ボルマンの権限)。

最後の賭け――バルジの戦い

この間ノルマンディーの攻防は「フランスの戦争」局面に移り、八月一七日にはパリでレジスタンスの一斉蜂起があり、二五日には米第三軍によってパリが解放された。

ベルリンで七月二〇日クーデタ打倒に血道をあげ、その直後総力戦全権に任じられたゲッベルスは、最後の奇蹟をなお待望する国民の希望の残り火をかきたてていた。九月に北仏海岸沿いの基地を失うまで、V1号は計八八九二基が海峡を越えて発射された。この兵器の軍事的効果はナチスが喧伝したほどではなく、約三〇〇〇基は故障不発、四〇〇〇基は英軍の迎撃で着弾前に破壊された。ロンドンに到達したのは二四一九基、英側の調べでは六一四八名の人命を奪った。次いで開発・投入されたV2号は、長さ一四メートル、重量一三トンをこえた巨大遠距離ロケットで、一九四四年九月から四五年三月二七日まで一一一五基がロンドンを狙い、九二七七名を殺傷(死者は二七五四)、さらに二一〇〇基がブリュッセル、アントワープ、リエージュを襲った。V2号になると誘導システムを整え、一トン爆弾を装着、射程四〇〇キロメートル、しかも音速の数倍で大気圏外を飛行でき、これを途中で迎撃する手段を連合軍はまだもちあわせなかったが、独軍にとっては実用化があまりに遅すぎた。

東部ではソ連軍のポーランド侵攻に合わせ、八月一日にはポーランド「国内軍」がソ連軍のワルシャワ入城前に装備補給不十分ながら蜂起を強行したが、独第九軍の猛烈な反撃を受け、一〇月二日一万六〇〇〇の戦死者、六〇〇〇の戦傷者を出して降伏した。二カ月の戦闘でワルシャワ市民一万六〇〇〇が犠牲になっただけでなく、六万をくだらない市民が強制収容所・軍需強制労働に送られた。

東西からソ連軍、米英軍が攻撃に拍車をかけてドイツにいよいよ向かってくる大戦最終段階を迎え、ヒトラーは独軍最後の装甲予備軍を西部アルデンヌ方面の反攻につぎこむことを決定した。四四年一二月一六日実行されたこの野心的作戦計画(コード名「秋の霧」)は、ルクセンブルク、ベルギーにまたがるアルデンヌ森林地帯を通過し、ムーズ川(蘭・独ではマース川)をこえ、アントワープに突き進んで連合軍北翼とその補給基地を分断し、連合軍の春季攻勢準備を阻止しようとするものだった。独軍は冬季の悪天候と日照時間の短さを利用して、連合軍なかんずく空軍の集中攻撃を避けながら、四〇年の独軍装甲師団による奇襲再現をはかった。このような重大な打撃が成功すれば、英米は妥協の講和をはかる気になり、敵の対独同盟関係は崩壊するとヒトラーは踏んだのだった。だが一二月一八日、ヨーゼフ(通称ゼップ)・ディートリヒSS上級大将指揮下の武装SS第六装甲軍の進撃は早くも阻止された。突如始まった独軍の攻勢で防衛線を突破されそうになった米軍も、二三日天候が回復すると空軍の活動再開で持ち直し、燃料補給にもこと欠く独軍の突出（バルジ）部隊を分断撃滅していった。西方でも主導権は今度こそ決定的に連合国に移ったのである。

攻勢が失敗に終わった後のある晩のヒトラーの沈鬱な姿について副官ニコラウス・フォン・ベーロは、ヒトラーがそのとき発した印象的な言葉を書き残している。「戦争に負けたことはわかっている。敵はあまりにも優勢だ。私は裏切られた。七月二〇日以降、ありえないと思っていた全てが露わになった。私に歯向かったのはまさにナチ党から最大の利益を引き出した一味だった。私は連中を揃って甘やかし優遇した。その返礼がこれだ。この場で一発頭にぶち込んで決着がつけられればこれにまさるものはないのだが」。しかしいつものように気を取り直し、「われわれは降伏しない。絶対に。滅んでいくのは構わない。だが世界を道連れにしてやる」と言ったという。一九一八年は二度と繰り返されてはならない。「背後の一突き」も降伏もあってはならない。これこそがヒトラーに残されたすべてであり、弱さと裏切りゆえに敗れたドイツの英雄という役どころが、歴史における自らの持ち場であった。戦局が絶望的になればなるほど、世界史の舞台から自らがどうやって退場するのかにのみ必死になっていたようにも見える。裏返せば、それは、ドイツ国民の生活利害に全く関心を向けず、その一人ひとりの運命を一顧だにしない姿勢と合わせ鏡になっていた。

国内の破局と「ネロ命令」

四五年元日ゲーリングは西部地上戦の爆撃対象になる敵諸標的にほぼ独空軍一〇〇〇機を投入するマル秘作戦を敢行したが、全く周知不足のため帰還機が味方高射砲に撃ち落される誤射ケースが頻発、ドイツの防衛体制全体が崩壊の危機に瀕していることを裏づけた。一月一二日、東部ではソ連軍がカルパティア山脈からバルト海にいたる全戦線で大攻勢を開始、二月四〜一一日には米英ソ「ビッグ・スリー」によるヤルタ会談が行われ、対独最終決戦の相互調整がはかられた。この会議では、ドイツの分割占領、完全な非軍事化・非ナチ化・戦争犯罪人の処罰等が決定された。二月九日英米連合軍はライン川に達し、一五日ソ連軍はオーデル＝ナイセ合流点に到達、三月七日にはライン川でたったひとつ破壊されずに残っていたレーマーゲンの鉄橋「ルーデンドルフ橋」を越えて、米軍は東岸に橋頭堡を確立した。ヒトラーは橋を破壊できなかった五人の将校を即決軍法会議にかけさせ処刑した。

三月一八日、軍備・戦時生産相シュペーアに対しヒトラーは「戦争に敗北すれば、国民もなくなってしまう。ドイツ国民が最も低級な生活レベルで生きるとしても、それに必要な基盤を考慮する必要などない。むしろ自らこれらを破壊したほうがよいのだ。この国民が弱い国民であることは実証され、未来はより強い東方民族のものだからだ。この戦いのあとに生き残ったものはどっちみち劣等な存在だけである。すぐれたものは死んでしまったのだから」と語ったという。翌日には「ドイツ領内のあらゆる軍事施設、交通・通信・工業・給養施設および有価物を破壊すべし」とした総統命令が発せら

シュペーアとヒトラー（オーバーザルツベルク，1938年）

れた。狂った古代皇帝ネロのそれに匹敵するとして、のちにしばしば「ネロ命令」と称されたこの指令は、「ドイツ国民に対する死刑宣告であり、考えられる限りの過酷な焦土作戦原則だった」（シュペーア）とされるが、三月三〇日および四月四日の実施規定では軍備・戦時生産相を通すこととなり、当のシュペーアがヒトラーに内密かつ意図的にサボタージュしたことによって、その「効果」はかなりそがれた。四月一九日ゲッベルスは「総統御誕生日祝賀」演説で「金権主義とボリシェヴィズムの倒錯した連合はきっと壊れるだろう」と予言したが、翌二〇日のヒトラー五六歳の誕生日当日ソ連軍のベルリン砲撃が始まった。この日総統地下壕（実質的に地下要塞といってよい規模と強度を具備）に集まってお祝いを述べたゲーリング、ヒムラーはじめ多くの要人たちが首都から去った。同日「ナチ党全国党大会都市」ニュルンベルクも米軍によって占領された。

ドイツを南北に二分するような連合軍の動きに対し、この日ヒトラーはカール・デーニッツに北部での全権を与える決定を下したが、南部については未決だった。オーバーザルツベルクに到着したゲーリングは、四月二三日ヒトラーに電文を送付、ベルリン地下要塞に踏みとどまる総統の決意にかんがみ、国内外における一切の行動の自由を含むドイツ国家総指導権をおまかせくださらないかと照会し、その日のうちにと期限付での回答を乞うた。総統継承権がゲーリングひとりにあるという一九四一年六月二九日の法令はなお効力を有していたが、ゲーリングが連合軍と折衝するために権力を僭取しようとしていると思い込んだヒトラーは、返電で勝手な動きを封じるだけではすまず、ゲーリングのあらゆる官職と総統継承権を剝奪した。「厚かましい最後通牒だ」「裏切りという裏切りが、私のうえに積み重ねられてきた。なのに、いままたこれだ」「しばらく前から自分はゲーリングが職務をなまけ、堕落し、麻薬患者になりさがっているのは知っていた」と激怒し、口をきわめて罵ったヒトラーの姿をシュペーアが印象的に記している。二二年前のミュンヒェン一揆で重傷を負い、潜伏先での治療以降麻薬中毒に陥ったゲーリングは、連合軍に逮捕されたときも、独軍兵士が大戦中に服用した覚醒剤のペルヴィティンを大量に所持しており、モルヒネだけの常用者ではなかった。罷免された彼にかわり、決死の覚悟で地下要塞に駆けつけたローベルト・リッター・フォン・グライムをヒトラーは空軍総司令官に任じた。

ヒトラーの最期

ベルリンは四月二五日ソ連軍に完全包囲された。四月二七日、ヒトラー＝ヒムラー間の連絡将校を務めていたヘルマン・フェーゲラインSS中将は、無断で総統地下壕から離れ愛人宅で泥酔、出頭命令にも応じず逮捕され、規則違反・風紀紊乱著しいとして軍法会議にかけられた。審理途次の四月二八日夜、ヒムラー裏切りの突然の情報（スウェーデンのフォルケ・ベルナドッテ伯爵との接触を通じて和平工作を重ね、西側連合国へ降伏を申し出たが、拒否されたというロイター通信のニュース）が飛び込み、ヒトラーは激怒、不忠のSS全国指導者の身代わりにされる形でフェーゲラインは二九日深更処刑された。「わが名誉は忠誠」という組織モットーを第一に掲げたSSのトップが党総統に最後に不実を示したことで、「怒髪天を衝く」どころか全身性痙攣《けいれん》の狂暴な発作に駆られたヒトラーは、「ドイツ史上最悪の破廉恥な裏切りだ！」と絶叫した。

二九日未明ヒトラーは、一九二九年以来ひそかに連れ添ったエーファ・ブラウン（三三歳）と結婚し、遺書を秘書のゲルトラウト（通称トラウデル）・ユンゲに口述タイプさせた。エーファ・ブラウンは一九四四年一〇月に遺書を起こしており、この時点でヒトラーと最期まで運命をともにすることを決意したのであろう。ドイツの最終的敗北はもはや数週間以内のことだろうと予想されるようになった一九四五年三月初めに、エーファは南独からベルリンの総統地下壕に二部屋をもらって移り住んだ。最後の大混乱、地獄といわざるをえないような不自由な地下環境下にもかかわらず彼女の泰然としてかわらぬ落ち着いた態度に、地下壕に住むスタッフたちは少なからず感銘を受けたという。何度も極度のうつ状態に陥って彼女自身自殺を試みたことがあったともいわれる、ヒトラーとのそれまでの愛人生活が、戦争最後の局面でエーファの脳裡にどう去来していたか知る由もないが、「私がこれまで生きてきたとおりに死んでいきます。死は困難ではありません」と四月二二日、女性の友人のひとりへの別れを告げる書簡で述べている。ヒトラーが結婚を決めたのは、彼の自殺の決断と直結しており、最も近しい人間でさえ知らされたのは直前のことで、青天の霹靂といえる椿事だった。

二部構成からなる政治的遺言の第一部で、ヒトラーは「今回欧州のアーリア民族の数百万の子供が飢えで死に、数百万の男が斃れ、数十万の女子供が諸都市で焼かれ爆撃されて死ぬなら、幾分は人間的な方法で、真の罪人〔＝ユダヤ人〕がその罪を償わねばならないということを、私はすべての者に明確に示しえた」と書いている。最期の瞬間にも、ホロコーストを遠回しながら自らの「功績」として「自画自賛」することを忘れなかった。

エーファ・ブラウン(ベルクホーフのテラスで)

遺言の第二部では、デーニッツ〔潜水艦作戦に特別の功があり四三年一月以降エーリヒ・レーダーにかわって海軍総司令官〕を大統領・国防軍最高司令官に、ゲッベルスを後継首相にそれぞれ指名し、新政権の他閣僚も定め、あらゆる手段を用いて戦争を続行するよう命じていた。「妻と私は敗北または降伏の屈辱を免れるために死を選ぶ」と遺書は結ばれている。

ソ連軍が東、南、北から総統地下壕に総攻撃を加え、数百メートルまで接近してくる中、四月三〇日ベルリン防衛軍司令官ヘルムート・ヴァイトリングが「一日後にはもはや防衛不可能です」と告げた。ムッソリーニがイタリア・パルチザンに処刑され、愛人クララ・ペタッチともどもミラノの広場に逆さづりの形で晒されたという報にも接したばかりのヒトラーは、自分たちの遺体焼却を頼み、午後三時一五分自室にこもった。三時三〇分ごろ一発の銃声が聞こえ、側近が部屋に入るとヒトラーは銃でこめかみを撃つと同時に青酸カプセルを嚙んだ遺体で、エーファは青酸を服用した遺体で見つかった。二人とも即死状態だった。翌五月一日、ゲッベルスはソ連との単独講和を試み、失敗すると自らの六人の子供に服毒させ、夫人とともに自殺した。二日早朝、ヴァイトリングはソ連第八親衛軍司令官ワシーリー・チュイコフに降伏を申し入れ、ベルリンの戦いは終わった。同日デーニッツはドイツ北部のフレンスブルクに暫定政府をもうけ、米英との分離休戦を追求したが果たさず、フランスのランスにあるアイゼンハワー司令部に飛んだヨードル将軍は、五月七日ソ連軍も同席する中で全面降伏に調印させられた。発効時刻は八日午後一一時一分であったが、ソ連軍の希望で九日午前〇時六分ベルリンのカールスホルスト・ソ連軍本営でゲオルギー・ジューコフ元帥(対独占領ソ連軍総司令官)、ドワイト・D・アイゼンハワー連合軍総司令官同席の下、独軍の全面降伏調印が再度おこなわれ、ドイツの世界戦争は終わった。

対ポーランド侵攻から二〇七七日が経過していた。

第6章

ヒトラー像の変遷をめぐって

―生き続ける「ヒトラー」―

演説のポーズを研究するヒトラー(ホフマン撮影). 反ユダヤのコメディアン歌手ヴァイス・フェルドルの所作にも学ぶところがあったという

ここまではナチズム運動そしてナチズム体制におけるヒトラーの言動、思想と行動、生と死の軌跡を比較的時系列に沿って辿ってきた。ヒトラーが死に、ナチズム体制が崩壊することによってドイツ国民は、まず戦犯裁判や非ナチ化の形で、ナチズム体制の犯罪に向き合わされ、さらに自らの最も新しい「過去」にいかに対峙し、どのように打ち克たねばならないかという課題の前に立たされることになった。この「過去の克服」のありようは、戦後ときが経過していく中で、同時にさまざまなヒトラー像を生み出し、紡いでいった。ヒトラーの影が薄くなった時代もあったが、彼をメディアや研究対象から、そして何より一般の人びとの関心から消し去ることはできなくなっている。近年のドイツ語圏のインターネットでは、ヒトラーに関するサイトが一一〇〇万件に及んでいるのに対し、ナチズムないし「第三帝国」のサイトのほうは約二〇〇万件という圧倒的落差が指摘されている。ヒトラーは肉体的には疾《と》うに死んでいても、人びとの心にはなお幻影としてであれ生き残っているといって過言ではない。第二次世界大戦が終わってから現在にいたるまでには、まず占領期に始まる東西二つの分離国家の成立があり、四〇年をこえる「冷戦期」を経て「ベルリンの壁崩壊」を迎え、東西両国家統合からも三〇年が経過した。そうしたドイツの長い戦後の歩みにおいて、ヒトラー像はどのような変遷を見せたのだろうか。時にヒトラー・ブームといわれたような大きな波を含む、この独裁者のイメージの変化、ヒトラー現象の盛衰、さらにはヒトラー解釈をめぐる学界論争を、この最後の章では、ドイツ社会・思想全体の流れ、政治的局面や経済的文化的曲折にも気をつけながら、筆者なりに追跡してみよう。

一　戦後の混乱とニュルンベルク国際軍事裁判

ヒトラーの死をめぐる混乱

「わが軍の兵士が、ヒトラーに遭遇したら射殺すべきでしょうか、あるいは生きたまま捕えるべきでしょうか?」。これはヒトラーの死の一カ月前の一九四五年三月二八日、英下院で労働党の一議員が、当時外務大臣であったアンソニー・イーデンになした質問である。英外相はその数分前、アードルフ・ヒトラーが連合国によって主要戦争犯罪人の筆頭に指定されていることを明らかにしていた。「決定は、当該英国軍兵士の判断にゆだねられるべきであるという意見に私も同調します」とイーデンは質問に答え、会議場は爆笑と拍手に包まれた。英下院だけでなく、イギリス全国民、さらに全世界の人びとにとってドイツが最後の時を迎えつつあることが明瞭になっていたときである。米英ソ連軍部隊の破竹の進撃をもはや独軍はおしとどめることができず、東西から連合軍部隊はナチスの大物を捜索逮捕する任務をおびた情報機関のスペシャリストたちを伴って進軍していた。連合国戦争犯罪委員会の捜索リストには一〇〇万人のドイツ人戦犯容疑者の名前が記載されており、空襲後の地下壕、農家の納屋、捕虜収容所等の隅々まで、また路上の避難民の行列さえ徹底的に調査することになっていた。「北はノルウェーから南はバイエルン・アルプスにいたるまで、史上最大の捜索が展開されます」とイーデンは英下院で報告したが、一〇〇万人もの人間が一斉に捜索追跡される事態はいまだかつてなかったことであった。だがその後ニュルンベルクの被告人ベンチに座ることになる者たちも、当面は発見されなかった。ヒトラー、ゲッベルス、ヒムラー、リッベントロップ(外相)、ボルマン(党官房長、総統秘書)あるいはまたゲーリングといった面々の行方について、その時点では誰にもわかっていなかった。

ドイツの国防軍も国民も一九四五年五月一日まではヒトラーの死を知らなかった。その日の夜遅く午後一〇時二六分のラジオ放送で、彼らはそれをはじめて知らされたのだった。だが放送では事実が二重に歪曲されていた。まずヒトラーはその日の午後死去したとされ(実際には前日午後)、さらに「首相官邸の指令所で、息をひきとる瞬間までボリシェヴィズム(ソ連軍)と闘いながら」首都防衛の先頭に立ってのまさに戦闘の真っ最中に「戦死」したと発表された。後継大統領デーニッツは国防軍への布告の中でヒトラーの死を「英雄的」と形容した。デーニッツが国防軍に伝えた偽情報は、ヒトラーが自殺し、総統が最後に彼らを見捨てたのだと将兵が知った場合、部隊に起きると予想されたリアクションを食い止めることを主なねらいとしていた。もっとも、ベルリン防衛軍司令官ヴァイトリング将軍は五月二日の早い時刻に戦闘停止を命じた際、四月三〇日の総統自殺を伝え、戦闘継続の無意味さを説いたと伝えられている。

　しかしながら、ソ連の独裁者スターリンは、ドイツ国民よりもはやくヒトラーの死、しかもそれが自殺であることを知り、五月四日赤軍第三突撃軍部隊が総統官邸中庭で(ガソリンで焼かれた)男女二人の埋葬現場を発見すると、翌日には防諜部隊「スメルシュ」が遺体を発掘、その後、歯列を知っている歯科技師フリッツ・エヒトマンと歯科医助手ケーテ・ホイザーマンに遺体がヒトラーであることを確認させ、情報機関統括者ラヴレンチー・ベリヤは五月末スターリンに報告した。スターリンはヒトラーの顎を保管物件としてモスクワに移送、遺体の残部はソ連占領軍下東部ドイツ・ブーフ近在の病院敷地内に埋めさせる一方、西側連合国にはヒトラー遺体情報を極秘にして一切通知せず、西側諸国を混乱させるような挙に出る(連合軍は五月八日から一九四九年までの四年間、英仏米ソ四カ国でドイツを分割占領して軍政を布いた)。六月六日にはハリー・S・トルーマン米大統領の特使ハリー・ホプキンズにヒトラーの生存もありうると伝え、その三日後には、ヒトラーがどうなったのか記者団から訊かれたジューコフ元帥も、本人と確認できる遺体を見つけておらず、最後にベルリンから飛行機で脱出した可能性も否定できない、スペインのフランシスコ・フランコのもとあたりに潜伏しているかもしれないと応えている。このように、総統生存説情報をソ連のメディアは意図的に流していく。この間ソ連軍占領当局はヒトラーの側近たちの身柄を拘束し、モスクワまで連行し、秘密警察の尋問下におい

再度の調査団をベルリンに派遣した。スターリンの猜疑心は一方でなかなかおさまらず、一九四六年再度の調査団をベルリンに派遣した。頭骨の残りの断片や血の沁みついたソファー等が証拠として追加され、一九五三年のスターリンの死まで、東独のスメルシュのセンターがあったマクデブルクに埋められていた。一九七〇年KGBは遺体をいま一度掘り出し、焼却後遺灰は川に撒《ま》いたといわれる。四五年四月末の遺体処理に直接かかわった決定的証人といえる近侍ハインツ・リンゲや副官オットー・ギュンシェは、一九五〇年代半ばまでドイツへの帰還は認められなかった。

戦争末期から、アルゼンチンの親ナチ派（ファン・）ペロン政権はナチの脱出ルートを確保する動きをすでに開始、連合国による戦犯裁判への批判も強める中で、追及の網を逃れようとする人びとに救援の手を差し伸べていた。そういった状況の中で、ヒトラーの遺体は、実は「影武者」のそれであって、エーファも本物は死んでおらず、二人は独潜水艦でアルゼンチンへの脱出に成功したという噂がまことしやかに囁かれるようになっていた。一九四五年七月から始まったポツダム会議の合間にも、スターリンはヒトラー生存のデマを流したため、米FBI（連邦捜査局）ジョン・エドガー・フーヴァー長官にまで、溢れるような偽情報があがることにもなった。ドイツ国民は、ニュルンベルクでのナチ・ドイツ戦犯裁判開廷がいよいよ迫った四五年一一月はじめに、ヒトラーの死が拳銃自殺であり、エーファ・ブラウンに青酸カリを服用させて「道連れ」にした「真相」を、主としてドイツの地元新聞報道を通じて知ったのであった。敗戦後は一層ライフライン途絶の危機に直面した国民の関心は、ようやくこの国際軍事裁判に向けられていった。

ニュルンベルク裁判の開始

一一月二〇日に始まったニュルンベルク国際軍事裁判(IMT)の重要な課題は、枢軸国とりわけナチ・ドイツ国家がおかした「平和に対する罪」「戦争犯罪」「人道に対する罪」が二度とおかされることがないような防塁を築き、ナチ体制による殺人・暴力・拷問・奴隷化等によって踏みにじられた人権と国際法を回復するところに置かれていた。このためにはまずナチ体制指導者たちの犯罪行為の事実の確定、犯行の違法性の確定を目的とした裁きが必要とされた。国家の名のもとにおかされた巨大な犯罪の事実が、未曽有の規模の極秘資料を明らかにする形で証明されたこと自体、画期的な出来事であった。この裁判は、ナチ体制の戦争政策を以後の世界の人びとに紛れもなく犯罪であると認識せしめるにいたった決定的転換点だった。何よりまたそこに裁判の世界史的意味もあった。

ヒトラーがニュルンベルク裁判に登場することはもちろんなく、かわりに彼を大なり小なり支えたゲーリングをはじめとする政・軍・党二一名のサブリーダーたちが被告人席に並ばされた。だがこの法廷が、未曽有の侵略戦争を遂行した独裁的指導者としてのヒトラー像を刻印する最初の歴史的舞台となったことは、間違いない。

連合国(米英仏ソ)検察側の起訴状は、四つの訴因(共同謀議・平和に対する罪・通例の戦争犯罪・人道に対する罪）から構成され、論告については、米→共同謀議、英→平和に対する罪、仏→西部方面での戦争犯罪・人道に対する罪、ソ連→東部バルカン方面の戦争犯罪・人道に対する罪という具合に、独戦犯被告人を追及していく上で各分担を割り当てていた。

わけても最初の論告に立った米首席検察官ロバート・ジャクソンにとって、侵略戦争を引き起こしたという点がナチ体制指導者たちの共同謀議に対する論告のかなめだった。そのため、事実上の第二次世界大戦開始となった対ポーランド侵略について、一九三九年五月二三日独国防軍に対しヒトラーがおこなった秘密演説の一節を、ジャクソンはそのまま引用する必要があった。「東方の生存圏の〈民族の耕地整理〉（スラヴ系を中心にした東方異民族の排除・強制移住を意味するナチ隠語）と食糧の確保が肝心な事柄である。……したがってポーランド人を寛大に扱うことなどは論外であり、断固、一気に攻撃する」。さらにジャクソンは「戦争開始を正当化するため、あらゆる宣伝の機会を逃さぬことが肝要であって、大義名分が真実かどうかではない。勝利者に問われているのは法・正義ではなく、まさに勝利だ」（ポーランド侵略一〇日前、三九年八月二二日の軍司令官・参謀長向け総統演説）も引用している。

ジャクソンの論告を引き継いだ英首席検察官ハートリー・ショークロス卿はじめ英検察陣は、国際諸条約の義務をヒトラーの国家が侵略・征服攻勢によって踏み破っていく過程を縷々陳述した。それを象徴するものとして、チェンバレン英首相宛てヒトラー書簡の一節（「ドイツ政府はポーランドの生存にかかわる重要な諸利益をおかす意図は毛頭ない」）をそのまま引用し、「政府指導者の言葉とも思えぬ、野卑なペテン師の響きをもつもの」とのショークロスの断罪は、法廷をいたく印象づけた。

続いて、ノルウェーおよびデンマークの占領について英検察官エルウィン・ジョーンズ(英陸軍少佐)は、戦争初期局面での被告人レーダー、カイテルら海軍やOKWの将官たち、さらにナチ党幹部ローゼンベルク被告人がヒトラーに及ぼした影響を説得的に証拠づけた。ノルウェー侵入が、ヒトラーによる典型的なナチ攻勢ではなく、むしろヒトラーのほうがその戦略的重要性についてレーダーやローゼンベルクから強く説得されたことによったという鋭い指摘は、法廷の耳目を惹いた。

西欧・バルカンへの独軍侵攻の様相も無論丁寧にとりあげられたが、とりわけ対ソ侵攻については、それまでナチ体制の手がけた他の征服戦争とは異なる、大規模で複雑な企ての展開であったことが、ヒトラーの決断および一九四〇年七月に本格化する攻勢を準備した諸資料にもとづき明らかにされた。それはソヴィエト戦力の軍事的打倒にとどまらず、ソ連国家そのものの破壊・解体(対ポーランド政策にも似た兆候は見られたが、対ソ標的作戦の深甚さは桁外れだった)、広大な領域の恒久的占領・搾取を企図していた。英検察陣とは比べ物にならぬほどはるかに困難な、共同謀議としての戦争計画闡明の課題に対峙させられた米検察官シドニー・オルダーマンは、告発された軍幹部被告人のみならず、文官被告人たちも大なり小なりソ連侵攻に関与していたことを強調した。

評決の行方と継続裁判

人命、人権、法益に対する重大な侵害があったとする厖大な犯罪の証拠を突きつけられ、それらを否定できなかった被告人たちは、犯罪がおかされたこと自体は認めたのであった。ニュルンベルク国際軍事裁判（IMT）の最終弁論で二一名の被告人たちのほとんどがヒトラーを非難した。その犯罪性という点のみならず、被告人たちの忠誠を悪用し食い物にしたという意味においても難じたのだが、彼らは犯罪に対する自らの責任については認めようとしなかった。ザイス＝インクヴァルト（元オーストリア国家総督、終戦時は占領オランダ全権）のみが、大ドイツを実現した者こそヒトラーであるとして最後まで総統を非難することを肯《がえん》じなかった。被告人同士の罵り合いもしばしば見られた。パーペンがゲーリングに対し、「この破壊全てに対してもしあんたが責任をとらないというのであれば、いったい全体他の誰が責任をとるというのだ。あんたは第三帝国のナンバー・ツーだったじゃないか」というと、ゲーリングもこう切り返した。「それじゃなぜあんたも責任をとらないんだ。あんたこそ副首相だったじゃないか」と。

「全体主義独裁では共同の計画などありえない」という弁護側の異論に対し、裁判所は次のように判断した。「ヒトラーはひとりでは侵略戦争を遂行しえなかった。諸大臣、軍幹部、外交官、企業人の協力・協同を必要としたのであって、彼らが目的を知り協力を申し出た事実が存在する以上、ヒトラーの立てた計画に自らを関与させたのである。弁護側が強調するようにヒトラーが彼らを利用したのだとしても、自らの行うことを彼らが十分に認識していた以上、無罪とすることはできない」と。

一九四六年一〇月一日、IMT判決文の朗読は終了し、法廷はゲーリング、リッベントロップ、カイテル(OKW長官)、エルンスト・カルテンブルンナー(国家保安本部長官)、ローゼンベルク(東部占領地域担当相)、ハンス・フランク(ポーランド総督)、フリック(内相、ボヘミア・モラヴィア総督)、シュトライヒャー(党フランケン大管区指導者、反ユダヤ紙『シュテュルマー』発行人)、フリッツ・ザウケル(労働動員全権)、ヨードル(OKW作戦部長)、ザイス＝インクヴァルト、ボルマン(欠席)計一二名に絞首刑を宣告し、ヘス、フンク(経済相、中央銀行総裁)、レーダー(前・海軍総司令官)の三名に終身刑、デーニッツ(海軍総司令官)、シーラハ(ヒトラー・ユーゲント全国指導者、党ウィーン大管区指導者)、シュペーア(軍備・戦時生産相)、ノイラート(前・外相)に一〇〜二〇年の刑を言い渡し、シャハト(前・経済相、前・中央銀行総裁)、ハンス・フリッチェ(大ドイツ放送政治組織全権)、パーペン(前・副首相、前・オーストリア大使)の三名に無罪判決を出した。

米軍占領下のニュルンベルクでは、IMTに引き続き、四六年一〇月二五日から四九年四月一四日まで、IMT憲章に準じた(米英仏ソ四カ国)管理理事会法第一〇号にもとづき、一二の「ニュルンベルク継続裁判」を開廷、大臣・政府高官、軍幹部・高級将校、親衛隊(SS)・警察、企業家・銀行家、法律家・医師、合計一七七名の被告人を裁いた。無罪を言い渡された者は三八名、絞首刑を宣告された者三六名、無期が二三名、残りは一〜二五年の有期刑であった。特に第一一号事件(通称「諸官庁裁判」)には、ＩＭＴの被告人たちと同ランクの元閣僚が多数含まれており、現在ではＩＭＴにこれら「継続裁判」を加え合わせてニュルンベルク裁判として考察するのが一般的になっている。

一九五〇年六月一日までに継続裁判被告人一八名が処刑されたが、ＩＭＴ開始以前から「ヒトラーとそのギャングどもが人類の法をおかした事実を示すべく歴史が与えたこのチャンスを逃さないように」と要求していた当の米高等弁務官(米占領文官トップ)ジョン・マクロイによって、一九五一年一月末恩赦の布告が発せられ、継続裁判受刑者のほとんどに減刑・釈放措置が講じられた。特赦を出したマクロイには、第九号事件(東欧ソ連ユダヤ人殲滅行動部隊《アインザッツグルッペン》を指揮したＳＳ将校を裁いた裁判)被告人たちのための〝いわゆる「戦争犯罪人」の烙印をおされた戦争犠牲者を救え〟という独キリスト教会幹部による猛烈なキャンペーンの圧力が直接・間接にかけられていた。ここにもすでに、冷戦がその影を落としていた。国民は、ＩＭＴ段階ではナチ体制がおかした途方もない規模の犯罪の実態に直面させられ、判決を妥当とみなす者が多かったが、継続裁判段階になると関心を喪失していった。

ポツダム会談でも確認された、連合国遠征軍最高司令部(ＳＨＡＥＦ)指揮による非ナチ化政策は、四六年末までに米英仏ソ各占領区でナチ関係者・戦争犯罪容疑者それぞれ九万五〇〇〇、六万四〇〇〇、一万九〇〇〇、六万七〇〇〇人の身柄を即拘束し、それをはるかに上回る数の人びとに対し、「ナチ犯罪容疑者」として五つのカテゴリー(第一級〈重罪人〉、第二級〈有罪者〉、第三級〈軽罪人〉、第四級〈同調者〉、第五級〈無罪放免対象者〉)に分けて査問審判を進めた。その結果、米英仏の西独占領区では一四万名以上、ソ連下の東独占領区では五二万七三四名が公職その他のポストを解任された。ニュルンベルク裁判では無罪となったパーペン、シャハトともに、非ナチ化審判では有罪とされ、いずれも〈重罪人〉の判定、八年の懲役刑を受けたが、前者は一九四九年、後者は一九四八年と比較的早期に釈放された。非ナチ化の際には、ナチ党の党籍（累計では一〇〇〇万人以上）や犯罪組織SSはじめ党分肢組織への所属の有無が重視されたから、重大な犯罪をおかしていても党員でなければ審査対象から外されるか微罪で済まされることもあった。一方、審査対象者が厖大な数になり、重大複雑なケースの処理は後回しになってヒラの者が先にむしろ重刑を科され、リーダー格が審査対象になった段階では、国際情勢と占領政策の微妙な変化のため審査基準が緩和され、結果的には「小物が追及され大物が放置される」不公平さえ生じがちだったことは否めない。それにIMT以後、審問の大部分はドイツ人に委ねられるようになる。しかし日本の公職追放政策と比較しても、非ナチ化の範囲が広範にわたったことの影響は大きかった。

二　脱魔術化の過程

悪魔か、人間か――錯綜するヒトラー像

こうした状況のもと、ヒトラーに全責任を負わせてしかも「悪魔」化する傾向が、東西両ドイツ誕

生以降、どちらかといえば西独(ドイツ連邦共和国)側で強まっていった。東独(ドイツ民主共和国)では「ファシストのけだもの、野獣」的イメージが、英雄スターリンと対照的にカリカチュアライズされて広がった。これは戦時中の「ソヴィエト人民の肉を食み《は》血をすする怪物」といったヒトラー像が、戦後にも延長された形で存続したものと言える。これに対して西独のヒトラー像はデーモン、すなわち魔力をもった悪霊的存在である。戦前および戦中(とりわけ独軍勝利が続いていた間)に神格化されたカリスマ的指導者像・総統神話が、敗戦後に一八〇度逆転したものと考えられる。

しかし、それと並行して、脱魔術化といえる現象として、ヒトラーの(異常さを含んだ)私生活の細部、たとえば彼の病歴などに大衆の関心が集中していった。この傾向は現在にいたるまで続いているといっても誤りではなかろう。

総統の私生活を至近距離から見た体験談のはしりは、一九四九年に出版された、武装SS将校カール＝ヴィルヘルム・クラウゼによる回顧録『一〇年間。昼も夜も、ヒトラーの近侍として』であろう。一〇年間(一九三四~四三年)にわたって総統の近侍を務めたこの将校は、ヒトラーの遺体を一九四五年四月三〇日、最初に目撃することになった地下要塞の証人、ハインツ・リンゲの前任者でもあった。同年に刊行されたアルベール・ゾレル『プライベート・ヒトラー――内密の総統秘書体験報告』は、一九三三年から一九四五年まで、女性秘書としていちばん長くヒトラーに仕えたクリスタ・シュレーダーの回顧録(一部は聞き書き)の体裁をとっていたが、実は本人の許可なく世に出たものだった。シユレーダーは一九八四年に七六歳で亡くなるまで、ここに描かれているヒトラーの個人的側面を中心にした「内幕」が真実か否か、ついに明かさなかったが、彼女の死後にようやく出版された本人による回顧録と照らし合わせても、内容はほぼかわらなかった。一九五五年には、ソ連に一〇年近く拘束されていたハインツ・リンゲ(一九一三〜八〇年)が連邦共和国に帰還し、臨場感あふれるヒトラーの最期を中心にした談話がメディアを賑わせた。ヒトラー最期のときまで地下要塞に残り、ソ連軍に拘束されぬまま生き延びた女性秘書トラウデル・ユンゲ(一九二〇〜二〇〇二年)の回顧録は、二〇〇三年ようやく刊行された(邦訳『私はヒトラーの秘書だった』二〇〇四年)。その後も地下要塞電話交換手ローフス・ミッシュの回顧録が二〇〇六年に出されている(邦訳『ヒトラーの死を見とどけた男』二〇〇六年)。

ヒトラーは病んでいたか

悪魔的イメージや側近による「人間ヒトラー」像が入り乱れる中、どこかが完全に狂っていたのではないかという疑念もまた、人口に膾炙《かいしゃ》してきた。心理学者や臨床医も、ヒトラーを大なり小なり精神に異常をきたした人格障害者とみなしてきたが、専門家によって著しく判断に差やばらつきがある。パラノイド(妄想狂)、ヒステリー、統合失調症、その他さまざまな精神疾患、パーソナリティ障害などが列挙されるほど、ヒトラーの診断結果は一致していない。そこに引用されている史資料的根拠も歴史学的にみれば不確かな場合が多く、信頼性や妥当性が問われてしかるべきものも少なくないが、心神耗弱であったとなれば、このカリスマ的指導者の責任能力も問えなくなる。いずれにしても、正確なヒトラーの心理史像を提供してくれるものは、従来の研究には見出しがたかった。もっとも最近では精神医学分野の研究者の間でも、ヒトラーの「心の問題」に関するこうした過去の取り組みに関して批判的な整理が少しずつ試みられてきており、それらを参照してみると、ヒトラー「精神病」説に関しては否定的な結論が示されていることがわかる。フリッツ・レートリヒ『ある破壊的予言者に関する診断』(一九九八年)やヘンリク・エーベルレとハンス＝ヨアヒム・ノイマンによる共著『ヒトラーは病んでいたか――一つの決算的鑑定』(二〇〇九年)が代表的なものである。この独裁者のメンタル・フィジカル両面での健康度について、本章でも確認しておきたい。

一九三〇年代半ばまでヒトラーの健康状態が比較的よかったのは、運動不足と貧弱な食事のもと(一九三一年の姪のゲーリ・ラウバル死亡後菜食主義に傾いたことも一因だった)、神経を過度にすり減らす政治的ルーティーンのストレスにさらされていたことを勘案すれば、むしろ驚嘆に値したと側近たちは振り返っている。しかし、緊張の続いた一九三六年には、慢性の胃腸の不調、痙攣による痛みは頂点に達し、足のひどい湿疹にも苦しんでいたヒトラーは、専属カメラマンのハインリヒ・ホフマンから紹介された内科医のテーオドーア・モレルの診察を受けた(モレルは当時、ホフマンの持病をうまく治癒していた)。モレルの処方で回復できたと信じたヒトラーは、三六年一二月から四五年四月末の自殺直前まで約八年半お抱え医師としてモレルに異例の待遇を与えることになる。頭痛、不眠、耳鳴り、めまい、視力障害等をさまざまな病気と結びつけて思い悩む心気症的傾向が強かったヒトラーに、モレルはブドウ糖やホルモン、ビタミン等を含んだ注射薬でただちに効果を感じさせる治療法で好印象を与えた。彼は麻酔剤、刺激剤、睡眠薬、催淫剤等を多用し、しだいにヒトラーを薬漬けにしていった。戦争突入以降、高級軍人たちとの作戦会議やラジオを通じて国民に訴えかける演説時には、必要に応じてメタンフェタミン等、中枢神経を刺激する興奮剤を用いることで、活動能力の減衰阻止や覚醒がはかられた。第5章でも触れたように、一九四三年夏のイタリア・ファシズム体制崩壊前夜、ムッソリーニとのフェルトレ会談がおこなわれたが、会談前後のヒトラーの様子について、モレルは日記に詳しく記している。三日間ほとんど眠っておらず、胃痙攣はじめからだの痛みを訴えるヒトラーに対し、モレルは会談前夜オイコダル(「劇薬」とされるモルヒネ誘導鎮痛剤)を投与、さらに当日朝ヴィタムルティン(メタンフェタミン錠剤)を服用させ、当日オーバーザルツベルクに帰還したヒトラーから「お蔭で会談は成功だった」と感謝されたという。

医師モレル夫妻とヒトラー

　モレルを「藪医者」「いかさま医」と断じてやまなかったヒュー・トレヴァー＝ローパーは『ヒトラー最期の日』で「モレルは

最後の六カ月間、誰に干渉されることもなく、ヒトラーの身体を完全に支配した」としている。二〇一五年に刊行されたノーマン・オーラーの研究『全体主義的ハイ』(邦訳『ヒトラーとドラッグ』)に対し、「些事に規定された世界史」(ドラッグをめぐる医者の匙加減次第)と感嘆しつつ「これまでの第三帝国の全体像を塗り替える」と推薦文を寄せたハンス・モムゼンが、同時に「ナチ帝国の台頭と没落に際して麻薬が果たした役割を今まで歴史学者や医学者は閑却してきた」と述べたように、オーラーの研究は、対仏戦以降ドイツ軍が自軍兵士たちに「ペルヴィティン」(メタンフェタミンの戦時覚醒錠剤)を配布・服用させて戦い続けた点もあらためて闡明し、またオイコダルやペルヴィティンにコカインを加えた新混合剤D－Ⅸ開発のためにザクセンハウゼン等の強制収容所における被収容者への生体実験で効果を確かめ海軍で実用化する等、ナチ・ドイツが侵略戦争を通じて麻薬を戦意高揚士気持続のため社会全体として大量消費した「ドラッグランド」であった点も明らかにしようとした。

ただ、ヒトラーの独裁についても「薬物独裁」とまで極論しかねないセンセーショナルな見方を提起したオーラーの史料操作について一言すれば、「患者A」(モレルの覚書の中でのヒトラーの代名詞)が薬物依存ないし薬物中毒者だったと読者を納得させ、これまでの私たちのヒトラー像を大転換させるほどの、客観的裏付けや証拠を十分提示しえているわけではない。たとえば、モレルの薬剤投与記録を正しく用いず強引な解釈に走っているように思われる部分がある。オイコダル一つとってみても上記四三年七月のムッソリーニとの会談以降どのくらいヒトラーが好んで用いたかについては、強調しながらも頻度について正確な明示はされていない。モレルも、また彼を追い落とそうとして失敗したカール・ブラント博士やエルヴィン・ギージングも、薬物乱用者にしばしばみられるような幻視、幻聴や妄想、恐怖症等に悩まされるヒトラーの姿を目撃した様子はみられない。

しだいに隠すことができなくなった手の震えを、薬物中毒の所為にした別の先行研究もあるが、健康状態を蝕んでいったのは、モレルの薬調合の不適切さに加え、パーキンソン病の進行であり、それらが徐々にヒトラーの衰えに拍車をかけていったことが、現在判明している。手足の震えに先立って、運動機能減衰（緩徐）の徴候が四一年五月すでにあらわれていた。変調に三カ月後ようやく気づいたモレル含めヒトラーの侍医たちは、疑ってはいたものの、結局パーキンソン病の診断を下せなかった。こうした当時の臨床状況分析や徹底的なニュース映像解析をはじめ、地道で浩瀚な総点検を積み重ねた、神経・精神医学専門家エレン・ギッベルスは、ヒトラーのパーキンソン症候群を説得的に割り出し、この病いの進行に条件づけられた「病前性格」の一例として、不信の念・猜疑心の強まりをあげているが、決断力の弱化や記憶のあいまい化等、ヒトラーの個別諸能力の低下や思考障害そのものを問題にするにはあたらないと指摘している。最後の日々が迫っていたヒトラーに逢った証人たちも、一方ではやつれ果て廃人同然になったヒトラーの姿を異口同音のように語りながら、他方でそのエネルギーと意思の力を依然失わず、周りの人びとを引き付け、彼らの異常な従順さを死の寸前まで確保していたと揃って証言している。

宮廷国家――ヒトラーの山荘サークル

政権についたヒトラーは、初期段階こそ首相として政務をになうため首都ベルリンの官邸で日々を過ごしていたが、独裁体制確立後、特に三四年六月末のレーム事件以降は、ベルリン・オリンピック時(一九三六年)と地下要塞で過ごした最後の時以外は、「旅する総統《ライゼ・フューラー》」と称せられるほど、一カ所に落ち着くことがなかった。既述のように、閣議を開くこともしだいに少なくなっていったことも関係するが、彼個人の山荘のあるバイエルン州南部ベルヒテスガーデンで、週末以外にも日々の職務をこなすことが多くなっていったのもたしかである。このベルクホーフ(山荘)とその周囲は、総統の「宮廷国家」とも称された。表敬訪問をする外交使節団のような「外部集団」も時にみられたものの、基本的には(ベルリンから彼の決裁を求めて日参する官僚も含め)公私さまざまな「内部集団」によって取り巻かれる内密空間を構成することになった。この集団については、しばしば大きく三つのグループに分けられている。第一はいわゆるスタッフ、侍医(カール・ブラント、テーオドーア・モレル)、直属副官、秘書、運転手、警護員、執事・側用人等。第二は軍の副官たち、政府・国防軍・ナチ党の代表。第三は親密な社交サークルメンバー、これはゲッベルスやシュペーアのようにヒトラーと特別な関係にある要人ないしサブリーダーとその夫人および親交があり出入りを許されていた他の女性たちから成っていた。

ヒトラーが重視していたスタッフを幾人か挙げておくと、まず官邸支配人アルトゥール・カネンベルクを逸することはできない。ナチ野党時代から彼はミュンヒェンの党本部のクラブ食堂統括人であり、首相になったヒトラーのためにも、料理番頭にとどまらず、レセプション、賓客の宿泊ケア含め広義の家政全般をマネージした。彼はヒトラーに随伴しての山荘への移動や総統本営「狼の巣《ヴォルフスシャンツェ》」への「遠征」も辞さず、スタッフの任免自体にもかかわる一方、ウィットに富んだ会話とアコーディオン演奏で鳴らした「総統の道化師」としてヒトラーを退屈させなかった。直属副官長としては、ミュンヒェン一揆をともに戦った巨漢ヴィルヘルム・ブリュックナーをあげなければならない。たちまち突撃隊の将官ランクにまでのぼりつめたブリュックナーは、他の副官人事も統括し、ヒトラーの身辺警護、総統の日程や旅程を組み、ヒトラーが出かけるあらゆる場所に随伴した。ヒトラーへの請願を行った要人たちにも愛想のよさと気難しくない性格が好まれていたが、一九四〇年一〇月些細なことでカネンベルクと衝突、ボルマンの差し金もあったようで退任の憂き目をみた。ユーリウス・シャウプもミ

ベルクホーフ1階の大広間．レセプションだけでなく，側近たちとの映画上映会にも使われた

ュンヒェン一揆に参加した古強者で、ブリュックナーに次ぐ副官ナンバー・ツーとして「ヒトラーの生きメモ帳」ともいわれ、ブリュックナーよりも頭の回転が早くヒトラーに重宝された。ブリュックナー失脚後は副官長に昇進、要人たちも彼との関係づくりに腐心した。副官アルベルト・ボルマンはマルティーン・ボルマンの弟で、兄とはどうしようもなく不和だったが、総統の「私書箱」役でファンレター含め投書・陳情書を取り扱っていたため民意の動向にも詳しく、ヒトラーにも一定の影響力をもっていた。戦争期に入ってようやくヒトラーにとってのキーポジションを得た兄マルティーンにとっては煙たい存在だった。

総統官邸内では、「総統官房長」で全国指導者のフィリップ・ブーラーが「安楽死」殺人の陣頭指揮をとり、「ラインハルト作戦」実行を助け、ホロコーストそのものにも計り知れない役割を果たした。ブーラーはアルベルト・ボルマンの上司でもあり、「生きるに値しない生命」としての障害児に対する「措置」(いわゆる「T-4作戦」)の必要性をヒトラーに気づかせたのは、「総統官房」内のこの二人だったといっても過言ではない。「T-4作戦」の遂行に決定的にかかわったという点ではヒトラーの常任随伴医でSS中将のカール・ブラント博士も落とせない。ヒトラー政権誕生一年前にナチに入党したばかりだったブラントは、婚約者で二〇年代からヒトラーの知り合いだった有名な水泳選手のアニ・レーボルンによってこの党総統に紹介され、一九三三年交通事故に遭った重傷のブリュックナーの手術・回復に貢献してヒトラーの目にとまるという若い救命医であった。三四年の結婚の際には、ヒトラーのみならずゲーリングも立会人のひとりとなっているが、妻アニのほうは、エーファ・ブラウンやシュペーア夫人のマルガレーテとも親しく、「内部」サークルの「女性陣」のひとりだった。夫が一二年後、ニュルンベルク継続裁判の嚆矢《こうし》「医師裁判」において「人道に対する罪」の廉で絞首刑判決を下される中心被告人となるとは、思ってもみなかったであろう。

ドイツ労働者党時代から長年の話相手としても無視できない存在だったヒトラーの「宮廷写真家」ハインリヒ・ホフマンは、「総統・党報道写真家」トップとして、ヒトラーの肖像を独占的にとり扱い、神格化・カリスマ化を精密に彫琢する一方、「誰も知らない」私的ヒトラー像を提供することによってメディア政策としては絶妙なプロパガンダのための写真術と政治を展開した。さらに総統の芸術顧問として、三八年には「教授」資格を得て、退廃芸術押収作品活用委員会のメンバーとしても辣腕をふるい、戦争中は芸術作品略奪にも深く関与したため、戦後の非ナチ化では「重罪人」とランクづけられ、四年の刑に服することにもなった。彼のアトリエで働いていたエーファ・ブラウンをヒトラーが見初めたエピソードも、戦後になってはじめて知られるようになった。彼の娘ヘンリエッテはヒトラー・ユーゲント全国指導者出身のバルドゥル・フォン・シーラハの妻としてヒトラーの山荘サークルにも出入りしていたが、オランダで眼にしたユダヤ人狩りに驚愕して総統に率直に諫言《かんげん》し、サークルから追放されている。

軍から派遣されていた副官たちも党サイド副官に劣らず重要な役割を果たした。三八年の「ブロンベルク＝フリッチュ危機」を契機に、陸軍出身の総統副官ホスバハ大佐はヒトラーの信任を失い、かわりに新設のOKWからルードルフ・シュムント少佐が新副官長として派遣された。シュムントはヒトラーに早速気に入られたようで、同年一〇月には中佐、三九年八月大佐、四二年一月少将、四三年四月中将と、異例のはやさで昇進を達成。四一年一二月、陸軍総司令官ブラウヒッチュをヒトラーが罷免した折には、シュムントはヒトラー自らが陸軍総司令官に就くよう進言し、翌年九月ハルダーにかわる新参謀総長としてツァイツラーをおしている。彼は軍派遣秘書官の要務性をこれまでになく強く意識して任務を果たしたが、四四年七月二〇日事件で爆風をもろに浴び、一〇月初めに落命、国葬された。三七年ゲーリングによって派遣されたニコラウス・フォン・ベーロ空軍大尉も、迷うヒトラーに助言をいとわぬ副官だった（終戦時、空軍大佐）。そうした信頼関係もあって四五年四月二九日には、ボルマン、ゲッベルスとともに、総統の私事に関する遺書に副署を求められた。三七年後のヒトラー日記捏造《ねつぞう》事件では、日記が偽物であることをいちはやく証言している。三六年以降副官を務め七月二〇日事件を軽傷でくぐりぬけたカール＝イェスコ・フォン・プットカマー海軍少佐は、四五年四月二一日包囲されたベルリンから脱出してオーバーザルツベルクに飛び、重要書類滅却任務を遂行したが、空軍の機能不全がヒトラーの「最大懸案」の一つだったと戦後証言した。一九三二年の総選挙でヒトラーを遊説地に運ぶようになって以降、総統専属のパイロットになっていたハンス・バウアSS中将は、ベルリン最後の戦いで脱出を拒んだヒトラーの死後に地下要塞からの逃亡をはかり、両足に重傷を負った。ソ連軍拘束下で右足切断の処置を受け、一九五五年まで抑留生活を余儀なくされていたが、西独帰還後は、ヒトラーなきあとの「内部集団」戦後ネットワーク存続の重要な環を構成することになる。

山荘サークルの家族的側面

以上、ヒトラーの側近スタッフで注目される人物の役割を中心にとりあげてみた。浩瀚なヒトラー伝をものしたヨアヒム・フェストやイアン・カーショーが、ヒトラーには私的(個人的)生活がないに等しく、彼から政治を差し引けばほとんどあるいは何も残らないという点を浮き彫りにしたのは、よく知られている。戦後比較的早い段階でヒトラーについて「帰る家も家族ももたない根無し草」「一匹狼で近寄りがたい」独裁者イメージを作り上げたのは、アラン・ブロックである。『わが闘争』をひとつの手がかりにブロックが作り上げた『ヒトラー』伝による人物像に、フェストやカーショーが無意識裡に平仄《ひょうそく》を合わせたわけでもないであろうが、この面では別の解釈も可能である。

第二次大戦後の戦犯裁判が終わったころから出始め、カーショーの浩瀚な評伝刊行後もなお出続けている、総統側近たちの回顧録においては、逆に、ヒトラーをとりまいていた「内部集団」が彼にとっての重要な「代替家族」機能を果たし、わけてもベルクホーフ(山荘)「社会」は、独裁者にとっては、不可欠の退避空間、やすらぎの場として機能化されていた点が、むしろ強調されている。しかも、総統のさまざまな人間的側面が舞台の前景に押し出されている観さえある。

ここでは、上記のような内部集団の機能の別の側面、すなわち側近スタッフが陰になり日向になりヒトラーを支え、場合によっては彼の意思決定にも積極的に関与していた面こそ、従来見逃されていたのではないかという観点から、側近人物論を展開したつもりである。この内部集団の最低限の意思一致項がどのあたりにあったかについては、最も長くヒトラーの秘書を務めたクリスタ・シュレーダーが、ホロコーストについては一言もなく、「真の戦争犯罪人は連合国の面々である」と、回顧録(一九八五年)で断じているところにも端的にあらわれている。

元ナチの社会復帰とヒトラーの再評価

ヒトラーの側近による「回顧録」が刊行され始めた一九四九年末には、刑免除法(実質的にはナチに対する恩赦法)が、発足間もないドイツ連邦共和国で施行された。これにより六カ月以下の軽懲役のナチ犯罪についての裁判が停止され、七五万名に恩赦措置が実施された。続いて一九五〇年五月、五年以下の重懲役犯罪について時効が成立した。以後ナチ犯罪は謀殺罪、故殺罪、重傷害罪に追及が限定されることになった。さらに一九五四年の恩赦令では、ナチ幹部がおかした故殺罪は、刑罰の上限が三年の懲役刑を超えない限り、上官(上司)の命令ゆえに責任を問われぬ犯罪行為の一つとされ、ヒトラーとヒムラー等、被告人として裁判には結局登場しなかったごく一部の首魁グループを除けば、ナチ党員やSS・SA、ナチ体制時の国家公務員のほとんどが以後罪を問われなくなる事態となった。こうした一連の〈「過去」政策〉(歴史家ノルベルト・フライが定着させた用語)によって、亡命社会民主党員や帰還ユダヤ人よりはるかに多数の元ナチが、新生ドイツ連邦共和国のさまざまなポストに就いた。

ヒトラーを悪魔ととらえる見方は、戦後ナチ体制期を恐怖の時代として回想したユダヤ人生存者を中心に少なくなかった半面、連合国による占領期と非ナチ化をなんとかくぐりぬけ、公職に返り咲いた元ナチスやナチ体制に同調していた人びとにとって、戦争前の以下のようなヒトラーの演説は戦後も思い出されるものであり、ヒトラーは依然ヒーローで、国民的指導者であり続けていた点には、注意が必要であろう。

「私はドイツの混乱状態を収拾し、秩序を回復して、わが国民経済のあらゆる分野で著しく生産を高めた。……われわれ全てがかくも心に憂えていた七〇〇〇万人の失業者を残らず再び有用な生産に組み入れることに、私は成功した。……私はドイツ国民を政治的に統一しただけでなく、再軍備も成し遂げた。民族と人間に要求された史上最も賤しい暴力的強制を全四四八条に含んだ、かの(ヴェルサイユ)条約を、一つひとつ取り除こうとその後も努めた。一九一九年にわが国から奪われた地域を取り戻し、われわれから引き離されて甚だみじめだった数百万人のドイツ人を故郷に帰還させた。私はドイツの生活空間の一〇〇〇年にわたる歴史的統一を再建した。私はこれらすべてを、血を流すことなく、したがって戦争の苦痛をわが国民にも他国民にも味わわせることなく成し遂げようと努力した。

二一年前には、わが国民の間で無名の労働者・兵士であったこの私が、これらを自分自身の力でやってのけたのだ」（一九三九年四月二八日国会での総統演説抜粋）

ドイツの運命をひとりで、自らの手で変えたという自意識に溢れた主張はまた、同時代のドイツ民衆のだれもが驚愕し、魅惑されるようなひとりの人間の成功物語でもあり、しかも戦後にマイナス・イメージとなるユダヤ人の排除やドイツの生存圏膨張闘争といったヒトラーの世界観にかかわる中心原理がここでは言及されていなかったのも特徴的である。秩序の回復、経済再建・失業の撲滅・憎悪対象たるヴェルサイユのくびきからの最終的解放、国民一体性の確立など、この演説に対しては、根っからのナチのみならず、ドイツ国内のあらゆる社会領域の人びとの間から大なり小なりポジティヴな反響があった点も、要注意であろう。六年前ヒトラーが権力に到達したときドイツがどんな状況におかれていたかに照らせば、一九三九年にこの演説を聴いた人びとは、かつての反ナチの者さえも、ヒトラーが尋常でない業績を達成したと認めざるを得なかった。ナチ体制がまさに戦争に向かおうとする中で、どれほど大きな危険と結びついた方策を選択しつつあるかを理解できた人間も、ヒトラーがこの間ずっと国民のために戦争・流血事態を回避するよう努力してきたという主張が嘘だと暴露しうるだけの情報・証拠をもっている人間も、当時はほとんどいなかった。

第二次世界大戦後も長らくなされた世論調査でもこの「実績」「業績」がヒトラーと分かちがたくポジティヴに結びつけられていたことを忘れてはならない。冒険的侵略戦争に乗り出さなければ、あるいは戦争に敗北さえしなければ、ひょっとしたら「史上最高の将帥《グレーファッツ》」だったかもしれないと考える人間が戦後も少なからず存在したということである。

「ナチズム運動は、その最初の萌芽から国民同胞を欺くことを必須としていた。すでに当時から、いちばん芯の部分が腐敗していて、たえざる嘘によってしか生き延びえない存在だった」。これは、戦争中の「白バラ」抵抗運動のビラ第二号の一節である。四三年二月の参加者逮捕後、ミュンヒエン大学の学生たちはじめ国民の無関心・黙殺にさらされつつ、抵抗運動は壊滅させられた。逮捕から四日後、裁判にかけられ当日処刑されたゾフィー・ショルは、その日「もし何千もの人が、私たちのやったことで心を動かされ目覚めたとしたら、私の死など問題じゃない」という言葉を遺しているが、当日夕方には党お墨つきのナチ学生同盟によってデモが行われ、三〇〇〇人を超える学生が参加し、政府に対する忠誠表明を行い、ハンスとゾフィーのショル兄妹を密告した大学の職員を、学生たちは歓呼し、称えたという。戦後、民主主義体制の消長発展を重要な視野におさめるべく形を整えていったミュンヒエン大学の政治学研究所が「ショル兄妹研究所」と名を変えたのは、ヴェトナム反戦運動がドイツをも席巻した一九六八年、兄妹処刑からようやく四半世紀後のことであった。

同時代ジャーナリストのヒトラー像――ハイデンの研究から

もとより同時代人として重大な関心をもってヒトラーに注目し考察していた人びとは、ヴァイマル共和国期から知識人や政治家、わけてもジャーナリストたちに集中する傾向があったといえる。すでに第3章などで、フリッツ・ゲルリヒたちの『まっすぐの道』誌の場合についてみたように、当時社民党に次ぐ国民政党へと躍進しつつあったナチ党の指導者ヒトラーの、いわば表の顔しか知らない一般大衆に対し、彼らはこのデマゴーグと彼が代表していた政治運動に対する過小評価がどれほど危険であるかを訴えた。ナチ党総統のマスクの下にある「真の面相」を命がけで伝えることを何よりジャーナリズムの使命とし、読者のナチズム・リテラシーを鍛えるための啓蒙的活動を心掛けていたといえよう。

コンラート・ハイデンは、ヒトラーよりも一二歳若く、一九〇一年ミュンヒェンの一ユダヤ系家庭に生まれた。ハイデンは、第一次世界大戦後ミュンヒェン大学で法学・経済学を学ぶと同時に一九二一年から共和国時代の象徴的メディア『フランクフルト新聞』の補助編集員をつとめ、ナチ党の初期段階からはやくも頭角をあらわした党首ヒトラーの正確な人物像を把握しようと精力的に努めた。一九二一年から特にナチの集会場にはまめに通い、ヒトラーのほうも彼の姿を会場の一隅に認めてから演説を始めるほどであったが、容赦のないヒトラー記事はやがてナチ党の目の敵にするところとなり、ヒトラー内閣誕生後はただちにスイスに亡命せざるをえなかったほど、生命が保障されない危険な関係になっていた。スイスのオイローパ・フェアラーク(ヨーロッパ出版社)から一九三六・三七年刊行した『総統』上・下二巻本は、彼の長年の地道な取材活動の総決算ともいえる、同時代のヒトラー伝の決定版であり、ヒトラー像の変遷を辿っていく場合も嚆矢の一冊としてとりあげるに値する著作である。ちなみにハイデンは一九四〇年にはアメリカに移住し、市民権も得て一九六六年ニューヨークで亡くなっている。

ハイデンのヒトラー解釈の特徴は、ヒトラーが時代のいかなる人間像を体現しているのかと真剣に問う構えにあった。それは、限りなく複雑な政治的・経済的事態の連関の洞察を断念し、政党間の闘争を意義あるものとみなさず、安定した軌道に人生を築くことを端からあきらめ、合理的な認識のうちに自らの世界像を打ちたてることもなく、地道な生活の闘いを避けて奇蹟に頼り、明察を捨てて信仰に回帰し、デモクラシーを放棄して独裁に救済を求め、責任のかわりに支配と従属の道を選びとる人間である。ハイデンによれば、ヒトラーはその業績によって勝利したのではなく、あらゆる弱さや間違いだらけにもかかわらず、この(ドイツ)国民がヒトラーを必要としたがゆえに、国民の憧憬の的という役割を彼が模範的に演じているために、勝利を得たのだとしている。自ら責任をとることもなく、国民に対してもすべての過失を問わず免責する、無責任の時代の象徴としてヒトラーを描き出した(その上巻はいみじくも「無責任の時代」をサブタイトルにしている)。

ハイデンにとって、当時のドイツ社会現象総体を背景にしてヒトラーの人間像を摑みだす際、まずこのように解釈することがきわめて重要であった。それと並んで、若くして社会的に挫折したヒトラー像をいちはやく前景に押し出し、あらゆる階級の「デクラッセ(階級脱落者)」たちの天性の指導者として把握した点に、ハイデンのヒトラー解釈の第二の特徴があった。失業者、プロレタロイド(限りなくプロレタリアートに近い、没落の淵にあった下層中間層)、「社会化」し損ねた若者層、兵隊くずれ、キャリアを妨害され諦めた知識人。こうした層がいかに発生、増加し、ナチ党に集結し、党幹部を輩出していったかについて、しかもこうした人間たちが、社会的役割を果たすことなく、「国民に奉仕する生活」を逃げ道とし、むしろ「国民」を騙《かた》って食っている様を、説得力をもって見事に描き出している。こうしたイメージと混ざり合っているのが、営業中間層にサラリーマン化した知識人がとってかわり、伝統的な上昇の機会を閉ざされた没落小市民が過度に増える「インテリの階級闘争」であり、この闘争が知識人をしてデクラッセのオルガナイザーたらしめ、ヒトラー自身の上昇に道を開いているのだという。

ヒトラーはどの階級の「代理人」だったのか

ファシズム論の諸潮流の中でも、ヒトラーがどのような社会階級のいかなる利害を代表し代弁しているかという問題視角からの接近は、一般に agent theory(独語では Agententheorie)すなわち「代理人説」と呼ばれてきた。この時代の代表的理論としては、国会放火事件で逮捕されたブルガリア共産党書記長ゲオルギ・ディミトロフのコミンテルンでの定式化――「権力に就いたファシズムは、金融資本の最も反動的な、最も排外主義的な、また最も帝国主義的なテロル独裁である」――がよく知られているが、簡約すれば、この場合ヒトラーはブルジョアジーの中でも特に大独占資本の利益を肩代りする暴力的執行人とされていたわけである。

ハイデンのような左翼の階級闘争論に立たないジャーナリストでさえ、階級闘争論の影響を強く受けていたことが、上記の行論展開からもはっきり窺えるし、またハイデンは、カール・マルクスの『ルイ・ボナパルトのブリュメール一八日』にもこの評伝で言及しており、マルクスがルイ・ボナパルトと一二月一〇日会の腹心たちの関係について記した箇所「こうしたすべての階級の滓《かす》、クズ、ごみこそ自分が無条件に頼れる唯一の階級だと認めるボナパルト、このボナパルトこそ、ほんとうのボナパルトであり、生地のままのボナパルトである」などをヒントに、ヒトラーをあらゆる階級のクズにより構成された多様な分子からなる独立した大衆運動の代表として捉え、お仕着せの制服を着たような従僕ではない点を強調した。

日本でもナチズムの社会的基盤をめぐる問題意識は、二〇世紀の冷戦期頃まで社会運動そのものに強く存在し、二一世紀に入っても社会経済史の観点から、ドイツのファシズム体制とそれを支えるドイツ資本主義との関係をめぐる形で検討が重ねられてきた。近年も柳澤治・首都大学東京名誉教授は、商工業分野の中小の自営業者層(手工業者・商人・小企業家等の「営業的中間層」)が、ヒトラーの権力掌握にいたるナチ党の政治運動を支え、推進した諸社会層の中でもとりわけ重要な役割を果たしただけでなく、四カ年計画の進行の中でも、さらには総力戦体制の下でも、独自の影響力を発揮してナチ体制を最後まで規定し、中間層の利害と理念は排除されなかった点を明らかにしている(『ナチス・ドイツと中間層』二〇一七年)。

主なヒトラー代理人説を概観するだけでも、あらゆる社会層の利害を代弁しえたかのごとき彼が、ますます謎めいてみえてくる。他方、総統の党として何よりヒトラー党だったナチ党が、左翼やマイノリティー(共同体異分子)を除き、民族共同体のすべての構成メンバー(「民族同胞」)に対し、各集団に応じた耳ざわりのよい社会的夢想のアピールを欠かさない(二〇世紀前半までは稀有だった)キャッチ・オールないしポピュリズム型独裁政党の先駆だったことをあらためて示すものといえるのではなかろうか。

偽書『シオンの賢者の議定書』とユダヤ人陰謀説

ハイデンのヒトラーが、現在から振り返っていまひとつ注目されるのは、『シオンの賢者の議定書』という偽書をヒトラーとナチ党が決定的に広めたことに着目し、党総統を「歴史偽造」者として偽書史上、最大成果を達成した人物と位置づけている点である。

この偽書は八〇頁ほどの冊子といってもよいが、反ユダヤ主義関係文献の中でも最も広範に流布した一冊である。内容はある秘密会議録の体裁をとりながら、ユダヤ人の世界支配達成のための計画・戦略が展開されている。いわばユダヤ世界支配の謀議を何より証拠づけるドキュメントとして、その後の反ユダヤ主義者たちから意味づけられた代物であるが、現在では革命運動と反ユダヤ主義瀰漫《びまん》が交錯した二〇世紀初頭の帝政下ロシアにおいて、ロシア秘密警察「オフラナ」によってでっちあげられた偽書であることがわかっている。『シオンの賢者の議定書』は、オフラナの仏派遣員が、皇帝ナポレオン三世治下、ジャーナリスト、モーリス・ジョリによって一八六四年に刊行された『マキアヴェッリとモンテスキューの地獄での対話』という(マキアヴェッリの創作を下敷きにしてナポレオン三世を皮肉ったといわれる)風刺書から盗ってきたものに反ユダヤ主義的潤色を施した偽書である。このことは、古くはノーマン・コーンの世界征服陰謀神話解体のための分析から、ウンベルト・エーコの小説・評論『フーコーの振り子』『プラハの墓地』などにおけるホロコースト防止のための啓蒙にいたる、一連の警世リテラシーを通じて、現在では比較的衆知になってきていると思われていた。ところが、ドイツでは移民問題が過熱化した二〇一〇年代半ばから、とりわけ排外主義右派政党「ドイツのための選択肢」AfD《アーエフデー》が州によっては議会選挙を通じて二〇%の得票率をこえるようになってくると、たとえばこの『シオンの賢者の議定書』を公然と擁護する議員がでてくるようになった。すでに南西ドイツ・バーデン=ヴュルテンベルク州議員のヴォルフガング・ゲデオンは二〇一二年の著書『歴史・シオニズム・共同謀議の政治』において、一八九七年の第一回世界シオニスト会議は非公開でおこなわれており、『シオンの賢者の議定書』も、偽書といえないのではないかという問題提起をおこなっている。

ハイデンがこの書を通じて「ヒトラー＝歴史偽造者」という弾劾を展開した当時、すでにスイスのベルンでは『議定書』をめぐる偽書判定裁判がおこなわれていた。一九三三年ベルンのユダヤ教信徒共同体は、『議定書』が「有害出版物取締法」に違反する低俗読み物に該当すると提訴し、二年後、出版にかかわった二人のスイス・ナチ党員が有罪判決を受けていた。しかし判決は軽い罰金刑であり、その後被告人の二人は、判決の修正を求めて控訴、一九三七年一一月第二審では無罪となった。二審裁判官は文献の剽窃《ひょうせつ》は認めたが、低俗有害図書には当たらないと判断したのである。以上のような裁判推移をハイデンは検察官以上に憂慮をもって見ていたにちがいない。

この偽書の信憑性を絶対的真実として疑うことのなかったヒトラーが、したがって諸国にはユダヤ人を根絶するほかに手立てはないと結論づけていたことをにおわす部分は、戦争後半期のゲッベルスの日記にもみられる。本書第4章(二〇〇頁)でも触れたように、政権掌握六周年の記念国会での演説は、自らの戦争政策推進の正当化と結びつけた、絶滅志向を伴う反ユダヤ主義の独特の論理展開であった。ヒトラーはこう述べている。「私は人生において頻繁に予言者だったが、たいてい嘲りを受けた。権力獲得のために闘っていた時代に、私がいつかドイツで国家と全国民の指導者となり、そして他の〔マルクス主義のような〕多くの問題と関連させてユダヤ人問題も解決するという私の予言を、ただ嘲笑して聞いていたのは、誰よりユダヤ人だった。このドイツのユダヤ人のかつての高笑いは、〔彼らの〕喉につかえてすでに終わっている。私は今日再び予言者になろう。もしヨーロッパ内外の国際ユダヤ金融資本が、諸国を再び世界戦争の淵に突き落とすのに成功するようなことがあれば、その結末は世界のボリシェヴィキ化、つまりユダヤ人の勝利ではない。むしろヨーロッパ・ユダヤ人種の絶滅に終わるだろう」。こうした主張は、ハイデンの書が発刊された三年後の、プラハ占領を一カ月半後にひかえ七カ月後には開戦を迎えるといった時期にみられたものだった。ドイツ国民大衆は、「国際金融資本」の利害を「ユダヤ人による世界のボリシェヴィキ化」と結びつけた、かくも矛盾した論理を、この頃には受け入れるようになっていた。それは、「生産的創造的資本主義」とは相容れない(金融)資本主義とボリシェヴィズムが、ドイツ／北方種(ゲルマン民族)／「アーリア人種」を絶滅させようとするユダヤ人の世界制覇への野心の二側面だと繰り返し吹き込まれていたからにほかならない。

この論理的帰結は、「国際ユダヤ人」「世界ユダヤ人」をドイツの敵、つまりドイツの領土拡大要求に反対すると予想される者全体と同一視することであった。反ドイツ感情を全世界ユダヤ人の陰謀に帰することは、国際政治の現実に照応していなくても、ドイツ国内での有効性を損なうものではなかった。敗戦に直面してもヒトラーの歴史偽造は以下のようにホロコーストを正当化する形で彼の最期の政治的遺書にまで及んだことになるが、ハイデンがユダヤ人をめぐる歴史偽造について、それ以前にこのようなことを思いついた政治家はいなかったとして、何よりヒトラーの「独創性」をあげている点は注目に値しよう。

「私やドイツの誰かが一九三九年に戦争を望んだというのは真実ではない。それを望み、煽動したのは、ユダヤ系かユダヤ人の利益のために働いた、あの国際的な政治家連中だけだ。……数世紀が過ぎるとしても、われらの諸都市と文化遺産の廃墟から、最終的に責任を負う民族に対する憎しみが繰り返し蘇るだろう。これらすべてはその民族、すなわち国際ユダヤ人とその協力者が招いたことだ。……今回欧州のアーリア民族の数百万の子供が飢えで死に、数百万の男が斃れ、数十万の女子供が諸都市で焼かれ爆撃されて死ぬなら、幾分は人間的な方法で、真の罪人(＝ユダヤ人)がその罪を償わねばならないということを、私はすべての者に明確に示しえた」。ヒトラーのユダヤ人陰謀説は最期の遺書まで「堅持」されたのである。

さまざまなヒトラー像――トレヴァー＝ローパーらの研究から

終戦直後のソ連独裁者スターリンによるヒトラー生存伝説の散布が、戦後巻き起こった「ヒトラー問題」現象に無視できない「貢献」をなしたことは、すでに見てきたとおりであるが、一九四七年三月ドイツの外で出版された『ヒトラー最期の日』が五〇万部をこえるベストセラーになり、問題への関心の喚起、人びとの間での話題づくり、争点形成に大いに寄与したことは見逃せない。当時の世界の読者がまず知りたがったのは、ヒトラーがはたして確実に死んだのか否かであり、同書の成功も当時利用可能な資料を揃え、ヒトラーがもはや生きていないのは確かであると疑問の余地なく証示した点にあった(特に第七章「ヒトラーの死」)。イギリス人の著者トレヴァー＝ローパーは一九一四年生まれで英国北部ノーサンバランド州出身、オックスフォード大学のクライスト・チャーチで学び一九三七年から同大学マートン・カレッジの研究員になり、戦中に出した英国近世史研究は高く評価された。一九四一年から勤務した英国軍秘密情報部でもその文献学的才知を買われ、一九四五年九月から瓦礫のベルリンに派遣され、ヒトラーの最期に関する調査報告に従事した。本書は、対独占領英国軍秘密情報局に提出された報告書をベースに、内容としてはヒトラーが地下要塞で過ごした最期の一〇日間に限定されない、「ヒトラーの支配」構造全体の問題にも言及したものになっている。「一〇〇〇年続くはずだったドイツ第三帝国も一〇年で崩壊し去った今、ようやくわれわれには……真実を探り出すことが可能になったが、……われわれの犯した誤謬を正していかなければ、ヒトラーの最期の数日の異常な物語を理解することも、ナチ政治の真の性格を把握することも不可能であろう。ヒトラーは傀儡《かい らい》ではなかった。ナチ国家は(いかなる意味においても)全体主義国家ではなかった。その指導的な政治家たちは政府を形づくっていたのではなく、宮廷を形づくっていたのである」というくだりから始まる第一章「ヒトラーとその宮廷」では、ドイツの政治行政機構が「ナチスの主張していたような、〈ピラミッド型〉でも〈一枚岩〉でもなく、私的な帝国、私的な軍隊、私的な情報機関の乱立であり……支配者の無責任は、支配される者の無責任を招き、共和制国家も名ばかりのものになった。われわれのほとんどはこの独裁者について何という間違った解釈を下していたことだろう!」「事実、彼の個人的権力は絶対に他の容喙《ようかい》をゆるさぬほどのものだった。彼は自分の創り出した混沌の上に最後まで君臨し、その本質を隠蔽することができた。死してなお、ニュルンベルク法廷の被告人席に並んだ気の弱いぐうたらな部下たちを支配し続けてさえいた」と快刀乱麻を断つかのように、ヒトラーの支配を喝破している。

ヒトラーの生前の呪縛力については、ベルリン地下要塞の最期の局面で、肉体的にも廃人同然になっていたとしながらも、あれほど多くの冷静そうな人間の心までとりこにしてきた（「催眠術師そっくりの」とも指摘される）ヒトラーの眼の魅力がまだ失せていなかったとトレヴァー＝ローパーは述べている（第二章「敗北に当面したヒトラー」）。ヒトラーが一切の強制力も説得力も失い、悪政による失敗と犠牲が明らかになり自分の個性の力だけが残った最期の一週間においてすら、なお異常な（部下たちの）従順さをかちえていたのは、彼の身体に備わっていた人をひきつける（眼）力だったとしているのである。他方でトレヴァー＝ローパーは、「ナチ政府きっての最も有能な、最も興味ある人物」アルベルト・シュペーアこそ、あの恐ろしい主人の傍らに侍りながら、判断力を腐敗させられずにいたただひとりの人間だったと記しており（第三章「敗北に当面した宮廷」）、ヒトラー像に関して独特の解釈の枠組みを提示するのと並行して、ここにシュペーア伝説を新たに誕生させたのだった。シュペーアは一九四二年二月三六歳の若さで突然、兵器・弾薬相に任ぜられ（それまでにもすでに帝国首都建設総監を務めていたが）、全軍需生産と工業生産の整理統合、水路・道路・エネルギー施設・交通機関・要塞の建設維持、産業の指導と再編についての諸権限を委ねられる。彼の官庁は、総統布告「戦争経済の集中化」によって軍備・戦時生産省と名も変え、関係省庁諸機関合同委員会を主催する強大な権限を手に入れたのであった。このシュペーアの権力の基礎は、自らが青年時代に果たせなかった建築家の夢を託したかのようなヒトラーの恩顧を新大臣として享受しえたことにもよっていたが、「軍備の奇蹟」といわれた短期間での驚異的な増産化の業績そのものにあった。シュペーアは戦後のニュルンベルク国際軍事裁判で他の二〇名の被告がすべて無罪を主張したのに対し、唯一自分の罪を認め、またヒトラーの「ネロ命令」に対するサボタージュを敢行して命令効果を削ぎ、ヒトラー暗殺さえ視野に入れていたと告白し、センセーションを巻き起こしたことでも知られる。戦時中からすでに天才的テクノクラートとして注目していたトレヴァー＝ローパーは、「非政治的専門家の有能さとその悲劇」というレジェンドを本書を通じてつくりあげたのであった(特に第三章)。

もっとも、ニュルンベルク裁判前、ルクセンブルクのモンドルフ収容所に集められていた大物戦犯容疑者のなかのシュペーアに一週間注意深く尋問した米軍戦略爆撃調査団の一員だったジョン・ケネス・ガルブレイス(制度学派経済学者)は、シュペーアの分析力に舌をまきながらも、彼を正体をさらけ出さない「役者」とみなし、トレヴァー＝ローパーによる、「政治家」でも「芸術家」でもないテクノクラートとしてのシュペーア像をむしろ皮相的と評し、批判的に見ていた点も、付言しておきたい。

トレヴァー＝ローパーがヒトラーの戦争目的が生涯一貫して「ロシアの征服、スラヴ民族の根絶、東方植民地化」にあったとしたのに対し、本書発刊五年後に公刊され「暴政に関する一研究」との副題をもつアラン・ブロックの大著『ヒトラー』は、この独裁者を明確な目標や意図をもたない、ただ権力の獲得と維持のみに重大な関心を寄せた政治家と捉え、確固たる目標に最後まで取り憑《つ》かれた魔術師的ヒトラー像の対極にある、操作的で冷笑的な機会主義者、山師的ヒトラー像を徹底的に彫琢して見せた。ブロックによるヒトラー像のこうした「脱魔術化」は戦後連邦共和国に勃興した新しい現代史研究によってポジティヴに評価され、研究関心もヒトラー個人へよりは、むしろヴァイマル民主主義体制の破壊・衰退過程に向けられる傾向を強めた。一九五〇年代半ば広く読まれたカール・ディートリヒ・ブラッハー『ヴァイマル共和国の解体』はそうしたトレンドを象徴していた。

三　ヒトラー研究・ホロコースト研究の本格化

一九六〇年代、アイヒマン裁判以降——フェストの研究から

一九五九年のクリスマス、ケルンのシナゴーグ(ユダヤ会堂)に鉤十字が落書きされた事件を契機に、若者による類似の事件がユダヤ人墓地でも頻発し、ひと月ほどで七〇〇件に達したことは、ドイツ社会からナチ的要素が除去されていない実情を露呈させた。事態を憂慮した西独(コンラート・)アーデナウアー政権は、翌一九六〇年に、公共の平穏を乱すような形で憎悪を煽り、暴力を誘発したり、「一部住民を侮辱し、悪意をもって軽蔑し、あるいは中傷することで、他者の人間の尊厳を傷つける

者は、三カ月から五年の刑に処せられる」とした「民衆扇動罪」を導入した。一九六〇年はアイヒマン逮捕のニュースが世界の人びとを驚かせた年でもあった。五月に逃亡先のアルゼンチンでイスラエルの情報機関の工作員に拉致され、イスラエルへ極秘連行された彼はイェルサレムの法廷で裁かれ、六二年一月処刑された。

このアイヒマン裁判は、ニュルンベルク裁判の歴史的意味合いを忘却しつつあったドイツ連邦共和国にも衝撃を与え、ドイツ国内での本格的な自主戦犯裁判といえる「アウシュヴィッツ裁判」(一九六三年)はじめ一連の絶滅収容所裁判(一九六四年トレブリンカ、一九六五年ソビブル)開廷を促す画期的出来事となった。東部の絶滅収容所への強制移送の総元締めとして、各地のユダヤ人狩りをヨーロッパ規模で組織したアイヒマンの犯罪を裁いたこのイスラエルの裁判については、亡命哲学者ハンナ・アーレントの鋭く批判的な分析『イェルサレムのアイヒマン』が一九六三年刊行されている。アイヒマンと同世代のユダヤ系の彼女が、ナチの代表的能吏を「脱悪魔化」したともいえるこの著作は、十分読み込まれず「悪の陳腐さ」というサブタイトルだけが独り歩きしがちで、「ホロコーストの張本人が悪魔でないとは一体全体どういうことなのか、とても受け入れられない」という具合に、特に世界のユダヤ系の人びとの間でショックと憤激のリアクションがまきおこった。辣腕オルガナイザーだったアイヒマンが退屈な小市民的執行人というイメージに矮小化されてしまった面も否定できなかった。

しかし、戦後悪魔化するか貶《けな》してまともに扱わないかのどちらかに終始しがちであった、ヒトラー・

ナチズムへの嫌悪感をぬぐえぬ心情的道徳的接近の仕方を、理性的歴史化(歴史的客観化)へ嚮導《きょうどう》するのにアーレントが大きく貢献したことは間違いない。

一九六三年アウシュヴィッツ裁判がようやく始まった西独では、ジャーナリストのヨアヒム・フェスト作『第三帝国の相貌』がよく読まれた。一九二六年生まれのフェストは、大戦末期召集され最後は連合軍の捕虜となり戦後RIAS(西ベルリンの米軍管理放送会社)に勤務、一九六一年から北ドイツ放送テレビ編成局長を務め、歴史番組も手掛けていた。フェストはその後、全国紙『フランクフルター・アルゲマイネ』の編集にも携わることになる(一九七三〜九三年)。さらに自ら歴史研究の成果を世に問うた一九六三年のこのナチ人物現代史は、ヒトラーを先頭に、ゲーリング、ゲッベルス、ハイドリヒ、ヒムラー、ボルマン、パーペン、ローゼンベルク、リッベントロップ、ヘス、シュペーア、フランク(ポーランド総督)、シーラハ、ルードルフ・フェルディナント・ホェース(アウシュヴィッツ収容所所長、総統代理のヘスとは別人)等、ドイツ第三帝国の代表的な指導者や機能エリートたちのポートレートをそれぞれ簡潔に提示したものだった。一見評伝集成風のスタイルを通じて、個々の人物像描写にとどまらず、各人物の政治的背景、彼らが占めた地位の社会的影響力について解明し、ナチ体制とそれを構成した各パーソナリティの心理構造を摘出するアプローチは、歴史家たちによって粗略にされてきたと、フェストは指摘している。

フェストは、一九六六年に二〇年の刑期を務めて出獄したシュペーアの顧問役をも(その獄中期からすでに〕務めており、シュペーアの回顧録とその刊行は、有名な出版人ヴォルフ・ヨープスト・ズィートラーとともにフェストが「演出」したといっても過言ではなかった。この書におけるシュペーアとヒトラーとの関係の構図は、ゲーテも戯曲化したファウスト伝説におけるファウスト博士とメフィストフェレスとのそれに比定されているかのごとくである。前者が後者に唆《そそのか》され誘われて、神に背き、悪魔メフィスト（＝ヒトラー）の助力を得て、地上のあらゆる知と快楽を満たすファウスト博士（＝シュペーア）は、魂と肉体を売り渡してしまうといった具合に仮構されている点もわかりやすく、一九六九年に出版されたこの『回顧録』は、三〇〇万部をこえる大ベストセラーになった。「そもそもヒトラーに友人が仮にいたとしての話ですが、私がその最も親しいひとりだったかもしれません」と四六年六月ニュルンベルク法廷の証言台で開陳したシュペーアの言葉は、この二三年後の回顧録序文でも繰り返されている。

これと関連して、第三帝国初期ひそかにささやかれ、戦後も長らくナチを冷笑するのに用いられたウィットをひとつ紹介しておきたい。「誠実であることと知的であることとナチであること、この三つが鼎立《ていりつ》することはない。誠実でナチであれば知的ではないし〔SAが典型〕、知的でナチであれば誠実ではない〔ゲッベルスのイメージか〕、誠実で知的であればナチではない」から、この三つの事象が同時になりたつことはないというところがウィットの味噌なのだが、この回顧録を通じて世界に広く知られるようになったシュペーアは、まさに誠実で知的なナチを象徴したのであり、グッド・ナチ、ジエントルマン・ナチは実在した、シュペーアこそそれだと印象付けることになった。

意図派と機能派

同じ一九六九年には歴史家マルティーン・ブローシャート（現代史研究所所長）の『ヒトラーの国家』、ボン大学ブラッハー教授の『ドイツの独裁』が刊行されたことも特筆に値しよう。ヒトラー研究の担い手のうち、ヒトラーの役割をナチズムにとって決定的なものとして重視するヒトラー（還元）主義ないしヒトラー中心史観とも呼ぶべき歴史家グループは「意図派」、ナチ体制内部のダイナミズムがもつ重要性に着目した歴史家たちは「機能派」と呼ばれることがあるが、ブローシャートは「機能派」を代表する歴史家のひとりである。同書では「総統絶対主義」という独特の概念でヒトラーの「指導者原理」を中心にした支配構造を解明しようとした点が注目される。これに対してブラッハーは「意図派」を代表するひとりで、国王の絶対主義的支配や専制主義と異なり、公的なイデオロギーを掲げる一政党が大衆をあらゆる手段で動員しつつおこなう現代の独裁支配（＝全体主義的支配）の中にヒトラーを据えた。ナチズムをヒトラーの目標や意図に還元する「ヒトラー中心史観」の解釈を、ブラッハーは本書で明確に打ち出していた。全体主義論者にとって、全体主義支配モデルには、ナチズムをはじめ極右の独裁のみならず、スターリニズム等左翼の独裁も含められている。東西冷戦期のアメリカで、ナチ体制と共産主義体制を本質的には同じとする全体主義論があらわれ、しかもソ連批判に重点をシフトさせていくと、西独の論者の間でもかかる傾向が強まっていった。

ヨアヒム・フェストが一九七三年世に問うた『ヒトラー』は、フェスト監修の同名のドキュメンタリー映画(公開一九七七年七月)もヒットし、その相乗効果で息の長いベストセラーとなり、彼の名は世界的に知られるようになった。本書は、歴史家ゴーロ・マンが最も完成度の高い評伝として、「一五年ないし二〇年の間」第一に読まれ続けるだろうと予見したように、二〇世紀末にカーショーの大著『ヒトラー』が公刊されるまでは、学界でもメディアの世界でも筆頭に取り上げられる人物伝となった。もっともフェストのこの大著では、ホロコースト史への言及がわずか数頁(ブラッハーの『ドイツの独裁』も、六〇〇頁中二〇頁で、五十歩百歩)で、この点を皮肉ったゴーロ・マンは、また同時にヒトラーの出自・モチヴェーション・心理へと次々に筆を費やして、一〇〇〇頁をこえる長さに達したフェストの書きっぷりに、「この独裁者に対する「理解」から「許容」を経て、最後は「感嘆」へと無意識裡に移行しかねないバランス感覚の喪失」を嗅ぎ取っている。

伝記的叙述に対しては、個人に焦点を絞る方法による歴史認識自体はたして可能だろうかという否定的問いがよく投げかけられる。フェストは、それを意識しつつ、「わずか数年の間に独力で、時間の流れを信じられないほど加速させ、世界の状態を変化させた者は、彼以外にない。あのような廃墟をあとに残した者は誰もいない」「ヒトラーという人物の形で、個人はあらためて歴史の過程に対する自己の驚くべき力を実証した」「起こったことはヒトラーなしでは考えられない」としながら、自らのヒトラー伝の正当性と歴史叙述に占める位置を次のように根拠づけた。

「ヒトラーはヴァルター・ベンヤミンが〈社会的性格〉と呼んだものを夥《おびただ》しくおびていた。すなわち、それは社会の不安・抗議感情・希望すべてが理想的に結びつき、こうした一切の感情がたしかにひどく誇張され歪められ、いくつも病的な特徴をもっていたが、けっして歴史的背景と無縁ではなかった。ヒトラーの生涯は、そこに超個人的傾向や状況が現れていなければ、また彼の一生の記録がつねに同時に時代全史としての一篇の記録にならないのであれば、その生涯は記述や解釈に値しないであろう。それが時代のドキュメントになるということが、あらゆる異議にもかかわらずその叙述を正当化する。ヒトラーの自己展開は、彼に刻印し、彼を鼓舞し前へと駆り立て、時にはおしとどめもする客観的諸要因がぎっしり詰まり厚い図柄・模様をなすところに見られるのだ」

時代〈精神〉とヒトラーの符合が、あまりに予定調和的に前提されすぎているところが気になるが、約三〇年後の著書『ヒトラー——最期の一二日間』(原著二〇〇二年、邦訳二〇〇五年)でも「どんなに多くの時間を費やし、どんなに広い視野と識別技法をもって歴史と社会から原因を引き出してきたとしても、最後のところは、ヒトラーという人格にもどってこざるをえず、あの出来事に決定的なインパクトを与えた彼個人の伝記から目をそらすことはできない」と強調しており、フェストのスタンスは変わっていない。

一九七〇年代後半――TVドラマ「ホロコースト」のインパクト

一九七六年一〇月から半年かけて、連邦共和国(西独)では、一〇〜二三歳の学齢世代に対して「私がヒトラーについて聞いた事柄のすべて」と題するアンケート調査がおこなわれた。結果は「歴史的知の墓場」という言葉に集約されたごとく、惨憺たるものであった。ヒトラーという人物が存在していたこと自体は回答者全員が知っていたものの、彼が生きたのがいつの時代かとなると途端にあやしくなり、さらにどういう人間だったかとなると正確な答えがきわめて少なく、歴史教育・歴史授業の深刻な危機が以後くりかえし指摘されるようになる。フェスト監修ドキュメンタリー『ヒトラー』がヒットした背景には、西独全国の中等学校で生徒たちに「鑑賞」が薦められ、歴史授業の一環とされたケースも多かったという事情があった。

一九七〇年代末、テロリズムと「ドイツの秋」「鉛の時代」ともいわれる抑圧ムードの中で、一九六〇年代半ば以降続いていた「学生反乱」の波は終息していったが、同時にこの頃からドイツの大学で新しい社会史研究の流れに影響を受けた教員教育の下、歴史や社会科の教員になったアカデミカー(大学卒)が初等中等教育にも携わり始める。

折しも米TV長編ドラマ「ホロコースト」が四夜連続で放映された(西独では一九七九年一月末)。このドラマでは、ヨーロッパ・ユダヤ人に対する絶滅政策を調整したヴァンゼー会議の様子も描かれており、連邦共和国の国民にとってはナチ・ユダヤ人政策の歴史的知見を深める貴重な機会になった。

それだけでなく、二つの家族の葛藤・悲劇の物語を軸に展開されるドラマを通して、犠牲者・加害者・同調者の運命が切実な形で心に刻みつけられる初めての映像体験となった。放映前の世論調査では、過半数（賛成五一％、反対一五％）が「ナチ刑事責任追及はもう止めたほうがよい」としていたのに対し、放映後は逆転した（賛成三五％、反対三九％）。番組の影響を重視した連邦議会も、（ナチ犯罪含め）すべての謀殺罪（計画的な殺人に対する罪）には時効を適用しない法律を可決した。これはナチズムをめぐる法政策上の「過去の克服」の大きな方向転換だった。また、このTVドラマ放映までは、「大災厄」を一般的に含意していた英語「ホロコースト」がナチ体制による第二次世界大戦中のヨーロッパ・ユダヤ人大虐殺を指す、限定的意味をもった歴史用語として人びとの間で以後定着していくことになった。

一九七〇年代の社会史の隆盛、日常史、郷土史等、「下から」の歴史記述の発展は、もっぱら国家や政治社会エリートを歴史のアクターとして前景に押し出した従来の政治史中心の歴史叙述とは異なり、「普通の人びと」の歴史を浮き上がらせた。こうした歴史運動が「君が立っている場所を掘り起こせ」という標語のもと、一一〜二一歳の青少年たちの歴史作文コンクール開始を促した。一九八〇年からの三年間は「ナチズム下の日常」をテーマに募集したところ、全国で一万三〇〇〇人近い応募があったとされる。自分の町や村のナチズム体験を明らかにすべく聞き取り調査を展開した生徒たちに対し、一部では、「ネストシュムッツァー（巣を汚す、恥ずべき非国民）」という非難があったことも事実であるが、日々の生活や人びとのより親密な関係性の中から現代史を読み直すことを通じて、生徒たちが以下の歴史的な問題を認識するようになったことは重要である。それは、ナチ体制が実は一部の確信的ナチスだけによって運営操作されていたのではなく、それ自体としては犯罪性のない市民・民衆の日常生活が織りなされる中で、犯罪的な不法の体制が維持されていたという事実であった。

一九八〇年代――「ヒトラー日記」騒動

一九八三年はヒトラー政権掌握五〇周年にあたり、ドイツのデモクラシー再考のイベントが連邦議会はじめ国制レベルで企画実践され、世界の注目を集めた。西独の学問分野でも歴史学・政治学を中心に回顧と展望のとりくみがなされ、メディアもそうした動向を世界に伝えた。しかし何といっても一大センセーションをひきおこしたのは「ヒトラー日記」事件であった。『シュピーゲル』と並ぶ西独週刊誌『シュテルン』(版元グルーナー・ウント・ヤール社)は、旧ナチとも接触のある同誌の記者ゲルト・ハイデマンが発見した「ヒトラー日記」(記述は一九三二~四五年の期間をカバー)なるものを三年間にわたって買い込み、焦点の八三年に合わせ満を持して『シュテルン』に日記抜粋を連載しはじめた。ハイデマンは日記の出所を明らかにしなかったが、専任パイロットのバウアは、ヒトラーがベルリンの地下要塞で死ぬ前に、さまざまな記録、物品、書類等を積んで南独に向け進発させた(「後宮」作戦)航空機がドレスデン近郊で撃ち落とされたのをひどく残念がっていたと戦後に伝えており、ハイデマンに日記をひそかに売りつけたコンラート・クーヤウも東独からの亡命者をかたり、機の残骸から取り出されたものに間違いないと強調した。また日記発表前には筆跡鑑定士のみならずトレヴァー＝ローパーのようなヒトラー研究大家にも一部を見せて本物とのお墨付きまで得ていたが、西独の歴史家を蚊帳の外におく形で連載に踏み切るや数週間で日記内容上の（わけても時間的）齟齬が明らかとなり、加えて動き出していた連邦刑事局・資料材質検査局・連邦公文書館による化学鑑定で、日記に使用されているインクやペーパー等がすべて第二次世界大戦後のものという結論が出され、日記は捏造された偽書であることが判明した。クーヤウは詐欺罪で、またハイデマンは日記購入の際に会社資金を着服していたことが判明して横領罪で起訴され、裁判所は両名に有罪判決を下すという出版スキャンダルとなった。日記について照会のなかったフェストは、トレヴァー＝ローパーの軽率さを暗示するかのように、ヒトラーが日記をつける習慣をもたなかったことはもとより私的な文書《ペーパー》を遺さぬことに神経を配っていた点をあらためて指摘した。事件後、詐欺師クーヤウは、『わが闘争』の分析でも知られた西独のヒトラー思想研究の代表的存在であるエーバーハルト・イェッケル（シュトゥットガルト大学教授）にも捏造史料を売り込んでいた。ヒトラーはミュンヒェン一揆までは比較的多数の書簡や文書を残していたとされ、その文書関係コレクションの意味をもつ公刊史料の決定版、イェッケル編『ヒトラー全文書記録集 一九〇五―一九二四年』（一九八〇年）にも、一部偽史料が紛れ込んだまますでに発刊されていることが、事件後に明らかになった。

一九八〇年代後半――ドイツ歴史家論争

一九八六〜八七年のいわゆる「歴史家論争」は、「過去に目を閉ざす者は、結局現在に対しても盲目になります」の一節で特に知られる一九八五年の敗戦四〇年記念ヴァイツゼッカー大統領連邦議会演説をひとつの重要な契機としていた。ヒトラー解釈をめぐる「意図派」「機能派」両派の対立は、ナチスの犯罪を相対化しドイツ国民の誇りを維持する形で暗い過去の清算をめざす「歴史ポリティックス」を展開した保守派ないしネオ保守派と、ドイツの過去に厳しく向き合おうとした革新派ないしリベラル左派という対立に拡大、激化した。

論争の一大焦点になったのは、ベルリン自由大学教授エルンスト・ノルテの論考「過ぎ去ろうとしない過去」であった。ノルテの論点を縮約すると以下のようなものになろう。〝ナチスによる「人種」敵ユダヤ人絶滅政策は、史上類を見ぬ特異なものではない。これにはスターリンや近くはポル・ポトによる大規模な「階級敵抹殺」の相似た例があり、ヒトラーがおかした蛮行はソヴィエトやユダヤ人の現実の脅威に対抗しておこなわれたもので、ソ連「収容所群島」のほうが「アウシュヴィッツ」より根源的で、ナチスの「人種敵抹殺」はボリシェヴィキの「階級敵抹殺」の論理的かつ事実上の「模倣」(コピー)に過ぎない〟とし、ドイツ人だけが「過去の重荷」に苦しむ必要はないと訴えた。

このノルテの論考に触発され『フランクフルター・アルゲマイネ』紙の共同発行人として紙面を提

供したフェストは、自らも論争に参加した。フェストは、犠牲者が個人の罪の有無にではなく、その個人がある集団カテゴリー(ある「人種」、ある「階級」)に属しているという、個人では変えようもない属性にもとづいて死の宣告がなされた点、さらに独ソどちらの虐殺も独裁者の意志に沿う組織歯車の執行者による「大量再生産可能な技術」「機械的」殺害行為であった点において両者は共通していたと主張。因果関係についても、「ヒトラーのユダヤ人絶滅の意志がロシア革命による根絶の脅威によって圧倒的にインスピレーションを受けたと(ノルテのごとく)考える必要はなく、むしろこのオーストリア出身ドイツ人(ヒトラー)が抱いていた不安、征服されるという妄想に由来するが、まったくロシア革命からの影響を受けていないとも考えにくい。いずれにせよヒトラーの長期の孤独な狂気の観念によって生み出された共振感情は、ロシアから伝わり、一九一九年春ミュンヒェンを襲ったパニックの雰囲気(レーテ共和国)を抜きにしては考えられず、……残虐行為に関する東方からの報告と、過激な殺戮行為へのヒトラーの覚悟との間に一つの関連性を考えても不当ではあるまい」と述べている。

歴史家論争を通じあらためてあらわになったのは、絶滅収容所が六つ(アウシュヴィッツのほか、ヘウムノ、ベウジェツ、トレブリンカ、ソビブル、マイダネク)も存在した事実等、数々の戦犯裁判を経ながら、収容所の実態がドイツでは歴史家(ことに意図派)の間ですらまだ十分に周知のものでなかったことであった。絶滅収容所に送られたユダヤ人犠牲者の中で、遺体処理作業を強制された特別労務班の生き残り証人(ほんの一握りの生存者)を探し出してインタビューを試みたクロード・ランズマン監督の大長編作品『SHOAH ショア』が一九八五年ベルリン映画祭でプレミア上映され、社会的衝撃を与えていたにもかかわらず、これが総統独裁をめぐる当時のドイツの歴史認識の実情であった。こうした点にも注意し論争をふりかえってみると、ガスを用いた絶滅政策の特異性についての認識の深化が見られ（従来意図派と目されていたイェッケルはノルテ批判にシフト）、この論争を経たがゆえにホロコースト研究がヒトラーの意図に限局されず、ナチ体制の構造と機能全体を問題にしなければ解明は進まないことが確認された。この点で、「機能派」の貢献は大きく、ホロコースト研究全体が飛躍的に拡大発展する基礎が据えられたといえる。一方、他のジェノサイドとの比較可能性に目が開かれたという点では、意図派にも理があった。イスラエルの歴史家や合衆国ホロコースト記念館の運営にかかわっている研究者の間にも、特異性のみ強調していては生産的でないとする動きも出はじめ、比較研究は「人道に対する罪」を軸に、冷戦終了後は戦犯裁判とジェノサイド比較へむしろシフトしていった。

一九九〇年代——ホロコースト研究の本格化

一九八〇年代末にはベルリンの壁崩壊、一九九〇年には東西ドイツ統一という破天荒の事態を迎え、論争自体は下火となる中で、ノルテはやがて、絶滅政策自体を否定する歴史修正主義に転じる一方、ホロコースト研究がようやく世界的に本格化していくことになった。東西冷戦期、特に「東」側の学界においてはユダヤ人問題やホロコーストは、「（独占）資本主義とファシズム」という歴史の核心的な問題に照らせば、無に等しいか些末な事象でしかないという扱いだったのと比較すれば、隔世の感を覚える歴史家も少なくなかったに違いない。

独裁者ヒトラー像をめぐる解釈の問題も、ナチ体制のユダヤ人排除・差別から迫害へと向かっていく具体的歴史的過程に研究の重心がシフトし、ヒトラーに関しても、彼がホロコーストを命じたのか否か、命じたとすれば、それはいつごろかという具体的な問題のほうに研究関心が移行していったのである。第二にユダヤ人絶滅政策が戦争中に展開された事実をどのように説明できるか、絶滅政策と戦争遂行の関係がその意味ではいかに連関しているかという問題を検討解明していく方向へと関心が収斂していった。ドイツ人歴史家による包括的なホロコースト研究自体は、冷戦終結後一〇年ほど経てはじめて登場するといった具合にそれなりの時間が必要であったが、重点は東欧ソ連へ占領や戦争におもむいた犯罪遂行者(SSや国防軍兵士)たちの動向の解明におかれていた。しかし同時に本国で実際にドイツ国民諸階層のどれほどの人びとが当時ホロコーストを知っていたのか、といった問題意識がリアルな関心の対象になっていったのには、『シンドラーのリスト』(一九九三年)や『戦場のピアニスト』(二〇〇二年)のように、ユダヤ人犠牲者の救出にかかわった人物を重要なテーマにした劇映画作品が公開され、しかも米アカデミー賞を総嘗めにするといった、ホロコーストへの世界的な大衆的関心の高まりがあったことも見逃せない。

カリスマ性の根源――カーショーの研究から

こうした状況を反映してか、「歴史と人物」といった総合史的な意味でのヒトラーへの関心は、ドイツの現代史研究においてこれまでほどの役割は果たさなくなったようにも見えたが、それを変えたのがイアン・カーショーの『ヒトラー(上) 一八八九―一九三六 傲慢』(一九九八年)・『ヒトラー(下) 一九三六―一九四五 天罰』(二〇〇〇年)の二巻本で、ドイツ語版でも上巻・下巻合わせれば二三〇〇頁に及ぶ大著であった(邦訳二〇一五・二〇一六年)。すでに一種「コップの嵐」化していたといえなくもない、これまでの「意図派」「機能派」のスコラ学的対立について、二者択一的な回答選択への固執の不毛性も意識していたカーショーは、この大著を通じて、これまでの伝統的なヒトラーへの評伝的アプローチと当時のドイツを記述する総合社会史的方法との統合をある意味で目指したのであった。

ドイツのような複雑な近代社会が、なぜ独裁者ヒトラーに最後までついていったのか。フェストに代表されるような見方――すなわち「第三帝国」をヒトラーの意志が根本法則をなしている国家、総統だけにしか全体が眺望しえない国家として描き出す方法――を、カーショーはとらない。問題解明のカギは、ヒトラーのカリスマ性を受け入れた民衆、ドイツ国民の側にあるというのが、カーショーの出発点だったといえる。一九四三年生まれ、英シェフィールド大で中世史研究者としてスタートしたカーショーは、一九七〇年代後半、ミュンヒェン現代史研究所所長ブローシャート教授主宰による、第三帝国社会史共同研究「ナチ時代のバイエルン」プロジェクトの重要なメンバーとして参加し、ナチ・ユダヤ人政策に対するバイエルン地方民衆の反応を綿密に明らかにし、気鋭の第三帝国世論研究者としてすでに世界現代史学界に知られていた。一九八〇年の『ヒトラー神話』は、ナチズムの運動期・体制期を通じて、ドイツ国民の間のヒトラー崇拝がいかに発展していったのか、その生成・完成・絶頂・衰滅の諸局面を跡付けていく中で、マックス・ヴェーバーのカリスマ的枠組みの有効性についても歴史的に再検討していたといえる。「ある人物の資質」としてのカリスマについて、「その特性ゆえにこの人物は超自然的な、あるいは超人間的な、または少なくとも特殊非日常的な、他のいかなる者にも入手しがたい種々の力や特性を有するものとして、あるいは神から与えられたものとして、またはそれゆえに〈指導者〉として価値づけられる」としたヴェーバーにとって、この資質がどのように客観的に正しく価値づけられるか否かということよりも、むしろこの資質がカリスマ的被支配者〈帰依者〉から実際にどのように価値づけられているかということの方が重要であるという問題認識だった。カーショーはこれをヒトラー分析に適用した。

カーショーは、この歴史現象に、国民感情ないし世論の影響と、宣伝、特にゲッベルスのプロパガンダ政策の作用との二面から接近し、総統ヒトラーの支配的地位が、住民たちの側から寄せられた圧倒的な信頼にかなり依っていた点を重視した。ヒトラーが獲得した並外れた声望が、宣伝の作為的操作の効果的帰結でもあった点を一方で閑却しなかったものの、むしろ民衆の指導者待望、憧憬あるいはまた（わけてもヴェルサイユ条約に対する）ルサンチマンによって生み出された社会的産物であった点をカーショーは説得的に提示したのであった。ナチズムに関する従来の歴史研究もしばしばヒトラーを「カリスマ的指導者」と意識して描いてきた。が、その場合「カリスマ的」という形容詞を、もっぱらヒトラーの総統《フューラー》としての地位がもつアウラ（独特のおかしがたい雰囲気）をあらわす装飾的形容詞として頻用するだけに終始するケースが多かった。その点でもカーショーの研究は画期的意味をもっていたといえる。

『ヒトラー』上・下二巻本では、カリスマ的支配におけるカリスマの承認度という意味での国民世論の様相が、さらに一層明らかにされたというにとどまらず、カリスマ的指導者としてのヒトラーの行動の自由と拘束の問題についてもよく検討がなされているといえよう。

『ヒトラー』上巻でも、初期ナチ党内で見られた指導者崇拝にその萌芽があるとして、ヒトラー神話の社会的発展・貫徹に果たしたゲッベルスをはじめとする宣伝家たちにも看過しえない役割が認められているが、その水際立った効果は、遡って一九世紀ドイツ統一以後の政治文化に底流した、民衆の間の英雄的・救世主《メシア》的指導者待望論なしには考えられないという。重大な問題点として浮かび上がってくるのは、第二帝制以来の外面的な国家統一実現と内部的分裂の不均衡、また世界強国への野望と、国際関係の中でドイツが現実に達成しえたものとのギャップの大きさであろう。ヴィルヘルム二世親政は結局内部的分裂をより顕在化させ、帝国主義的な野心も深刻な失望しかもたらさなかった。第一次大戦と敗戦・革命によって完全に露呈されたドイツ社会の根本的分断の基盤もこうした問題性に根差していたが、成立はじめからごくわずかな正統性しか与えられなかったヴァイマル共和国の連合政治が分裂の度を強め、山積する国内危機に直面して単なる利益政治以外の何物でもなくなったように見えた時、国民は多党制、議会制に見切りをつけたのだった。ヒトラーに向けて肥大化した期待は、逆にヴァイマル期を通じて民衆の被った物質的窮乏の深さに劣らぬ精神的欠乏の深さとヴァイマル体制への抜きがたい不信を照らし出していた。カーショーによると、人格面だけ見れば特性のない、実に平凡な男・ヒトラーを並み居る政治家から際立たせて見せたのは「未来はわれわれのものである」という不動の信念、自らの「未来像」が現実のものになるだろうという予言者的な深い確信であった。

そういった意味でも紛れなく社会的産物であったヒトラー神話の様相が『ヒトラー』下巻では、その完成・絶対化の過程のみならず、総力戦期の下降・衰微の局面についても克明に跡付られている。カーショーは、国民世論の動向について、SS保安部(SD)の極秘の全国情勢報告や、亡命社会民主党の「地下」ドイツ通信員による詳細な状況報告等、当時の厖大な史料を駆使して、国民大多数によって抱かれていた指導者ヒトラーの公的社会的イメージを浮かび上がらせる。彼のリアルな姿からますます乖離して正真正銘の崇拝の特性をおびた、まさに「ヒトラー神話」と呼ぶにふさわしいその虚像の中に、第三帝国の政治的統合を可能にした、一つの決定的要素が見出せるという。この包括的大著の主導テーマは、国家・ナチ党機関の高官やサブリーダーたちが、「総統の意志に沿うように」あるいは「総統の意思を忖度することによって」働き活動する用意と覚悟ができており、その心性は、強力な指導者待望の見られた国民サイドにも、また自らの望む権威主義的な国家体制に大衆的基盤を調達できなかった保守派エリートにも広範に瀰漫していた点を描出することにあった。他方で、ヒトラーを抜きにしてはホロコーストが生じえなかったことをこの大著が確認したことの意味も大きかった。

四　二〇〇〇年代——新たなるまなざし

過去の克服？

週刊誌『シュピーゲル』を例にすれば、一九六〇〜八〇年代の三〇年間に誌の表紙をヒトラーが飾ったのは八回ほどだったが、一九九〇年代の一〇年間でそれは一六回へと実質的には六倍に増えたのも、新しいホロコースト研究の増加を反映していた。歴史的に一九四五年一月二七日はアウシュヴィッツ収容所解放の日であったが、その日がホロコースト犠牲者追悼の日と定められ、ドイツの国会（連邦議会）で記念演説はじめ諸行事がおこなわれるようになったのが一九九六年からであったことも関わっている。もっとも、一九九二年のヴァンゼー会議五〇周年の一月二〇日を機に発表された世論調査（『シュピーゲル』誌による調査機関エムニドへの委託）では、「ユダヤ人迫害について、これまでのように多くを語ることをやめて、過去との間に一線を画すべきだ」との考えには六二％が賛成(反対二〇％)、また「ドイツ国民は、ユダヤ人に対して特別な責任を有するか」との質問には「いいえ」(四二％)が「はい」(三三％)を上回った。〝たとえ世代が代わっても、ドイツ人はナチ時代の迫害ゆえに責任がある〟というのはヴァイツゼッカーはじめ連邦大統領が繰り返し呼び掛けてきたことだったが、調査結果は国民がそうしたドイツ人特別視を疑問視しており、他方三六％が「ユダヤ人は世界で影響力が強すぎる」と答え、ユダヤ人への警戒心や偏見が根強いことも示していた。

『シュピーゲル』誌の表紙におけるヒトラーの露出度の増加傾向は同時に、ヒトラー自体への関心の高まりを映し出しており、それもTV番組と競争するかのように紙誌でも競ってとりあげるようになったことを示していた。戦後五〇年の九五年以降、TVのゴールデンタイムでのヒトラー関連ドキュメント番組(歴史社会学者グイド・クノップ主監)シリーズ「ヒトラー　一つの決算」「ヒトラーの共犯者」「ヒトラーの戦士たち」「ヒトラーの女性たち」が放映され、六〇〇万人をこえる視聴者を獲得したといわれるが、九七年のアンケート調査の回答では、旧西独側住民の二四％、旧東独側住民の二八％がなお「ヒトラーはドイツの偉大な政治家の一人である」という選択肢を選んだという結果が出ている。

ヒトラーの死から五五年が経過した二〇〇〇年、モスクワで開催された展示「第三帝国の断末魔報復」で、ようやくヒトラーの頭骨の断片なるものが公開された。顎の骨は写真でしか示されなかったが、一九九二年以後ロシア国立公文書館の館長を務めるセルゲイ・ミロネンコがこれらの真正性を強調した。一九四五年に捕虜になったベルリン地下要塞のヒトラーの近侍たちに対するKGBの尋問調書に記された証言内容も、この展示の解説書に該当する『KGB㊙調書――ヒトラー最期の真実』(邦訳二〇〇一年)公刊を通じ、はじめて公表された。

二〇〇四年には映画『ヒトラー～最期の一二日間～』(原題『没落 *Der Untergang*』)が公開された。劇映画であったが、歴史ドキュメンタリーであるという印象を受けた観客が多かったといわれる。原作が歴史学者フェストによる同名の新刊本だったからでもあった。しかし批評家たちは、映画自体が「第三帝国」とその指導部スタッフに関する「一種風変わりな」解釈を含んでいると批判した。ヒトラーは一面では、秘書たちはじめ部下にあたたかく配慮ある指導者として描写されると同時に、他面では一九五五年の『最後の行為 *Der letzte Akt*』という作品に登場したのと酷似した、異常な怒れる狂人としても描かれている。この独裁者についての「人間的」側面を際立たせる一方、彼に対する同情を誘うような演出すら感じた古い世代の人びともいた。なかには、一九七〇年代のヴェルナー・マーザーによる「低俗な嗜好におもねったヒトラー・キッチュ」志向の典型的復活さえ嗅ぎ取った観客も少なくなかった(マーザーは、第一次大戦中に対仏西部戦線において、ヒトラーがあるフランス人女性との間に男の子をもうけていたと「新発見」を喧伝したが、事実ではなかった)。

POP化するヒトラー

二〇〇五年、国連でアウシュヴィッツ解放の日をホロコーストの犠牲者追悼の日とする決議がなされるのと相前後するかのように、「ハリー・ザ・ナチ事件」が出来した。英王室の若き一員ヘンリー(愛称ハリー)が、コスプレパーティーに鉤十字をあしらったスタイルで参加し、スキャンダルをおこしたのだ。二〇〇五年ごろから、ヒトラーもホロコーストも知らぬ世代の間での、この独裁者の「ポップスター化」「スラップスティック化」が云々されるようになる。ドイツを中心に、ヒトラーがコミックの主人公としても盛んに登場するようになった。一九四〇年代にチャールズ・チャップリン(『独裁者』)やエルンスト・ルビッチ監督(『生きるべきか死ぬべきか *To Be or Not to Be*』)は、ヒトラーに対する命がけの抵抗を描きながら、独裁者をパロディ化し、笑いのめした。しかし当時ホロコーストをもし知っていたならば、けっしてかかる作品をつくらなかったであろうと、両監督いずれも戦後述懐している。ところがその六十数年後には、ヒトラーをめぐる諧謔《かいぎゃく》、あるいはそれを素材に笑いをとるような、ヒトラーの市場化・商品化が起こり始めていた。こうした動向を反映してか、二〇一二年『帰ってきたヒトラー』がドイツを席巻することになった。

『シュピーゲル』誌で二〇週連続で新刊ベストセラーのトップとなったこの本は、世界四一カ国で出版され、売上は独国内だけでも二〇一五年までに二〇〇万部に達する大ヒット作となった。物語は、一人称で語る主人公、正真正銘のヒトラーが、自殺を遂げたベルリン官邸の周辺空き地で目覚めるシーンから始まる。本人はてっきり戦争が続いているものと思い込んで市内に入っていくと、どうやら街の様子が一変している。キオスクで見つけた新聞を読み、ようやくヒトラーはことのしだいを理解するが、周囲は皮肉屋のコメディアンとして彼を歓待する。ＴＶ番組制作会社「フラッシュライト」スタッフは彼をスカウトし、トルコ移民向けのトーク番組に起用。そこでのトルコ人罵倒演説の映像がYouTubeにも登場するなどスター・コメディアンにのしあがったヒトラーは、一躍メディアの寵児となる。しかし〝ヒトラーをパロディ化するのはユダヤの豚野郎だ〟と憤激したネオナチのスキンヘッズ集団から襲撃を食らい、緊急入院した彼には、社会民主党はじめ連邦議会を構成する諸政党から入党を請う連絡が入り、『わが闘争』公刊にもなぞらえられるかのように出版社からも自伝本執筆の勧めが舞い込む中、ヒトラーはいま一度ドイツでの「復活」を目指していくというところでストーリー・エンディングとなる。

この物語は、自局制作番組の視聴率を上げようと血眼になるＴＶ業界、あるいは候補者に据えて得票率を稼ぐのに躍起となる無節操な議会政党の思惑を槍玉にあげるかのように現在のドイツ政治社会、わけてもメディア文化を皮肉り批判しているが、そこで浮遊し神出鬼没するヒトラー以上に、彼を選ぶかどうかの選択権はあくまで有権者が握っているという意味においては、二度ヒトラーを選ぶことになれば、真によみがえる亡霊はヒトラーというよりはむしろ大衆である点を暗示しているといえよう。

著者ティムール・ヴェルメシュは一九六七年ニュルンベルク生まれ。エアランゲン大学で歴史学・政治学を学んだヴェルメシュはその後タブロイド紙ジャーナリストを経て、北ドイツ放送人気犯罪ドラマシリーズの脚本等も手掛け、『帰ってきたヒトラー』は初めて実名で発表した記念の作品となった。

物語の味噌で笑いどころの一つは、ヒトラーが冗談には無縁で徹底してシリアスなのに対してファンのほうは彼が皮肉屋で反語的人間であると思っている、そのずれにある。ジャーナリストたちも、ヒトラーをあくまで騙るこのコメディアンに「真の」名前をいわせようとし、彼がヒトラーの役回りを放棄しないのを訝《いぶか》しがるが、このパロディストの人種差別の大言壮語が真正のものであろうとは全く思ってもみない。

ヒトラーが一人称で語るこの小説が、ヒトラーを茶化す従来のパロディと違っているのは、ヒトラーについて笑うのではなく、ヒトラーとともに現代ドイツ社会を笑わざるをえないという形をとっている点にある。果たしてそんなことが許されるだろうかという、読者が抱く疑念やとまどい自体も、本をベストセラーにおしあげる効果にひと役買っているように思われる。ヴェルメシュは、「われわれは自由な国で生活しており、ヒトラーを笑いネタにすることもゆるされているし、私の本の読者がどのくらい長くともに笑ってくれるかも読者次第です」と『ヴェルト』紙の記者に応えている。「ヒトラーを無害化し、あるいは彼を評価さえしているのではないかと心配になりませんか」という問いには「これを無害だと思うような人は、アメリカ軍が彼を自由にして多分そのときはじめて独裁体制に気づく人です」と応じている。

『わが闘争』の注釈付き新版刊行をめぐって

こうしてヴェルメシュによってまたひとつタブーをとりはらわれたかの観を呈したドイツ社会が直面したのは、『わが闘争』の新版刊行問題だった。ナチ体制が滅びるまで、一〇〇〇万部をこえる刊行部数を記録したこの「煽動」書の主内容、著者の意図、さらにはナチズム運動の発展(「闘争」期)に与えた意義や重要度については、すでに第3章でやや詳しく述べたので、ここでは戦後ドイツでの扱われ方を簡単に辿っておこう。第二次大戦後対独占領にあたった連合国管理理事会の方針で、学術研究用に一部は保存されたものの、『わが闘争』は図書館・書店・貸本屋から一掃された。米軍占領を経て、ヒトラーの財産とともに『わが闘争』の著作権は彼の住居のあったバイエルン州に移管されており、州はずっと再版をゆるさなかった。したがって一般の人びとにとって『わが闘争』の忘却・タブー視・神話化は避けられなかった。歴史教科書にごくわずかな抜粋が掲載されることもなくはなかったが、授業で詳しく取り上げられることはまずなかった。事実上禁書扱いを受け続けてはいたものの、英語訳や海賊版も普及しており、関心をもてば読める状態にはあった。しかし、ヴェルメシュの本が大変な売れ行きを示したこともあって一般読者のあいだで再び注目が集まり、また実際に排外主義右派政党の台頭が統一後の混乱や移民問題の沸騰を経て見られるなか、『わが闘争』新版刊行計画がにわかに急浮上した。ちょうど『わが闘争』が二〇一五年一二月末日をもって著作権が消滅することになり(著作権存続期間は、ドイツも他の欧州諸国同様没後七〇年)、新年からは誰でも同書の刊行が可能になったのである。

バイエルン州議会では、議会フラクションを構成する会派、与党キリスト教社会同盟、社会民主党、自由な有権者(二〇〇八年結成。地域・コミュニティ重視の政党)、緑の党、自由民主党が協議し、刊行問題を検証・吟味するため発足させていた州議会専門家委員会において、二〇一二年夏、以下の措置を講じることとした。すなわち、内容面の問題を放置したまま出版して読者に悪影響を及ぼすことのないよう、ミュンヒェンの現代史研究所に、批判的なコメントや注を付した決定版の出版を委嘱したのである。その刊行費についてはバイエルン州政府提供とすることが決定されたが、その後イスラエル政府から懸念が表明され、バイエルン州首相がイェルサレムへ赴き、結局バイエルン州政府自体は出版刊行から撤退することを決めた。ホロコーストの犠牲者とその遺族関係者のいたみ・苦しみにかんがみ、無条件の再販は今後も認められないとしたのである。もっとも、二〇一四年、現代史研究所による新版刊行はあらためて承認した。ドイツ国内でも、反ユダヤ主義研究センター長を長らく務めたベルリン工科大学教授ヴォルフガング・ベンツ博士は、これまでどおりの扱い方でよいしコメント版を出す必要はないと述べ、この問題に対する過剰な学問的対応について批判したが、現代史研究所の現所長アンドレアス・ヴィルシングは、出版刊行にこだわり、二〇一六年、計二〇〇〇頁、コメント注総計三五〇〇の大冊二巻本の新版公刊に漕ぎつけたのだった。当初四〇〇〇部が刷られたが、美装版であるにもかかわらず比較的廉価であったこともあり、編集者たちの予想を超えて八万五〇〇〇部（二〇一七年一月時点）も売れ、学術書として異例の〝事件〟となった。教育界はむしろこの新版によって『わが闘争』の脱神話化が促進されると楽観視しており、授業にとりいれる試みも早速なされている。

「歴史の壊滅」「移民流入による人種の坩堝《るつぼ》化」「統一後の心の壁のあらたな構築」「戦争経験世代の消尽」等がますます云々され、ドイツの市民社会の分断が強く意識される中、ヒトラー像は、今後どのような変容を辿ることになるのだろうか。

おわりに

ヒトラーは稀代の独裁者であった。彼が独裁者になったのは、一般的には一九三三年一月三〇日に四三歳でドイツ国首相の座に就き、翌年大統領の地位も兼ねるようになってからだ、とされている。一九四五年四月末に彼が五六歳で死亡するまでのドイツを「ヒトラーの国家」、統治期間を「ヒトラーの時代」と称することがたびたび繰り返されてきたのも、そこにひとつの理由がある。しかし、ナチ党がまだ群小政党の一つだった一九二〇年代初期はやくも、ヒトラーがこの政党における強力な支配権を握ったという意味では、すでに党内で総統《フューラー》という名の「独裁者」になりつつあった。「ヒトラーの党」「ヒトラーの運動」といわれるゆえんである。したがって、国家権力を獲得するまでの野党時代のナチズム運動の歴史も、彼を抜きにしては語りえない。

だが、小著ではこの独裁者だけがひとり歩きするようなイメージは、最低限避けたつもりでいる。テレビ・ドキュメンタリー含め、これまで散見された「絶対的支配者」の側面をクローズアップしたヒトラー像は、悪魔的な力に取り憑《つ》かれ、テロ、暴力、抑圧によって、はじめはドイツ全土に、さらにその後はヨーロッパ全域に自らの意思をおしつけることができたかのように描かれがちだった。メディア、さらに彼を中心にすえた史伝も同様で、あの時代をもっぱら「ヒトラーの歴史」として物語ることの危険性に無頓着すぎたのではないだろうか。

冷戦時代のテレビ全盛期、三〇〇〇名をこえる青少年世代（一〇～二三歳）を対象に、ヒトラーについてこれまで見聞きしたことを書いてもらった有名な西ドイツの調査（一九七六年一〇月～一九七七年四月）がある。ここには「ヒトラーは武装一揆によって権力に到達した」（一六歳男子）とか「彼が殺害したのは黒人たちだと思う」（一七歳女子）等、調査をおこなった教員W・ブスマンを驚かせるほど無知で極論の回答が多いなか、「ヒトラーは全世界を支配した」（一四歳男子）とか、「彼は独裁者だったから、誰も彼を選びたくなかった。実際選挙がおこなわれたときも、ほとんどの人は彼に投票しなかった。ヒトラーは投票用紙に番号をふる細工をして、彼を選ばなかった人びとを処罰。捕えられた人はまず強制収容所で死ぬほど苦しまされた」（一五歳男子）といった、思わせぶりながらも歴史的正確さを欠いた回答が目立っていたという。こうした状況も、上のようなヒトラー像がまかり通ってきた事情・消息を反映していたといえよう。

間違ったイメージが現在まで巷に溢れているのも、ナチ党の看板政治家としてミュンヒェンの大衆ビヤホールを沸かし始めて以来ヒトラーにまとわりついたさまざまな伝説《レジェンド》が、同時代に正されぬまま長らく放置されてきたことと大いに関係している。彼自身もまた、実像とは程遠い虚像をまき散らしていった。これまで述べてきたように、その典型が、一九二三年のミュンヒェンでの武装一揆失敗後にものした獄中手記『わが闘争』であった(本書八九頁)。独裁者時代一〇〇〇万部をこえる大ベストセラーとなったが、ヒトラーがとりわけ青年期について真実を語っていないことは、ブリギッテ・ハーマン(『ヒトラーのウィーン』)によって明らかにされたし(本書一一頁)、最近ドイツで刊行されたコンメンタール『わが闘争』に付せられた詳細な批判的注釈によっても再確認された(本書三五一頁)。にもかかわらず、関連邦書やネットからは『わが闘争』の自伝部分を鵜呑みにしたような記述がなかなか消え去らないのも、いつわらざる現状である。

ヒトラーに限らず、歴史の因果関係についての叙述・分析の方法をめぐっては、「個人」と「構造」のどちらに優位があたえられるべきか、という伝統的論点がある(本書三三〇頁「意図派と機能派」)。主題にする個人を文字通り決定的要素ないし重要ファクターとみなす人物還元ないし人物中心史観(意図派)と、ある個人をテーマにするにしても、むしろその人物の行動の自由・余地を制約し枠づけている広義の社会的諸条件・状況を、直接その人物要素以上に重視する「構造」的史観(機能派)とがあり、これまでの多くのヒトラー伝もこの両者の間のどこかに位置してきた。少し単純化して、ヒトラーは「強い独裁者」だった、いや、むしろ「弱い独裁者」だった、という形での侃々諤々《かんかんがくがく》の論争が長く繰り広げられてきたことは、世界中のドイツ現代史の専門家の間ではよく知られている。論争の具体的中身を知らなくても、「強い独裁者」は言葉としては同義反復的、「弱い独裁者」は一種の形容矛盾と映るかもしれない。「個人」と「構造」のどちらを重視するかという論争に一定の結論を出したのが、英歴史家のイアン・カーショーであった(本書三四一頁)。カーショーは、「個人」と「構造」を統合した「カリスマ的支配」というマックス・ヴェーバーの概念を適用する形で、カリスマ的支配者としてのヒトラーを描き出した。ヒトラーの支配はドイツ社会の幅広い合意にもとづいており、それは「総統神話」に支えられていたと解釈してみせたのである(『ヒトラー神話』『ヒトラー 権力の本質』)。さらに二〇世紀末に発刊された彼の上下二巻の浩瀚《こうかん》な『ヒトラー』では、安倍政権全盛時代の日本より早く「忖度」という構図に着目して、ヒトラーの独裁を支えた社会の歴史を再構成してみせた。ナチ党メンバーであれ、官僚・軍人であれ、サブリーダーたちは、おしなべてヒトラーの意思を忖度して行動したのである。

*

国民的合意と側近たちの忖度に支えられたナチ体制は、独ソ戦の敗北に始まる破局の中で、構造的にも抑制的調整のメカニズムを見出しえないまま、終末を迎えてゆく。独軍兵士たちは夥しい犠牲を出しながら最後の最後まで徹底して戦い抜き、独国民も無条件降伏に至るまで英米連合軍の絨毯爆撃に耐え続けた。本土焦土戦段階では、とりわけ体制の上からの圧力がますます強化され、降伏の徴候を少しでも示せば、東方の戦いから押し戻されていた親衛隊やゲスターポの最悪のテロ措置を予期せねばならなかった。ベルリンに押し寄せたソ連軍を迎え撃つ独軍兵士に白いハンカチの保持が許されなかったというエピソードもよく知られている。

以上のごとく見てくると、カリスマ的指導者の居所は、安定しているとは到底いいがたかった。オーストリア人ヒトラーをして、ドイツ第三帝国滅亡にいたるまでドイツ社会になくてはならないその要のポジションに据え続けさせたのは、ある意味ではヒトラーがもちこんでナチ党の一種軍事的組織原則とした《指導者原理》だったといえよう。モットーは「指導者(ナチ党総統《フューラー》)が命令し、われわれは従う」「最高指導者たるヒトラーに盲従し、無条件の忠誠を尽くす」。原理はヒトラーのみならず、中・下部の指導者にも妥当・実践された。この組織原理は、『わが闘争』で独裁権力を正当化する一方、その責任については一切不問にしつつ、あらゆる民主的決定・共同決定の対極にあるものとしてヒトラー崇拝をその最高の表現とみなした。一九三三年までナチ党内のみに通用したが、それ以後はドイツ社会の全領域に広げられた。道義性や理性的公共を破滅させ、それにとってかわってあらゆる事柄の経過を支配し、無数の犠牲を生み出したのは、まさにヒトラーの一党独裁と戦争、破壊への意志だったが、それを支えた重大要因は、指導者原理にがんじがらめとなり、自らのあらゆる責任を放《ほう》擲《てき》した軍やドイツ国民の盲従、たたきこまれた服従心と根深い道徳的崩壊にあったことを、本書の最後に確認しておきたい。ひるがえって日本の私たちがかつて突き進んだ道も「滅私奉公」の道であったことを、いまこそ思い起こす必要があるのではないだろうか。

追記――本書でのドイツ関係の人名・地名表記について、一言しておきたい。ドイツ語の人名は、日本ではひところ、ゲーテとともに活躍した作家Schillerをシルレルとしたように-erをエルと画一的にカナ表記する傾向があり、Hitlerも当初ヒットレルと紹介していた。だが近年は逆に、-erは一律にエアないし(特に語尾の場合)アーと表記するのが正しい(エルは間違い)とみなしたと思しき表記に遭遇する。たしかに現在の標準ドイツ語表記では、Bauer, Meyerはバウエル、マイエルではなく、バウアー、マイアーのほうが正しい。Albertなど、英語でなくドイツ語人名としてもアルバートとするケースが散見されるようになった。しかし、Berlinはベアリンではおかしくベルリンであるように、都市Erfurtもエアフルトではなく、実はエルフルトのほうが正解だ。本書でのアルベルトという表記もドゥーデン(固有名詞中心)『発音辞典』に準拠している。どうか古臭い誤記とみなさないでほしい。末尾のgに関しても、Hugenbergフーゲンベルク、Hindenburgヒンデンブルクと濁らないのが正しいからと、Brüningブリューニンク、Göringゲーリンクとする画一表記がドイツ史関連書にさえ見受けられるが、本書では、ブリューニング、ゲーリングと末尾gを濁音で表記している。ついでに言えば、München市民にとっては、ミュンヘンではやはり変に聞こえ、ミュンヒェンでないといけないであろう。一字違いの、別に大差ない些事と笑うなかれ。皆それぞれに大切な生名・生地をもっており、正確な発音・表記も各人・各地のアイデンティティにかかわる事柄であることに思いを致せば、原音にできるだけ近い、可能なかぎり正確な表記を心がけるのが地域・歴史文化研究にたずさわる者の努めでもあろう。そういいながら、この小著でもとんでもないミスや勘違いをおかしているかもしれず、率直な御批判やお気づきの点、御指摘を賜ればさいわいである。

あとがき

ぼんやりした記憶をたぐってみると、筆者がヒトラーの独裁に関心をもちはじめたのは、ハルガルテンの『独裁者』（西川正雄訳、岩波書店、一九六七年）における「擬似革命独裁」分析に吸い寄せられ、世界現代史への視野が一挙に広がったように感じられた半世紀以上前の大学二年夏季休暇中だったかもしれない。その後、恩師西川正雄先生に推薦状を書いていただき、ナチ親衛隊ＳＳの組織膨張転成動向を掘り下げるべく、西独ミュンヒェン（現代史研究所）に修学。史料にはアクセスできてもなかなか生存者に接することは容易くなくなっていた一九七〇年代、ヴェルナー・ベスト博士（ボックスハイム事件首謀者、本文一二〇頁）の「個人文書」の閲覧許可を連邦公文書館に申請したところ、ＯＫの手紙が、存命の御本人から届いたのには驚かされた。

また三〇年前になるが、ベルリンの壁崩壊後ドイツ再統一が成った翌年（一九九一年）にはアルベルト・シュペーアの長女ヒルデ・シュラムさんにお会いしたことがある。ヒルデさん（当時ベルリン市議会副議長・緑の党議員団所属・ベルリン自由大学教育学教授）は、日本の戦没学徒を記念する「わだつみ会」の八月集会に「日独平和フォーラム」のドイツ代表として来日され、筆者も「懇話会」の通訳を担当したのだが、直接お目にかかれる機会が訪れようとは思ってもみなかった。ゲッベルス一家同様、シユペーアの一家（子ども六名）も山荘サークル（本文三〇九頁）の構成員としてヒトラーと数年間、外界から遮断されて暮らした経験をもっていたが、小さすぎたか、ヒトラーと話している幼き少女姿の雑誌掲載写真も、御本人には全く記憶がなかった。「私たちの体験した戦争の悲惨さ、あるいは加害の歴史」をどう跡づけ、「軍隊、戦争への加担を拒否するというのは一体どういうことなのか」話し合いたいという趣旨だった会合の後、「ドイツの最もネガティヴな記憶は依然ヒトラーですが、歴史を一身に還元《パーソナライズ》するのはどうでしょうか」とつぶやくようにおっしゃったのが印象的だった。

今回の小著も、木畑和子・成城大学名誉教授に史資料上の貴重なアドバイスを仰ぎえたし、緊急事態宣言下での困難な文献集めは水戸部由枝・明治大学教授の御支援御快諾をはじめ、いろいろな方がたの温かい御尽力なくてはなしえなかったが、こうしてささやかながら一つの中間的考察に辿り着けたのも、その最善のルートを綿密懇切に示しつつ、原稿打ち合わせの度に核心を衝く質問やコメントを賜った岩波書店の石橋聖名さんの絶大なバックアップのお蔭である。心から感謝申し上げたい。妻貴子や子どもたち・孫たちにも励まされつつ小著を執筆できたのも幸運と感じている。

二〇二一年　コロナ禍下の二度目の晩夏に

芝　健介

岩波新書/最新刊から

2023 **表現の自由**
「政治的中立性」を問う
市川正人 著
本書は、「政治的中立性」という曖昧な概念を理由に人々の表現活動を制限することの危険性を説くものである。

2024 **戦争ミュージアム**
―記憶の回路をつなぐ―
梯久美子 著
戦争の記録と記憶を継ぐ各地の平和のための博物館を訪ね、土地の歴史を探り、人びとの語りを伝える。いまと地続きの過去への旅。

2025 **記憶の深層**
―〈ひらめき〉はどこから来るのか―
高橋雅延 著
記憶のしくみを深く知り、上手に活かせば答えはひらめく。科学的エビデンスにもとづく記憶法と学習法のヒントを伝授する。

2026 **あいまいさに耐える**
―ネガティブ・リテラシーのすすめ―
佐藤卓己 著
二〇一〇年代以降の情動社会化を回顧し、ファスト政治ではない、輿論主義(デモクラシー)のための「消極的な読み書き能力」を説く。

2027 **サステナビリティの経済哲学**
松島斉 著
宇沢弘文を継ぐゲーム理論と情報の経済学の大家が「新しい資本主義」と「新しい社会主義」というシステム構想を披露する。

2028 **介護格差**
結城康博 著
介護は突然やってくる! いざというときに困らないために何が鍵となるのか。迫りくる「2025年問題」の全課題をわかり易く説く。

2029 **新自由主義と教育改革**
大阪から問う
高田一宏 著
競争原理や成果主義による新自由主義の教育改革。国内外で見直しも進むなか、勢いを増す維新の改革は何をもたらしているのか。

2030 **朝鮮民衆の社会史**
―現代韓国の源流を探る―
趙景達 著
歴史の基底には多様な信仰、祭礼、文化が根づいている。日常と抗争のはざまを生きる力弱い人々が社会を動かしていく道程を描く。

(2024. 9)

岩波新書新赤版一〇〇〇点に際して

ひとつの時代が終わったと言われて久しい。だが、その先にいかなる時代を展望するのか、私たちはその輪郭すら描きえていない。二〇世紀から持ち越した課題の多くは、未だ解決の緒を見つけることのできないままであり、二一世紀が新たに招きよせた問題も少なくない。グローバル資本主義の浸透、憎悪の連鎖、暴力の応酬――世界は混沌として深い不安の只中にある。

現代社会においては変化が常態となり、速さと新しさに絶対的な価値が与えられた。消費社会の深化と情報技術の革命は、種々の境界を無くし、人々の生活やコミュニケーションの様式を根底から変容させてきた。ライフスタイルは多様化し、一面では個人の生き方をそれぞれが選びとる時代が始まっている。同時に、新たな格差が生まれ、様々な次元での亀裂や分断が深まっている。社会や歴史に対する意識が揺らぎ、普遍的な理念に対する根本的な懐疑や、現実を変えることへの無力感がひそかに根を張りつつある。そして生きることに誰もが困難を覚える時代が到来している。

しかし、日常生活のそれぞれの場で、自由と民主主義を獲得し実践することを通じて、私たち自身がそうした閉塞を乗り超え、希望の時代の幕開けを告げてゆくことは不可能ではあるまい。そのために、いま求められていること――それは、個と個の間で開かれた対話を積み重ねながら、人間らしく生きることの条件について一人ひとりが粘り強く思考することではないか。その営みの糧となるものが、教養に外ならないと私たちは考える。歴史とは何か、よく生きるとはいかなることか、世界そして人間はどこへ向かうべきなのか――こうした根源的な問いとの格闘が、文化と知の厚みを作り出し、個人と社会を支える基盤としての教養となった。まさにそのような教養への道案内こそ、岩波新書が創刊以来、追求してきたことである。

岩波新書は、日中戦争下の一九三八年一一月に赤版として創刊された。創刊の辞は、道義の精神に則らない日本の行動を憂慮し、批判的精神と良心的行動の欠如を戒めつつ、現代人の現代的教養を刊行の目的とする、と謳っている。以後、青版、黄版、新赤版と装いを改めながら、合計二五〇〇点余りを世に問うてきた。そして、いままた新赤版が一〇〇〇点を迎えたのを機に、人間の理性と良心への信頼を再確認し、それに裏打ちされた文化を培っていく決意を込めて、新しい装丁のもとに再出発したいと思う。一冊一冊から吹き出す新風が一人でも多くの読者の許に届くこと、そして希望ある時代への想像力を豊かにかき立てることを切に願う。

（二〇〇六年四月）

芝 健介

1947年，愛媛県生まれ．東京大学法学部政治学科卒業後，同大学大学院社会学研究科博士課程(国際関係論)修了．國學院大學助教授，東京女子大学教授を歴任．
現在―東京女子大学名誉教授．
専攻―ドイツ現代史・ヨーロッパ近現代史．
著書―『武装SS』(講談社)，『ヒトラーのニュルンベルク』(吉川弘文館)，『ホロコースト』(中公新書)，『ニュルンベルク裁判』(岩波書店) ほか．
訳書―N.フライ『総統国家』，M.フルブルック『二つのドイツ 1945-1990』，G.アリー『ヒトラーの国民国家』(以上，岩波書店)，L.ブレンナー『ファシズム時代のシオニズム』(法政大学出版局) ほか．

ヒトラー――虚像の独裁者　　岩波新書(新赤版)1895

2021年 9月17日　第1刷発行
2024年10月 4日　第5刷発行

著者　芝《しば》 健《けん》介《すけ》

発行者　坂本政謙

発行所　株式会社 岩波書店
〒101-8002 東京都千代田区一ツ橋2-5-5
案内 03-5210-4000　営業部 03-5210-4111
https://www.iwanami.co.jp/

新書編集部 03-5210-4054
https://www.iwanami.co.jp/sin/

印刷・理想社　カバー・半七印刷　製本・中永製本

ISBN 978-4-00-431895-8　　Printed in Japan

参考文献

未公刊史料

Bundesarchiv (BA) Koblenz/Berlin/Freiburg i. Br. (Militärachiv (BA-MA)): N42 NL Kurt von Schleicher; N52 NL Werner von Blomberg u.a.; NS 19 Persönlicher Stab Reichsführer-SS; NS 26 Hauptarchiv der NSDAP

Ehemaliges Berlin Document Center (BDC) Unterlagen: SS-Personalakten Reinhard Heydrich u.a.

公刊史料

Akten der Reihskanzlei. Die Regierung Hitler, Teil I u. II: 1933/34, bearb. v. Minuth, Karl Heinz, Boppard a.Rh 1983; *Akten der Reichskanzlei. Die Regierung Hitler, Bde. II-IX: 1934–1942*, bearb. v. Hartmannsgruber, Friedrich (bis Bd. VIII), Keller, Peter/Marahrens, Hauke (Bd. IX), München 1999–2017.

Boberach, Heinz (Hrsg.), *Meldungen aus dem Reich 1938–1945. Die geheimen Lageberichte des Sicherheitsdienstes der SS*, 17 Bde., Herrsching 1984.

Boßmann, Dieter (Hrsg.), *Was ich über Adolf Hitler gehört habe - -. Folgen eines Tabus: Auszüge aus Schuler-Aufsätzen von heute*, Frankfurt a.M. 1977.

Deuerlein, Ernst (Hrsg.), *Der Aufstieg der NSDAP in Augenzeugenberichten*, München 1974.

Diedrich, Torsten/Ebert, Jens (Hrsg.), *Nach Stalingrad. Walther von Seydelitz' Feldpostbriefe und Kriegsgefangenenpost 1939–1945*, Göttingen 2018 (2., überarb. Aufl.).

Der Dienstkalender Heinrich Himmlers 1941/42, bearb.komm.u.eingel. v. Witte, Peter/Wildt, Michael/Voigt, Martina/Pohl, Dieter/Klein, Peter/Gerlach, Christian/Dieckmann, Christian/Angrick, Andrej, Hamburg 1999.

Domarus, Max (Hrsg.), *Hitler. Reden und Proklamationen 1932–1945*, 2 Bde., Würzburg 1962/63.

Gersdorff, R.Chr.Frhr.v., *Soldaten im Untergang*, Frankfurt a.M./Berlin/Wien 1977.

Goebbels Tagebücher 1945. Die letzten Aufzeichnungen, Hamburg 1977; ヨーゼフ・ゲッベルス『大崩壊――ゲッベルス最後の日記』桃井真訳，講談社，1984.

Hartmann, Christian/Vordermayer, Thomas/Plöckinger, Othmar (Hrsg.), *Hitler, Mein Kampf. Eine kritische Edition*, 2 Bde, München/Berlin 2016.

Heiber, Helmut (Hrsg.), *Lagebesprechungen im Führerhauptquartier. Protokollfragmente aus Hitlers militärischen Konferenzen*, München 1964.

Hubatsch, Walther (Hrsg.), *Hitlers Weisungen für die Kriegführung. Dokumente*

des Oberkommandos der Wehrmacht, München 1965.
Jäckel, Eberhard/Kuhn, Axel(Hrsg.), *Hitler. Sämtliche Aufzeichnungen, 1905–1924*, Stuttgart 1980.
Kempowski, Walter(Hrsg.), *Haben Sie Hitler gesehen?*, München 1973; ワルター・ケンポウスキ編『君はヒトラーを見たか――同時代人の証言としてのヒトラー体験』到津十三男訳，サイマル出版会，1973.
Schulz, Gerhard(Hrsg.), *Staat und NSDAP: Quellen zur Ära Brüning*, Düsseldorf 1977.
Die Tagebücher von Josef Goebbels, i. Auftl. v. Instituts für Zeitgeschichte, hrsg, v, Elke Fröhlich, München 1993–96.
Die Verfolgung und Ermordung der europäischen Juden durch das nationalsozialistische Deutschland 1933–1945, Bd. 9, Polen: Generalgouvernement August 1941–1945, bearb. v. Friedrich, Klaus-Peter, München 2014.
Zvonnitsa-MG, *The Hitler's Agony and Death*, Moskau 2000; 20世紀の人物シリーズ編集委員会編『KGB㊙調書――ヒトラー最期の真実』佐々洋子・貝澤哉・鴻英良訳，光文社 2001.

回顧録

Below, Nicolaus von, *Als Hitlers Adjutant 1937–1945*, Mainz 1980.
Feuchtwanger, Edgar, *Hitler, mon voisin. Souvenirs d'un enfant juif*, Paris 2013; エドガー・フォイヒトヴァンガー『隣人ヒトラー――あるユダヤ人少年の回想』平野暁人訳，岩波書店，2019.
Goebbels, Josef, *Vom Kaiserhof zur Reichskanzlei. Eine historische Darstellung in Tagebuchblättern(Vom 1. Januar 1932 bis zum Mai 1933)*, 5. Aufl., München 1934.
Hanfstaengl, Ernst, *Hitler. The Memoir of a Nazi Insider Who Turned Against the Führer*, New York 2020.
Junge, Traudl, *Bis zur letzten Stunde. Hitlers Sekretärin erzählt ihr Leben*, 3. Aufl., 2004; トラウデル・ユンゲ『私はヒトラーの秘書だった』足立ラーベ加代・高島市子訳，草思社，2004.
Krause, Karl Wilhelm, *Zehn Jahre. Tag und Nacht. Kammerdiener bei Hitler*, 1949.
Kubizek, August, *Adolf Hitler. Mein Jugendfreund*, Graz 1953; アウグスト・クビツェク『アドルフ・ヒトラーの青春――親友クビツェクの回想と証言』橘正樹訳，三交社，2005.
Manstein, Erich von, *Verlorene Siege*, Königstein 1955; エーリヒ・フォン・マンシュタイン『失われた勝利』上・下，本郷健訳，中央公論新社，1999/2000.
―――, *Aus meinem Soldatenleben 1887–1939*, Königstein 1958; エーリヒ・フォン・マンシュタイン『マンシュタイン元帥自伝――一軍人の生涯より』大木毅訳，作品社，2018.

Misch, Rochus, *Jétais garde du corps d'Hitler 1940–1945*, Paris 2006; ローフス・ミッシュ『ヒトラーの死を見届けた男——地下壕最後の生き残り証言』小林修訳，草思社，2006.
Papen, Franz von, *Der Wahrheit eine Gasse*, München 1952.
Röhm, Ernst, *Die Geschichte eines Hochverräters*, 7. Aufl., München 1934(Erstausg. 1928).
Schroeder, Christa, *Er war mein Chef. Aus dem Nachlass der Sekretärin von Adolf Hitler*, hrsg. v. Anton Joachimsthaler, München 1985.
Speer, Albert, *Erinnerungen*, Frankfurt a.M./Berlin 1969; アルベルト・シュペーア『ナチス軍需相の証言——シュペーア回想録』(改版)上・下，品田豊治訳，中公文庫，2020.
Stahlberg, Alexander, *Als Preußen noch Preußen war. Erinnerungen*, Berlin/Wien 1992; アレクサンダー・シュタールベルク『回想の第三帝国——反ヒトラー派将校の証言，1932–1945』上・下，鈴木直訳，平凡社，1995.
Zoller, Albert, *Hitler privat. Erlebnisbericht seiner Geheimsekretärin*, Düsseldorf 1949.

主要参照文献

Aly, Götz, *Endlösung: Völkerverschiebung und der Mord an den europäischen Juden*, Frankfurt a. M. 1995; ゲッツ・アリー『最終解決——民族移動とヨーロッパの民族殺害』三島憲一・山本尤訳，法政大学出版局，1998.
———, *Hitlers Volksstaat. Raub, Rassenkrieg und nationaler Sozialismus*, Frankfurt a.M. 2005; ゲッツ・アリー『ヒトラーの国民国家——強奪・人種戦争・国民的社会主義』芝健介訳，岩波書店，2012.
Bracher, Karl-Dietrich, *Die deutsche Diktatur. Entstehung, Struktur, Folgen des Nationalsozialismus*, Köln 1969; K. D. ブラッハー『ドイツの独裁——ナチズムの生成・構造・帰結』全2巻，山口定・高橋進訳，岩波書店，1975/2009.
Broszat, Martin, *Der Staat Hitlers. Grundlegung und Entwicklung seiner inneren Verfassung*, München 1969.
Bullock, Alan, *Hitler. A Study in Tyranny*, London 1952; アラン・バロック『アドルフ・ヒトラー』全2巻，大西尹明訳，みすず書房，1958/1960.
———, *Hitler and Stalin. Parallel Lives*, London 1991; アラン・ブロック『ヒトラーとスターリン——対比列伝』全3巻，鈴木主税訳，草思社，2003.
Burrin, Philipe, *Hitler and the Jews. The Genesis of the Holocaust*, London 1989; フィリップ・ビューラン『ヒトラーとユダヤ人——悲劇の起源をめぐって』佐川和茂・佐川愛子訳，三光社，1996.
Carr, William, *Hitler. A Study in Personality and Politics*, London 1978.
Das Deutsche Reich und der Zweite Weltkrieg, 10 Bde., Im Auftr. v. Militargeschichtlichem Forschungsamt, Stuttgart 1979–2008.
Eberle, Henrik/Neumann, Hans-Joachim, *War Hitler krank? Ein abschliessende*

Befund, München 2009.
Fest, Joachim, *Hitler. Eine Biographie*, Frankfurt a.M. 1973; ヨアヒム・フェスト『ヒトラー』上・下，赤羽龍夫・関楠生・永井清彦・佐瀬昌盛訳，河出書房新社，1975.
———, *Der Untergang. Hitler und das Ende des Dritten Reiches*, Berlin 2002; ヨアヒム・フェスト『ヒトラー——最期の 12 日間』鈴木直訳，岩波書店，2005.
Frei, Norbert, *Der Führerstaat. Nationalsozialistische Herrschaft 1933–1945*, München 1986; ノルベルト・フライ『総統国家——ナチスの支配 1933–1945』芝健介訳，岩波書店，1994.
Frieser, Karl–Heinz, *Blitzkrieg-Legende: der Westfeldzug 1940*, München 1996, 2. Aufl.; カール＝ハインツ・フリーザー『電撃戦という幻』大木毅・安藤公一訳，中央公論新社，2003.
Funke, Manfred, *Starker oder schwacher Dikator? Hitlers Herrschaft und die Deutschen*, Düsseldorf 1989.
Gibbels, Ellen, "Hitlers Nervenkrankheit. Eine neurogisch-psychiatrische Studie," In: *Vierteljahrshefte für Zeitgeschichte* 42 (1994).
Görtemaker, Heike B., *Eva Braun: Leben mit Hitler*, München 2010; ハイケ・B. ゲルテマーカー『ヒトラーに愛された女——真実のエヴァ・ブラウン』酒寄進一訳，東京創元社，2012.
———, *Hitlers Hofstaat. Der innere Kreis im Dritten Reich und danach*, München 2019.
Haffner, Sebastian, *Anmerkungen zu Hitler*, München 1978; セバスチャン・ハフナー『新訳　ヒトラーとは何か』瀬野文教訳，草思社，2013.
Hallgarten, George Wolfgang Felix, *Why Dictators: The Causes and Forms of Tyrannical Rule since 600 B.C.*, London 1954; G. W. F. ハルガルテン『独裁者——紀元前 600 年以降の圧政の原因と形態』西川正雄訳，岩波書店，1967.
Hamann, Brigitte, *Hitlers Wien. Lehrjahre eines Diktators*, 5. Aufl., München 2002.
Harris, Robert, *Selling Hitler*, London 1986; ロバート・ハリス『ヒットラー売ります——偽造日記事件に踊った人々』芳仲和夫訳，朝日新聞社，1988.
Heiden, Konrad, *Adolf Hitler. Das Zeitalter der Verantwortungslosigkeit. Eine Biographie*, Zürich 1936; idem, *Adolf Hitler. Ein Mann gegen Europa. Eine Biographie*, Zürich 1937.
Heinisch, Heiko, *Hitlers Geiseln. Hegemonialpläne und der Holocaust*, Wien 2005.
Herbert, Ulrich, *Das Dritte Reich: Geschichte einer Diktatur*, München 2016; ウルリヒ・ヘルベルト『第三帝国——ある独裁の歴史』小野寺拓也訳，角川新書，2021.
Jäckel, Eberhard, Hitlers Herrschaft. Vollzug einer Weltanschauung, Stuttgart 1986; エバーハルト・イェッケル『ヒトラーの世界観——支配の構想』滝田毅訳，南窓社，1991.

Kershaw, Ian, *The 'Hitler Myth'. Image and Reality in the Third Reich*, Oxford 1987; イアン・ケルショー〔カーショー〕『ヒトラー神話――第三帝国の虚像と実像』柴田敬二訳，刀水書房，1993.

———, *Hitlers Macht. Das Profil der NS-Herrshaft*, München 1992; イアン・カーショー『ヒトラー――権力の本質』石田勇治訳，白水社 1999.

———, *Hitler. 1889–1936 Hubris*, London 1998; イアン・カーショー『ヒトラー(上) 1889–1936　傲慢』川喜田敦子訳，石田勇治監修，白水社，2015; idem., *Hitler 1936–1945 Nemesis*, London 2000; 同『ヒトラー(下) 1936–1945 天罰』福永美和子訳，石田勇治監修，白水社，2016.

Laqueur, Walter, "Hitler", Laqueur, W. (Hrsg.), *The Holocaust Encyclopedia*, New Haven/London 2001; ウォルター・ラカー「ヒトラー」芝健介訳，ウォルター・ラカー編『ホロコースト大事典』井上茂子・木畑和子・芝健介・長田浩彰・永岑三千輝・原田一美・望田幸男訳，柏書房，2003.

Maser, Werner, *Die Frühgeschichte der NSDAP. Hitlers Weg bis 1924*, Düsseldorf 1965; ヴェルナー・マーザー『ヒトラー』村瀬興雄・栗原優訳，紀伊国屋書店，1969.

———, *Adolf Hitler: Legende, Mythos, Wirklichkeit*, Köln 1971; ヴェルナー・マーザー『人間としてのヒトラー』黒川剛訳，サイマル出版会，1976.

Melvin, Mungo, *Manstein. Hitler's Greatest General*, London 2010; マンゴウ・メルヴィン『ヒトラーの元帥マンシュタイン』上・下，大木毅訳，白水社，2016.

Mommsen, Hans, "Nationalsozialismus. Kumulative Radikalisierung und Selbstzerstörung des Regimes", in: *Meyers Enzyklopädisches Lexikon*, Bd. 16, Mannheim 1976.

Morsey, Rudolf, *Fritz Gerlich (1883–1934). Ein früher Gegner Hitlers und des Nationalsozialismus*, Paderborn 2016.

Ohler, Norman, *Der totale Rausch. Drogen im Dritten Reich*, Köln 2015; ノーマン・オーラー『ヒトラーとドラッグ――第三帝国における薬物依存』須藤正美訳，白水社，2018.

Plöckinger, Othmar, *Unter Soldaten und Agitatoren. Hitlers prägende Jahre im deutschen Militär*, Paderborn 2013.

Pyta, Wolfgang, *Hitler. Der Künstler als Politiker und Feldherr. Eine Herrschaftsanalyse*, München 2015.

Read, Anthony/Fisher, David, *The Deadly Embrace. Hitler, Stalin, and the Nazi-Soviet Pact, 1939–1941*, New York 1989; アンソニー・リード，デーヴィッド・フィッシャー『ヒトラーとスターリン――死の抱擁の瞬間』上・下，根岸隆夫訳，みすず書房，2001.

Redlich, Fritz, *Hitler. Diagnosis of a Destructive Prophet*, New York/Oxford 1999.

Rosenbaum, Ron, *Die Hitler-Debatte. Explaining Hitler. Auf der Suche nach dem Ursprung des Bösen*, München/Wien 1999.

Ruck, Michael, *Bibliographie zum Nationalsozialismus*, erweit. Ausg., Darmstadt 2000.

Schoettler, Peter (Hrsg.), Geschichtsschreibung als Legitimationswissenschaft, Frankfurt a.M. 1997; P. シェットラー編『ナチズムと歴史家たち』木谷勤・小野清美・芝健介訳，名古屋大学出版会，2001.
Stern, Joseph Peter, *Hitler: der Führer und das Volk*, München 1978; J. P. スターン『ヒトラー神話の誕生――第三帝国と民衆』山本尤訳，社会思想社，1983.
Stumpf, Reinhard, *Die Wehrmacht-Elite. Rang- und Herkunftsstruktur der deutschen Generale und Admirale 1939–1945*, Boppard a. Rh. 1982.
Toland, John, *Adolf Hitler*, New York 1976; ジョン・トーランド『アドルフ・ヒトラー』全2巻，永井淳訳，集英社，1979／全4巻，集英社文庫，1990.
Trevor-Roper, H. R., *The Last Days of Hitler*, London 1947; H. R. トレヴァ＝ローパー『ヒトラー最期の日』橋本福夫訳，筑摩書房，1975.
Ulrich, Volker, *Hitler. Die 101 wichtigsten Fragen*, München 2019.
Weber, Thomas, *Hitler's First War. Adolf Hitler, Men of the List Regiment, and the First World War*, Oxford 2010.
Wegner, Bernd, "Defensive ohne Strategie. Die Wehrmacht und das Jahr 1943", in: Müller, Rolf-Dieter/Volkmann, Hans-Erich (Hrsg.), *Die Wehrmacht: Mythos und Realität*, München 1999.
Wehler, Hans-Ulrich/Herbst, Ludolf, "Hitler und das System: Eine Kontroverse über den Nationalsozialismus als charismatische Herrschaft," In: *Frankfurter Allgemeine Zeitung* v. 20. Juli 2011.
石田勇治『ヒトラーとナチ・ドイツ』講談社現代新書，2015.
井上茂子・木畑和子・芝健介・永岑三千輝・矢野久『1939――ドイツ第三帝国と第二次世界大戦』同文舘出版，1989.
井上茂子「「ヒトラーの日記」事件――史料批判の力」上智大学文学部史学科刊『歴史家の工房』2003.
大木毅『独ソ戦――絶滅戦争の惨禍』岩波新書，2019.
大澤武男『青年ヒトラー』平凡社新書，2009.
木村靖二『第一次世界大戦』ちくま新書，2014.
熊野直樹『ナチス一党支配成立史序説――フーゲンベルクの入閣とその失脚をめぐって』法律文化社，1996.
栗原優『ナチズム体制の成立――ワイマル共和国の崩壊と経済界』ミネルヴァ書房，1981.
――― 『第二次世界大戦の勃発――ヒトラーとドイツ帝国主義』名古屋大学出版会，1994.
近藤潤三『比較のなかの戦後史――日本とドイツ』木鐸社，2018.
桜井哲夫『世界戦争の世紀――20世紀知識人群像』平凡社，2019.
佐藤卓己『ファシスト的公共性――総力戦体制のメディア学』岩波書店，2018.
―――編『ヒトラーの呪縛――日本ナチカル研究序説』上・下，中公文庫，2015.
田嶋信雄「スペイン内戦とドイツの軍事介入」スペイン史学会編『スペイン

内戦と国際政治』彩流社，1990.
高田博行『ヒトラー演説――熱狂の真実』中公新書，2014.
田野大輔『魅惑する帝国――政治の美学化とナチズム』名古屋大学出版会，2007.
田村栄子・星乃治彦編『ヴァイマル共和国の光芒――ナチズムと近代の相克』昭和堂，2007.
永岑三千輝『ドイツ第三帝国のソ連占領政策と民衆 1941–1942』同文舘出版，1994.
西川正雄「ヒトラーの政権掌握――ファシズム成立に関する一考察」『思想』1967, 2.
藤村瞬一『ヒトラーの青年時代』刀水書房，2005.
三島憲一・徳永恂・木村靖二「座談会「千年王国」とヒトラー――ホロコーストはヒトラーなしに起こりえたのか」『第三帝国の野望 1930–1939』毎日新聞社，1999.
三宅正樹『ヒトラーと第二次世界大戦――新訂版』清水書院，2017.
宮田光雄『ナチ・ドイツと言語――ヒトラー演説から民衆の悪夢まで』岩波新書，2002.
村瀬興雄『ナチズム――ドイツ保守主義の一系譜』中公新書，1968.
――『アドルフ・ヒトラー――「独裁者」出現の歴史的背景』中公新書，1977.
柳澤治『ナチス・ドイツと中間層――全体主義の社会的基盤』日本経済評論社，2017.
山口定『ヒトラーの抬頭――ワイマール・デモクラシーの悲劇』朝日文庫，1991.
――『ファシズム』岩波現代文庫，2006.
山本秀行『ナチズムの記憶――日常生活からみた第三帝国』山川出版社，1995.
義井博『ヒトラーの戦争指導の決断――一九四〇年のヨーロッパ外交』荒地出版社，1999.
芝健介『武装 SS――ナチスもう一つの暴力装置』講談社，1995.
――『ヒトラーのニュルンベルク――第三帝国の光と闇』吉川弘文館，2000.
――「元 KGB 機密文書の公開で「ヒトラーの最期」に関して，何が明らかになったのか」『KGB ㊙調書』(「公刊史料」既出)，所収解説.
――「ヒトラーをめぐる現代ドイツの歴史学」フェスト『ヒトラー――最期の 12 日間』(Fest の項，既出)，所収解説.
――『ホロコースト――ナチスによるユダヤ人大量殺戮の全貌』中公新書，2008.
――『ニュルンベルク裁判』岩波書店，2015.
――「ヒトラーの国家とその前後の風刺画の消長をめぐって」若林悠『風刺画とジョークが描いたヒトラーの帝国』現代書館，2020，所収解説.

図版・地図出典一覧

†：の後の数字は(　)内に記した出典の掲載頁，xx ff. は xx 頁以降の別刷図版，[　]は図番号を表す．*付き書目は本書「参考文献」に書誌詳細

vi 頁地図：124(Helmut Wagner, *Studien zur territorialen Gliederung Deutschlands im 19. und 20. Jahrhundert*, Hannover, 1971)をもとに作成．**第 1 章扉**：240ff.[7]／**19 頁**：240ff.[1](*Thomas Weber, *Hitler's First War*, 2010)．**13 頁**：Adolf Hitler - Wien Oper.jp／**61 頁**：Major v. Lossow.jpg／**75 頁**：Bundesarchiv Bild 119-1486, Hitler-Putsch, München, Marienplatz.jpg／**127 頁**：Bundesarchiv Bild 183-1988-0113-500, Franz v. Papen.jpg／**196 頁**：Bundesarchiv Bild 183-R98388, Münchener Abkommen, Hitler, Göring, Mussolini.jpg／**280 頁**：Bundesarchiv Bild 183-V00555-3, Obersalzberg, Albert Speer, Adolf Hitler.jpg (Wikimedia Commons)．**69 頁**：Artikel 44423 bilder value 1 bayerische-landespolizei3.jpg (Historisches Lexikon Bayerns)．**第 2 章扉**：234-235／**110 頁**：228 (Hagen Schulze, *Germany: a new history*, London 1998)．**51 頁**：80ff. (John Dornberg, *Hitlers Marsch zur Feldherrnhalle: München, 8. und 9. November 1923*, München 1983)．**第 3 章扉**：244ff.[9]／**121 頁**：244ff.[21]／**第 4 章扉**：244ff.[3]([Otto Wagener]H.A. Turner, Jr.(Hrsg.), *Hitler aus nächster Nähe: Aufzeichnungen eines Vertrauten 1929-1932*, Frankfurt a.M. 1978)．**103 頁**：64ff. (Bradley F Smith and Agnes F. Peterson(Hrsg.), *Heinrich Himmler, Geheimreden 1933 bis 1945*, Frankfurt a.M. 1978)．**115 頁**：256ff.[7]／**158 頁**：256ff.[5]／**172 頁**：256ff.[8]／**183 頁**：256ff.[9]／**第 5 章扉**：416ff.[40]／**215 頁**：416ff.[37]／**305 頁**：256ff.[18](Henrik Eberle und Matthias Uhl(Hrsg.), *Das Buch Hitler: Geheimdossier des NKWD für Josef W. Stalin, zusammengestellt aufgrund der Verhörprotokolle des persönlichen Adjutanten Hitlers, Otto Günsche, und des Kammerdieners Heinz Linge, Moskau 1948/49*, München 2005)．**125 頁**：258ff. (Ernst Hanfstaengl, *The Unknown Hitler: Notes from the Young Nazi Party*, London 2003)．**129 頁**：103(Erwein Freiherr von Aretin, *Fritz Michael Gerlich: Prophet und Märtyrer, sein Kraftquell*, Regensburg 1983)．**209 頁**：166(*Der Spiegel*, Nr. 37, 7. Sept. 1992)．**229 頁地図**：133(*大木毅『独ソ戦』)など複数の地図をもとに作成．**274 頁**：384ff.(*Nicolaus von Below, *Als Hitlers Adjutant*, 1980)．**283 頁**：195／**第 6 章扉**：25(*Heike B. Görtemaker, *Eva Braun*, 2010)．**301 頁**：211(*Heike B. Görtemaker, *Hitlers Hofstaat*, 2019)．